Jahrbuch Film 77/78

Jahrbuch Film 77/78

Herausgegeben von Hans Günther Pflaum

Berichte/Kritiken/Daten

Carl Hanser Verlag

ISBN 3-446-12429-2

Umschlag: Klaus Detjen
Satz und Druck: Passavia Passau
Printed in Germany

Inhalt

Vorbemerkung

»Ein solches Filmjahrbuch war längst fällig«, lese ich in einer Ankündigung des Verlags. Ich vertraue darauf, daß dies nicht nur ein Werbespruch ist, zumal wir in der Bundesrepublik trotz *Filmkritik*, *Filmreport*, *Frauen und Film*, *Filmfaust* und der konfessionellen Periodikas nicht die Publikation haben, die sich nicht nur regelmäßig, sondern auch breitenwirksam um die aktuellen Belange des Kinos kümmern kann oder will. Ein Jahrbuch ist sicher die schwerfälligste Form eines Periodikums, es kann also diese Lücke im besten Fall verkleinern, aber nicht schließen. Erwähnt freilich sei sie auch deshalb, weil das Ende der tapferen Filmzeitschrift *Kino* eigentlich den Grundstein für das Jahrbuch gelegt hat: ihr Redakteur Kraft Wetzel hatte maßgeblichen Anteil an seiner Idee.

Als Herausgeber habe ich mich darum bemüht, mit dem vorliegenden Band eine klare Haltung gegenüber Filmen und dem Kino sichtbar werden zu lassen – so vielfältig auch die Formulierungen hierfür in den einzelnen Beiträgen aussehen mögen.

Die Wahl der Themen steht in Zusammenhang mit den Relationen, in denen sich inländische und ausländische Filme in unseren Kinos präsentieren, nur wurde die Proportion umgekehrt, denn die Interessen des Films der Bundesrepublik erscheinen angesichts der ökonomischen Übermacht des Auslands als vorrangig. Unter dieser Perspektive soll das Jahrbuch freilich ein möglichst breites Spektrum von Texten bieten: Vom allegorischen Traum Werner Herzogs bis hin zu den filmhistorischen Würdigungen Fritz Langs und Robert Bressons, vom Bericht über die Arbeit eines Filmvorführers bis zu den Forderungen nach einer wirksameren Filmförderung, vom einzelnen Drehbuch bis zu den perspektivischen Überblicken, vom Provinzfestival im Fichtelgebirge bis zum Superstar in Arizona ...

Die Form des Jahrbuchs würde – selbst wenn es möglich wäre – keine endgültige sein dürfen. Es geht auch darum, Erfahrungen zu sammeln mit diesem ersten Band, dem auf jeden Fall weitere folgen werden. Das heißt auch: für Anregungen und Kritik werde ich offen und nach Kräften auch dankbar sein. Vorerst freilich gilt mein Dank den Autoren dieses Bandes, weil eigentlich sie – und kaum der Herausgeber – die Qualität dieses Jahrbuchs bestimmten.

Hans Günther Pflaum, München, 22. 7. 1977

Peter Buchka

Von der Utopie zur Atopie

Eine polemische Bilanz und der Versuch einer Prognose

Leichtfüßig passiere ich die Nacht der Reaktion.
Roland Barthes

Wehmütig dreht der Regisseur einige Runden im Auto durch seine Kulissenstadt. Gerade hat er vom Tod seines Stars Alexandre erfahren; ein Ereignis, das die Konzeption des Films rigoros durchkreuzt. Aber statt um den Menschen, den Freund zu trauern, sieht er nur die aufkommenden Schwierigkeiten für sein Projekt, das er – monomanisch wie Künstler zuweilen zu sein pflegen – ohne lange Umstände zum Angelpunkt der Filmgeschichte, zum Endpunkt einer Ära erklärt: »Mit Alexandre verschwindet eine ganze Kinoepoche. Die Ateliers veröden nun, die Filme werden auf der Straße gedreht, ohne Stars und ohne Drehbuch . . .«
Diese Szene stammt aus dem 1973 fertiggestellten Film DIE AMERIKANISCHE NACHT von François Truffaut, der übrigens – fast programmatisch – den Regisseur selber spielte. Wie der Titel schon andeutet, sollte dieser Film zum furiosen Abgesang auf das »alte« Kino mit seiner aufwendigen Künstlichkeit, seiner betörenden Magie und seiner idealistischen Geschlossenheit werden. Den frühen Stars Dorothy und Lilian Gish gewidmet, versuchte der Film den Schlußpunkt hinter eine Epoche des Films zu setzen, die über ein halbes Jahrhundert vorher mit dem Regisseur der beiden Gishs, mit D. W. Griffith, begonnen hatte und nun von der Wirklichkeit längst überholt worden war. Truffaut selber wollte sich damals zwei Jahre Pause von der Filmarbeit gönnen, um über jene Art des neuen Kinos nachzudenken, die er als Schauspieler in seinem eigenen Film so prophetisch angekündigt hatte.
Doch nicht Truffaut war es, der seine Prognose einlöste, als er dann mit ADELE H., TASCHENGELD und DER MANN, DER DIE FRAUEN LIEBTE seine filmische Arbeit wieder aufnahm, sondern Wim Wenders, der 1975 mit IM LAUF DER ZEIT einen Film auf der Straße, ohne Stars und ohne Drehbuch drehte. Gewiß nicht zufällig endet auch IM LAUF DER ZEIT mit einer Prognose, freilich einer negativ formulierten: »Lieber keine Filme als solche Filme«, räsoniert da der junge Kinomechaniker am Ende seiner Reise durch die Provinz, wo er in den verlotterten Ki-

Wim Wenders: Im Lauf der Zeit

nos, deren Programm ausschließlich aus Schnulzen und Pornos besteht, die Projektionsapparate wieder in Schuß brachte. Er sagt es vor einem geschlossenen Kino mit dem Namen »Weiße Wand Lichtspiele«.
Weiße Leinwand, tabula rasa. Weltweit waren die Filme der ersten Hälfte der siebziger Jahre – und ich meine damit jene Filme, auf die es ankam – gekennzeichnet durch den Versuch, reinen Tisch zu machen. Nur, daß dieser Versuch mit zwei unterschiedlichen Methoden unternommen wurde. Versuchten die einen, die Reste und Trümmer wie Archäologen vorsichtig zusammenzustellen und zu ordnen, um dann aus den rekonstruierten brüchigen Strukturen ihre Lehren zu ziehen, so wischten die anderen in einem verzweifelten Gewaltakt die Fläche leer in der Hoffnung, daß dann das noch unbekannte Neue den freien Platz schon einnehmen werde.
Die Trümmer, die da in den letzten Jahren je nach Temperament oder Herkunft filmisch verarbeitet oder abgeräumt wurden, stehen, daran kann eigentlich kein Zweifel bestehen, in ursächlichem Zusammenhang mit den abgeblockten und zerstörten Hoffnungen, die allenthalben wie

Sperrgut in die verklärend »Tendenzwende« genannte Restauration hineinragten. Filme sind so wenig wie andere Kunstwerke Leitartikel über Tagesereignisse; doch hat auch andrerseits nichts von der jüngsten Filmgeschichte begriffen, wer in den letzten Jahren ohne ein Bewußtsein von Geschichte im Kino saß. Gewiß war es nur ein nicht ganz ernst zu nehmender Scherz der Geschichte, daß der Pariser Mai von 68 mit einer Demonstration für Henri Langlois, dem inzwischen schon legendären Leiter der berühmtesten Cinémathèque der Welt, begann. Aber ganz und gar kein spaßiger Zufall war, daß die »Neuen Wellen«, die sich anfangs der sechziger Jahre überall in Europa, Japan, in Lateinamerika, vereinzelt sogar im Ostblock (aber bezeichnenderweise nicht in Hollywood) bildeten, direkt auf den 68er Mai zuliefen, in ihn einmündeten bzw. von ihm aufgesogen wurden. Nicht die spätere Restauration oder der Widerstand der etablierten Filmindustrien ließ die »Neuen Wellen« versiegen, sie verströmten von selber in der Studentenrevolte, die politisch zu verwirklichen schien, was die Filme ästhetisch in Bewegung gebracht hatten. Das Schicksal von Jean-Luc Godard, dem genialsten Kopf der »Nouvelle Vague«, ist in dieser Hinsicht exemplarisch.
Um zu begreifen, was das Kino der siebziger Jahre ist, muß man zu verstehen suchen, was die Studentenbewegung war, und vor allem, woran sie scheiterte. Denn man sagt so selbstverständlich Studentenbewegung, gar Studentenrevolution, und macht sich doch kaum klar – wie immer mit Ausnahme der Gegner –, was der Begriff Student in diesem Zusammenhang bedeutet. Er bedeutete in erster Linie, und praktisch wurde das sehr schnell klar, daß hier ein Aufstand ohne materielle Basis, ohne eine produktive Kompetenz inszeniert wurde. Das war keine Revolution aus einem spezifischen Klasseninteresse heraus zur Erlangung der Macht für eine bestimmte Klasse, sondern eine Fundamentalopposition gegen bestehende Verhältnisse, eine Rebellion der Söhne gegen die Väter, eine Revolte der utopischen Phantasie gegen die sinnentleerte Macht. Der Mai 68 offenbarte keine physische, sondern eine psychische Not. Das war das politisch Neue, Fruchtbare: die Studentenbewegung war eine verzweifelte und dennoch kraftvolle Suche nach einem sinnvollen Leben. Sie war fruchtbar, solange sie antiautoritär, verneinend war, solange sie den Mut zur unpragmatischen Utopie bewies. Aber das hieß – und an den Filmen von Godard, Bertolucci, Bellocchio, Oshima, Fassbinder war das damals abzulesen –, daß dem realen Sinnverlust psychisch standzuhalten war. Und genau dies gelang nicht. Die einen flüchteten sich in das scheinmächtige Märtyrertum des

Terrorismus, die andern beugten sich den Institutionen oder resignierten. Die Rache der Väter war in jedem Fall gnadenlos.
Für mein Gefühl liegt der Hauptgrund für das Scheitern der Studentenrevolte darin, daß man ihren individuellen Charakter übersah oder zumindest unterschätzte. Erst heute, da die Individuation von außen erzwungen, der Rückzug ins Private zum inneren Selbstschutz geworden ist, fängt man langsam an zu begreifen, was man sich da aus Ungeduld hat abringen lassen, was man selber verspielt hat. Das Scheitern der sozialdemokratischen und sozialistischen Parteien hat zu dieser Erkenntnis freilich allerhand beigetragen. Denn die Verwaltung der Macht, egal ob nun von linken oder rechten Parteien betrieben, wird solange keine neue, sinnvollere Art von Leben hervorbringen, als sie die realen Strukturen beibehält. Hier koinzidiert die Politik mit der Massenkultur: immer neue Bücher, Filme, immer neue Minister, Koalitionen – aber immer der gleiche Sinn.
Was hat das alles mit Film zu tun? Sehr viel, wenn man Film – oder Kunst überhaupt – ernst nimmt als einen in einer bestimmten Situation entstandenen Artefakt, der die Stimmung seiner Entstehung im doppelten Sinn reflektiert. Kunstwerke, sagt Adorno, haben einen »Zeitkern«. Dadurch sind sie geschichtlich von Anfang an; dadurch hat ihre Wahrheit zu verschiedenen Zeiten verschiedenen Ausdruck. Brecht beispielsweise lehnte es ab, sich nähere Gedanken über die Natur zu machen, weil er sie für unveränderbar hielt; Gespräche über Bäume bewertete er als reaktionär. Heute wissen wir, daß die Natur sehr viel schneller verändert und zerstört worden ist als die menschliche Gesellschaft. Robert Bressons neuester Film DER TEUFEL MÖGLICHERWEISE hat genau daraus die Lehren gezogen. Reaktionär wäre demnach heute ein Gespräch, in dem keine Bäume erwähnt werden.
Wir leben in der Zeit nach Brecht und Pasolini, aber wir gebärden uns, als seien wir noch mitten drin. Ausgerechnet Kunsttheoretiker und -kritiker, für die der Mai 68 bewußtseinsbildend war, beklagen heute aus politischen Gründen das Fehlen einer Avantgarde. Nichts aber ist unpolitischer, denn gerade in diesem scheinbar fortschrittlichen Lamento spricht sich nur noch jener »gute Wille« aus, der an den Kunstwerken mit Recht als nicht zureichend kritisiert wird. Voreilig möchte nämlich das Jammern nach einer neuen Avantgarde aus durchsichtigen Gründen weismachen, die letzte aus den sechziger Jahren sei abgeschlossen und also überholt; nun hätten die Damen und Herren Künstler gefälligst wieder modern zu sein. Eben diese Haltung ist pharisäisch bis ins Mark; sie suggeriert, das Neue ließe sich durch einen

Willensakt erschaffen, und meint im Grunde doch nur den schillernden Glamour der Massenkultur, die das schlechte Immergleiche in jeder Saison in anderer Verpackung präsentiert.
Oder, in den Worten einer Autorität, die ich gerne anerkenne: »Das Neue ist keine subjektive Kategorie, sondern von der Sache erzwungen, die anders nicht zu sich selbst, los von der Heteronomie, kommen kann. Aufs Neue drängt die Kraft des Alten, das, um sich zu verwirklichen, des Neuen bedarf. Unmittelbare künstlerische Praxis samt ihren Manifestationen macht sich verdächtig, sobald sie eigens darauf sich beruft; in dem Alten, das auch sie bewahre, verleugnet sie meist ihre spezifische Differenz; ästhetische Reflexion jedoch ist nicht gleichgültig gegen die Verschränkung des Alten und Neuen. Seine Zuflucht hat das Alte allein an der Spitze des Neuen; in Brüchen, nicht durch Kontinuität.« (Theodor W. Adorno, Ästhetische Theorie)
Freilich ist nicht in jedem Fall das jeweils Neue als Avantgarde zu bezeichnen. Gegenwärtig kommt es eher darauf an, die vorzeitig abgebrochene Avantgarde von damals wieder einzuholen. Denn das war doch damals das Aufregende an Filmen wie PIERROT LE FOU von Godard, TERRA EM TRANSE von Rocha, VOR DER REVOLUTION von Bertolucci, IL PUGNA IN TASCA von Bellochio, DIE CHRONIK DER ANNA MAGDALENA BACH von Straub oder – zeitlich etwas versetzt – ROTER HOLUNDER von Schukschin, daß sie nämlich durch ganz persönliche, gewissermaßen nicht-repräsentative Leiden des Individuums an der Gesellschaft den durch die Barbarei der Konzentrationslager, durch die Materialschlachten der Kriege und schließlich durch die totale Verwaltung der Welt zum bloßen Exemplar erniedrigten Einzelmenschen auf neue, legitime Art wiedererschaffen wollten. Das war etwas völlig anderes als der verlogene Schein-Subjektivismus der Massenkultur – und doch waren auch die besten Filme des mythologischen Kinos, die sich dem Mechanismus der Industrie unterwarfen, stets kurz davor, den verblendenden Schein von der Macht des Einzelnen, der immer eine Ideologie war, zu durchbrechen. Es ist darum auch kein Zufall, daß die jungen Filmemacher von damals, die fast alle als Kritiker begonnen hatten, sich zunächst sehr intensiv mit den Actionfilmen Hollywoods, mit den Mythen der Völker und den abgebrochenen künstlerischen Traditionen beschäftigten.
Was damals entstand, war im besten Sinn des Wortes ein neues Menschenbild – das Gegenteil eines Bildes von neumodischen Menschen, durch welches die Kulturindustrie sonst den neuesten Warenausstoß zu Pflicht-Attributen des Insiders erklärte. Aber so, wie sehr bald Jeans,

Jean-Luc Godard: Pierrot le Fou

Parkas und lange Haare zu Gegenattributen wurden, so versank genauso schnell die Re-Individualisierung in einem verblendet beschworenen Kollektiv einer weltweiten Bewegung. Genau damit war der produktive Nerv dieser Bewegung verödet. Im nachhinein – denn wer hat das damals absehen können? – läßt sich sagen, daß der Höhepunkt, eben der Pariser Mai von 68, der immerhin eine Regierung erschütterte und einen feudalistischen Staatsmann, nämlich de Gaulle, zum Rücktritt veranlaßte, daß dieser Höhepunkt nur noch den Niedergang der Bewegung, das Scheitern der Revolte übrigließ.
Das klingt idealistisch, wenn nicht reaktionär, ich weiß. Aber der singuläre Erfolg, der einzig und allein durch das Unvorbereitetsein der Establishment genannten Macht gelingen konnte, führte zum törichten Glauben an die eigene Macht. Doch es ist eines, eine massenhafte Ansammlung provokanter, herausfordernder, »verunsichernder« Einzelpersonen zu sein, und ein anderes, sich als ein organisierter, politischer Faktor mißzuverstehen. Wie gesagt, die Rache der sich schnell einigenden Väter war hart, die auf einmal pragmatisch kalkulierende

Joan Micklin Silver: BETWEEN THE LINES

Bewegung bald danach unterm Druck schnell zerstritten, so gut wie wirkungslos, gescheitert.
Doch noch einmal die Frage: Was hat das alles mit Film zu tun? Der Film hatte nicht nur sehr viel vom damaligen Lebensgefühl, von der Grundstimmung der damaligen Jugend vorausgeahnt und vorweggenommen, bis hin zu einer gegenseitigen Stimulierung – womit ich allerdings nicht jene harmlosen Komödchen der Hollywood-Veteranen etwa vom Schlage TAKE HER, SHE'S MINE von Henry Koster meine –, er hat, wenn er es nicht gleich vorzog direkt (wie Godard mit TOUT VA BIEN) oder indirekt durch Modellsituationen (wie Bellocchio mit IM NAMEN DES VATERS und TRIUMPHMARSCH) politisch zu argumentieren und dadurch ein politisches Kampfmittel zu werden, die Entwicklung der Studentenbewegung von der spontanen Provokation zur pragmatischen Opposition *ästhetisch* begleitet. Das heißt: er hat zunehmend sein Interesse am Individuum zugunsten einer Reflexion über das vorgebliche Ganze aufgegeben. Was theoretisch zu leisten weitgehend versäumt wurde, versuchte der Film durch riesige Überblicke zu ersetzen.

Um kein Mißverständnis aufkommen zu lassen: Zum Glück funktioniert die Kunst immer noch anders als die Politik. Im Gegensatz nämlich zum Schicksal der Studentenbewegung hat der Film durch diese Praxis mit großen, wichtigen Werken glänzend triumphiert. Aber dieser Erfolg täuscht einen ästhetischen Fortschritt nur vor. In Wirklichkeit landete er bei einer idealistischen Dramaturgie, die »das Ganze« in den Griff zu bekommen glaubte, wie die Studentenbewegung bei einer herkömmlichen Machtpolitik. Wollte man es überspitzt sagen, so verfingen sich diese Filme in der Struktur eines geschichtlichen Ganzen wie die Studenten beim Marsch durch die Institutionen in der Hierarchie der Parteien. Beim Versuch, reinen Tisch zu machen, begegnete man der Autorität in sich selber.

Es hat kaum Sinn, diesen Prozeß Schritt für Schritt nachzuzeichnen. Es genügt, den Endpunkt zu benennen: Filme nämlich, die sich samt und sonders als groß angelegte Summen verstehen – geschichtlich wie ästhetisch. Das berühmteste, spektakulärste Werk in dieser Hinsicht ist natürlich Bertoluccis NOVECENTO, dieser ursprünglich fast sechsstündige Versuch, ein Jahrhundert in den Griff zu kriegen; ein faszinierendes Unternehmen gewiß, und doch – streng genommen – eine geschichts-

Bernardo Bertolucci: NOVECENTO (1900)

philosophisch recht klägliche Reduktion des Sozialgefüges auf den Begriff des Padrone. Ein Jahr vorher war Theo Angelopoulos mit O THIASSOS die große Überraschung von Cannes, mit Recht eine sensationelle Entdeckung. Aber auch er hat, ästhetisch scheinbar konsequent, das Modell der antiken Atriden-Sage zuhilfe nehmen müssen, um seinen kleinen Wanderschauspielern einen bedeutungsträchtigen Halt zu geben. Und so geht es weiter, wohin man auch schaut. Überall wurden Epochen beschrieben, die zu Ende gingen, mit dem Ende die Hoffnung auf einen neuen Anfang beschworen, der gleichwohl nirgends sichtbar wurde: Viscontis L'INNOCENTE, Altmans NASHVILLE, Sauras CRIA CUERVOS, Pasolinis SALO ODER DIE 120 TAGE VON SODOM, Loseys MONSIEUR KLEIN, Istvan Szabos BUDAPESTI MESEK (BUDAPESTER ERZÄHLUNGEN), Schlöndorffs FANGSCHUSS; selbst der Senegalese Ousmane Sembene, der sonst seine präzisen Geschichten aus der genauen Kenntnis seiner Figuren entwickelte, zog sich in CEDDO auf alte Stammessagen zurück, um den Mechanismus der Macht zu beschreiben. Die Aufzählung ließe sich endlos fortsetzen. Doch das genügt schon: Was einst als der imponierend unpragmatische Versuch eines neuen Menschtyps begann, die Welt zu verändern – wirklich zu verändern, nicht nur die Macht umzuverteilen – endete im Bestreben, die Strukturen in den Griff zu kriegen – Strukturen, die das Individuum sehr schnell wieder zu einem Bedeutungsträger, zu einer Funktion der Argumentation erniedrigten. Das gleicht auf fatale Weise der Praxis der Expressionisten, die lautstark den neuen Menschen herbeibeteten und dann in ihren Dramen den Figuren nur noch Berufs- oder Gattungsbezeichnungen statt Namen gewährten.

Kaum zufällig kamen jene, die sich statt mit politischen, geschichtlichen oder sozialen Bereichen lieber mit dem eigenen Medium beschäftigten, zu vergleichbaren Ergebnissen: der Versuch, Summen zu ziehen, gewisse Filmepochen und genres exemplarisch abzuschließen oder doch zumindest an deren historisch abgesicherten Eigenheiten einen Halt zu finden, ist auch hier allenthalben sichtbar. Truffaut war da nur ehrlich genug, DIE AMERIKANISCHE NACHT als einen persönlichen vorläufigen Abschluß zu deklarieren; im Grunde genommen brachte er dabei nur auf einen leicht ironisierten Nenner, was er selber, Polanski oder Bogdanovich seit Jahren praktizierten. Selbst ein als subversiv gerühmter Komiker wie Mel Brooks wußte seine Späße nur noch an festgefügten Genres festzumachen (FRANKENSTEIN JUNIOR, SILENT MOVIE). Selbstverständlich haben auch die »Ästheten«, wie die Geschichtsbilanzierer, ihren Bertolucci, ihren Gigantomanen: Seit Jahren arbeitet Jacques

Rivette an einer ausgedehnten Tetralogie, die vier klassische Abenteuergenres exemplarisch zu verwirklichen sucht. Bisher hat er DUELLE, der den phantastischen, und NOIROT, der den Piratenfilm zum Grundmuster hat, abgeschlossen. Es braucht kaum extra erwähnt zu werden, daß hier die Darsteller, obwohl – oder gerade weil – sie frei improvisieren, nur noch Rollenträger sind. Das aber ist bezeichnend für Filme, die vorgeben, die Kinomythen zu analysieren, daß sie am Ende dem Mythos selber verfallen. So mancher, der nach Transsylvanien zog, um Dracula den Pfahl ins Herz zu schlagen, kam selber als Vampir zurück.

Es fällt auf, daß dem Drang zum politisch wie ästhetisch Umfassenden vornehmlich die Europäer erlagen. Selbst das hat seine Parallele zur Studentenbewegung. Denn wie die außerparlamentarische Opposition unterm Druck der Kriminalisierung ihre antiautoritäre Phase schnell beendete und sich in den schützenden Schoß hierarchischer Parteien flüchtete (und konsequent ist, daß selbst Anarcho-Terroristen wie die RAF sich untereinander strikte Abhängigkeiten schufen), so verfingen sich die Filmemacher unterm selbstauferlegten Zwang nach Perfektion und Erfolg in ominösen Ganzheitsstrukturen, die den subjektiven Autorenfilm objektivieren, in Wirklichkeit allgemein konsumabel machen sollten. Verloren ging dabei, mit wenigen Ausnahmen, der offensichtliche Drang zur Äußerung, der den Autorenfilm anfangs so angreifbar, fruchtbar und aufregend gemacht hatte. Nicht nur die dargestellten Individuen, auch so mancher individuelle Regisseur versackte im selbstgebastelten System, das nun, nachdem der Autorenfilm die Drehbuchautoren verdrängt hatte, nicht einmal mehr ein Sicherheitsnetz hatte.

Im sehr viel mehr behavioristischen, sehr viel weniger theoretischen Amerika verlief die Entwicklung im Prinzip nicht sehr viel anders als in Europa, sie äußerte sich nur auf sehr verschiedene Art. Denn durch den Vietnamkrieg erlebten die jungen Amerikaner direkt und oft am eignen Leibe, was die Europäer erst über den Umweg der Theorie zu ihrer Sache machen mußten. Trotzdem schienen sie viel stabiler. Oberflächlich war der ideologische amerikanische Individualismus, der in den alten Filmen jeden Joe Doe zum Supermann, zum Bezwinger des Bösen werden ließ, nie wirklich in Gefahr. Filmisch waren die wechselnden Stimmungen durch Happy- oder Unhappy-Ends offensichtlich befriedigend zu verarbeiten. Politische Utopien, die im europäischen Film der sechziger Jahre spürbar das Klima veränderten, tauchten in Hollywood-Filmen so gut wie nicht auf (höchstens im New Yorker

Underground). Solange man optimistisch war, blieben ja auch die alten Kinomythen halbwegs intakt. Bezeichnend, daß es darum ein New Hollywood erst mit dem Niedergang der Bürgerrechtsbewegung, mit der Niederlage Eugene McCarthys, den die Studenten so mächtig unterstützt hatten, geben konnte. Die Filme des New Hollywood, so differenziert sie untereinander auch immer sein mögen, sind Filme der Verzweiflung. Und auch da gibt es jene relativ kurze Entwicklung, die sehr schnell zu einem Endpunkt kam. Trugen die ersten Outcasts ihre ausgeflippte Gesellschaftsverachtung noch in die Weiten einer öden Landschaft, so liefen ihre unmittelbaren Nachfolger schon in den engen Städten Amok. Von Sarafians Vanishing Point und Rafelsons Five Easy Pieces zu Spielbergs Sugarland Express und dann zu Scorseses Taxi Driver war jedenfalls kein allzu großer Schritt. Hollywood errichtete die beengenden Strukturen außerhalb des unkritisierten Subjektivismus, dessen Verformungen es trotzdem nicht ignorieren konnte. Gewöhnt an die Dramaturgie des Show-down, schaltete auch das Neue Hollywood schnell von den Fluchtversuchen auf den spannungslösenden Zweikampf Individuum – Gesellschaft um: egal, wer am Ende gewann, der Schluß wurde immer blutiger; von Sieg im überkommenen Sinn war da nicht mehr zu sprechen. Wer da noch Geschichten aus der Gegenwart verfilmte – die Industrie war längst in die zwanziger und dreißiger Jahre zurückgewichen –, der hatte dem Prinzip (individueller) Hoffnung längst ade gesagt. Selbst jene, die sich noch auf vergleichsweise unspektakuläre Szenen des Alltags einließen, wie Francis Ford Coppola mit The Conversation oder Hal Ashby mit Shampoo, mußten ihre kleinen Individuen in deprimierend zugerichteten Zimmerchen zurücklassen. Wer die Gesellschaft – und sei es auf noch so bescheidene, begrenzte Weise – herausfordern wollte um einer kleinen humanen Regung willen, der landete unzweifelhaft auf seinem eigenen psychischen Trümmerhaufen.

Selbstverwirklichung war einst der große, utopische Begriff gewesen für eine Hoffnung, deren Ende diese Filme, die europäischen wie die amerikanischen, allesamt beschreiben. Er benannte das wesentlich Originelle, das eigentlich Neue an der Studentenrevolte. Diese Bewegung annullierte sich selber in dem Moment, als sie sich für einen Machtfaktor herkömmlicher Art, als eine Massenbewegung mit realem politischen Durchsetzungsvermögen, zu halten begann. Von dem Moment an waren die Rückschläge unvermeidlich, die große Frustration vorprogrammiert. Das ist nicht nur mit dem Realitätsprinzip, welches zwangsläufig über das Lustprinzip siegen soll, zu erklären; nicht mit den abgesto-

ßenen Hörnern einer schon seit eh und je rebellischen Jugend. Hier verkümmerte eine neue historische Qualität in einer auferzwungenen Resignation – eine Qualität, die durch die fortdauernden Leiden in einer verwalteten Welt nichts von ihrer utopischen Sprengkraft verloren hat. Nur daß jene, die sie einst provozierend auf den Straßen für sich erzwingen wollten, heute etwas bedeppert in ihren Wohnungen sitzen und sich die Wunden lecken. Insofern geben die hier genannten Filme die Stimmung schon korrekt wieder; sie wären sogar, trotz ihrer Kinoeffekte, realistisch zu nennen (freilich längst nicht mehr utopisch), würden sie nicht gleichzeitig – wahrscheinlich ungewollt – das fatalistische Gefühl vermitteln, daß in dieser Entwicklung eine unabwendbare Logik stecke. Und zwar tun das paradoxerweise jene Filme am deutlichsten, die diese (unbewußte) Logik (bewußt) überlisten wollen wie Bertoluccis NOVECENTO, weil sie nämlich dialektisch konsequent am entscheidenden Punkt ästhetisch scheitern. Da zahlt dann der Hang zur Summe, der Zwang zum abgeschlossenen System genauso wie der vorweg postulierte Individualismus dem alten Idealismus die Zinsen.

So haben nicht nur die Realitäten selber, sondern auch die ihnen folgenden Filme das Vertrauen in die großen Modelle (Institutionen) und in die Wirksamkeit des amoklaufenden Aufbegehrens erschüttert. Eine Abkehr von der Politisierung des Alltags war unvermeidlich. Was man in Deutschland »Tendenzwende« nannte, hat darum nicht nur das einst bekämpfte Establishment inszeniert. Die Rückbesinnung auf sich selber als ein eigenständiges Individuum, als Monade, wurde auch von jenen vollzogen, die einst ihre als isoliert empfundenen personellen Schwierigkeiten auf dem optimistisch beschrittenen Umweg über die Gesellschaft zu lösen hofften. Es hat denn auch nicht an kritischen Stimmen gefehlt, die diesen Rückzug ins Private als Regression geißelten: »Die Abkehr von einer als überwältigend erlebten gesellschaftlichen Realität«, so charakterisiert Johann August Schülein im *Kursbuch 48* diese Entwicklung, »die Flucht in oral gefärbte Versorgungssituationen wird durch den politischen Druck des roll-back erzwungen. Insofern hat der Rückzug den Stellenwert einer sozialpsychologisch retrogressiven Bewegung.« Aber unter der resignierenden Trauer über den Zusammenbruch schon der *Möglichkeit* von Utopie in der gegenwärtigen Situation übersah man den fruchtbaren Aspekt dieser Selbstbesinnung, nämlich die Rückkehr bis zu jenem Punkt der Bewegung, wo die Utopie noch nicht in eine falsche Praxis umgeschlagen war.

Links: Martin Scorsese: TAXI DRIVER

Andererseits nämlich, so fährt Schülein freilich sehr vorsichtig fort, »ist dieser Rückzug ins Private jedoch auch eine historisch notwendige Konzentration auf die Alltagsprobleme, die bisher politische Praxis behindert und verzerrt haben. Unter diesem Gesichtspunkt ist die Beschäftigung mit der eigenen Wirklichkeit ein politisch progressiver Vorgang, der langfristig zu einer wesentlichen Voraussetzung politischer Veränderung werden kann. Zudem ist privates Glück (welches heute nur noch selbstreflektiv hergestellt werden kann ...) identitätsstiftend und stabilisierend. Gerade unter den Vorzeichen der Tendenzwende ist es nötig, genügend Fähigkeit zum Überleben zu besitzen, auch psychisch. Der Rückzug ins Private hat deswegen eine wichtige kompensatorische Bedeutung.«

Es hat wahrscheinlich des allgemeinen Tiefpunktes der Restauration, des unübersehbaren Versagens der an die Macht gekommenen linken Parteien, die kaum etwas wirklich Grundlegendes zu ändern in der Lage waren, bedurft, um dies zu erkennen. Dabei haben die Künste sich schon frühzeitig wieder auf den produktiven Aspekt der individuellen Leiden zurückgezogen, aber man sah nur die Trauer, die Resignation, den angeblichen Ablenkungscharakter. Gerade der Film hat dabei, neben der Lyrik, dieser traditionell subjektivsten Kunstgattung, geradezu Pionierarbeit geleistet: Bergmans SZENEN EINER EHE, Chabrols UNE PARTIE DE PLAISIR oder – wilder und hemmungsloser – Herbert Achternbuschs gnadenlose und gleichzeitig ungeheuer zärtliche Rundumschläge hatten endlich wieder den Mut, den autobiographischen Charakter nicht zu verleugnen, ihr Selbst nicht mehr über die klassisch-idealistische Künstlerproblematik, sondern über die Körperlichkeit zu reflektieren.

Das alles hat man damals im Zeitpunkt des ersten Aufflackerns nur noch nicht richtig verstanden; man war berührt, aber man schob die Betroffenheit mit einer gewissen Peinlichkeit von sich weg — und diese Phase ist durchaus noch nicht überwunden. Gerade bei den Filmen wird es einem nämlich so leichtgemacht, durch das Ausweichen auf die Kategorie der Qualität. Wer wollte schließlich bestreiten, daß jene Filme, die sich auf die Suche nach einem umfassenden Sinn der (Film-)Geschichte, des Lebens oder einer politischen Landschaft machten, nicht dichter, besser, einfach größer wären — und zwar zumal dann, wenn damit qualifizierte Regisseure gleichzeitig die Summe ihrer eigenen Arbeit zogen, mit ihrem Können wuchern, mit ihren (finanziellen) Möglichkeiten prahlen konnten —; daß diese Filme also größer wären als jene kleinen, bewußt sehr bescheidenen Neuanfänge, die sich über kleine

Gebiete, durch fast schüchterne Versuche zu einem kleinen Plätzchen vortasten wollten, auf dem die schwankenden Hoffnungen endlich wieder Halt finden konnten.

Müßte man diese neue Bescheidenheit abstrakt benennen, so könnte man sagen, daß mit diesem Rückzug ins Private eine Bewegung vom Sinn zur Sinnlichkeit stattfände, nein, stattzufinden im Begriff ist. Denn einstweilen steht diese neueste Entwicklung noch am Anfang, sie läßt sich darum bisher nur theoretisch prognostizieren. Könnte man die Hoffnung haben – aber warum sollte man nicht? –, daß hier noch wichtige, weitertreibende Werke entstünden, dann ließen sich jetzt schon historische Parallelen ziehen, die vielleicht verdeutlichen, was ich meine. Die anerkannte, »große« Malerei des ausgehenden 19. Jahrhunderts war die pseudorealistisch mythologisierende Historienmalerei. Wer wollte bestreiten, daß jene Schöpfer geschichtlicher Riesengemälde ihr Handwerk perfekt beherrschten? Aber wer würde heute allen Ernstes behaupten, daß jener Dilettant, der aufs Land zog, um Blumen, die Sonne, einen Stuhl zu malen – ich meine natürlich Van Gogh –, daß dieser Dilettant, der in seinem Leben nur ein einziges Bild verkaufte, tatsächlich der kleinere Maler gewesen sei?

Es geht hier nicht in erster Linie um Handwerk, Qualität, Stil, so paradox dies auch zunächst klingen mag, denn das ist doch in der Kunst das Wichtigste. Es geht hier um eine neue Sehweise, von einem neuen Lebensgefühl provoziert. Und diese Sehweise, dieses Lebensgefühl ist heute, 1977, auf einmal, geradezu schlagartig, sichtbar geworden. 1976 noch war Nagisa Oshimas L'Empire de Sens – ein Film, der die Glückssuche eines Paares allein von der Sexualität her zu beschreiben suchte – ein singuläres Ereignis. Inzwischen sind die Filme, die den Rückzug ins Private darzustellen versuchen, und damit selbst vollziehen, schon fast eine eigenständige Richtung geworden:

Claude Goretta beschreibt in La Dentelliere die Liebe zwischen einem Studenten und einer kleinen Kosmetikerin, die nicht etwa am Standesunterschied, sondern an mangelnden Gemeinsamkeiten scheitert. Paolo und Vittorio Taviani analysieren in Padre Padrone eine Vater-Sohn-Beziehung in der fast archaischen Hirtenwelt Sardiniens. Der Franzose René Feret löst eine weitschweifige Familienchronik in La Communion Solenelle zu der durch die Generationen wiederkehrenden Situation auf, daß die Frauen zwar von den geliebten Männern die Kinder kriegen, aber die ungeliebten heiraten müssen. Nikolaj Gubenko reduziert in Podranki (Die Waisenkinder) das Schicksal eines dieser Waisenkinder ziemlich unbekümmert auf die sehr gewöhnlichen

Probleme des Erwachsenwerdens. Den Übergang von der Jugend zum Erwachsenenalter beschreibt auch Igor Maslennikow in SENTIMENTALER ROMAN, wobei er ebenfalls – für russische Filme ja durchaus nicht selbstverständlich – jeden Ansatz des überindividuell Exemplarischen gleich im Keim erstickt. Woody Allen hat in ANNIE HALL (DER STADTNEUROTIKER) schon durch die Besetzung mit seiner früheren Lebensgefährtin Diane Keaton deutlich gemacht, wie autobiographisch die dargestellten Liebesenttäuschungen des kleinen, jüdischen Komikers Alvy gemeint sind; und damit auch ja kein Zweifel aufkommt, zitiert er gleich zu Beginn einen Satz von Groucho Marx: »Ich möchte nie einem Club angehören, der Leute wie mich als Mitglieder aufnimmt.«

Die Reihe der Filme über Leute, die alle keinem Club, keiner Partei, keiner bestimmten Gesellschaft mehr angehören wollen, ließe sich inzwischen fast beliebig verlängern. Selbst im Neuen deutschen Film, der doch jahrelang versucht hat, die durch die Hitler-Zeit abgebrochene Tradition einer fortschrittlichen, politisch-bewußten Filmarbeit wiederherzustellen, gibt es inzwischen mehrere Beispiele: Fassbinders SATANSBRATEN etwa, der den Versuch eines einstigen »Dichters der Revolution« verfolgt, nur noch ungehemmt seinen eigenen Neigungen zu leben. Oder Werner Herzogs STROSZEK, der das Ausgeliefertsein des Individuums im eignen und im fremden Land beschreibt. Schließlich Wim Wenders DER AMERIKANISCHE FREUND, der untersucht, wie ein Menschen sich verhält, der vom Leben nichts mehr zu erwarten hat, wessen er fähig ist in einer psychischen Grenzsituation.

Wie direkt dieses Bestehen auf dem »unpolitischen« Individualismus mit der Studentenrevolte, genauer gesagt: ihrem Scheitern zusammenhängt, macht ein Film klar, der fast schon selbst wieder wie eine Summe der jetzigen Situation daherkommt: Joan Micklin Silvers BETWEEN THE LINES zeigt eine Gruppe junger Menschen, die allesamt an der Bürgerrechtsbewegung beteiligt waren (»Wer von uns war damals nicht dabei«, heißt es einmal), dann eine oppositionelle kleine Zeitung gegründet haben und nun durch einen gewissen kommerziellen Erfolg unter Zugzwang stehen. Die alten Träume von einer besseren Welt haben sie noch nicht vergessen, aber die neue Situation ist nicht mehr so, daß man sie noch naiv ausleben könnte. So taumeln sie hin und her zwischen resignierter Anpassung und trotziger Auflehnung, bringen Privat- und Geschäftsleben durcheinander, was der rationalen Klärung der Situation auch nicht gerade förderlich ist. Diesen Zwiespalt zwischen dem vielschichtigen Chaos der Gefühle und dem Zwang zum »vernünftigen« Handeln versucht Joan Micklin Silver gar nicht im

Hinblick auf ein Fazit, eine Botschaft zu analysieren. Sie registriert nur und summiert die Unzahl signifikanter Details, die denn auch beängstigend schnell von den Zuschauern dieser Generation wiedererkannt werden. Und das wäre denn auch der direkte Gegensatz zur Verfahrensweise etwa von Bertolucci: Konfrontation statt Belehrung; frei verfügbare Darstellung des Alltags statt einer vorgeformten Lösung von dessen Problemen; zärtliche Aufmerksamkeit statt Ideologie.

Gleichwohl hängen die meisten dieser Filme noch ab von einer klassischen Modellkonstellation, wie der Vater-Sohn-Beziehung, der ersten Liebe, den Schwierigkeiten der Pubertät, dem Zwiespalt von Traum und Wirklichkeit. Auch dies noch zu überwinden und sich ganz auf den Alltag, unbekümmert um ästhetische Formfragen, einzulassen, wird wohl die Aufgabe der nächsten Zeit sein. Dennoch scheinen die wichtigsten Elemente bereits vorhanden. Frei vom Zwang einer bestimmten Lösung, entwickelten bereits die meisten dieser Filme eine fast überraschende Leichtigkeit. Und nur konsequent ist es, daß inzwischen sogar wieder gelacht werden darf. Der Humor kommt gewiß nicht zufällig zurück und er hängt nicht mehr, was vielleicht das Bemerkenswerteste ist, an den Intentionen des Autors. Wenn etwa Werner Herzog, als Mitmensch gewiß von abgrundtiefer Humorlosigkeit, plötzlich einen Film wie STROSZEK dreht, welcher bei aller tiefempfundenen Traurigkeit gleichzeitig voll irrwitziger Komik ist, dann ist das zumindest aufschlußreich. Gerade bei Herzog, der sich sonst so visionär gab und der exzentrisch-athletische Utopien als einzig menschenwürdigen Ausweg aus einer unmenschlichen Wirklichkeit anbot, ist der plötzlich auftauchende Humor ein sicheres Indiz dafür, daß nun Schlußfolgerungen welcher Art auch immer ihre Tauglichkeit und ästhetische Richtigkeit verloren haben.

Aber es ist ein anderes Lachen als früher. Es verdeckt nicht die Leiden, auf denen weiter unvermindert anklagend bestanden wird; es verklärt auch nichts, im Gegenteil: es vertieft den Abgrund, vor dem das alleingelassene Individuum steht und den es klarsichtig nur ertragen kann, indem es in verzweifeltes Lachen ausbricht. »Nächstes Kapitel: Verzweiflung«, ließ Godard seinen Pierrot le Fou jedesmal sagen, wenn er gerade mit einer besonderen Verrücktheit die Zuschauer zu Lachtränen rührte. Mit der Barbarei hatten die Mächtigen selbst das Lachen okkupiert – »den lachenden Tod« nannte es Celan –, jetzt scheinen sich die Schwachen das Lachen als Waffe zurückzuerobern, als Kompensation ihrer Leiden und als Demonstration ihrer Unbesiegbarkeit.

Damit kommt, nach der Erinnerung an die Selbstverwirklichung, der zweite große Begriff aus der Studentenopposition wieder ins Spiel: Verweigerung. Das Moment der Verweigerung war genauso schnell wie die ursprüngliche Bedeutung des Begriffs Selbstverwirklichung – und beide hängen ja eng zusammen – durch eine falsche Praxis ins Gegenteil pervertiert worden. Aus dem Nicht-mehr-Mitmachen, dieser subtilen Form von Subversion, war Das-Gegenteil-Machen, also klassische Opposition geworden. Dem folgten im Grunde auch die filmischen Rechenschaftsberichte. Aber damit verknüpften sie sich dialektisch genau mit der Wirklichkeit, die sie verändern wollten, waren von ihr getrennt allein durch den Terminus »versus«. Oder, wie Roland Barthes es nennt: »Die beiden Seiten des Paradigmas kleben letztlich wie Komplizen aneinander: es gibt eine strukturale Übereinstimmung zwischen den angreifenden und den angegriffenen Formen.« (Die Lust am Text)

Genau dies ist der Punkt, auf den alles zuzutreiben scheint, zutreiben müßte: diese Komplizenschaft zu vermeiden. Dies aber würde eine neue praktikable Form der Utopie voraussetzen: die Atopie. Durch ein atopisches Verhalten, mit welchem er empfindlich und empfindsam auf alle Berührungen der Umwelt reagiert, wäre der Mensch in der Lage, seine historisch vergangene Individualität sich nicht mehr bloß als Illusion, sondern vielleicht immerhin als Fiktion zurückzuerobern. Die neuen Filme tun dies bereits ansatzweise, indem sie versuchen, was Roland Barthes so beschreibt: »Eine gewisse Lust gewinnt man aus einer bestimmten Art, sich als Individuum vorzustellen, eine letzte Fiktion seltenster Art zu erfinden: das Fiktive der Identität. Diese Fiktion ist nicht mehr die Illusion einer Einheit; sie ist im Gegenteil das Gesellschaftsschauspiel, in dem wir unseren Plural auftreten lassen: unsere Lust ist individuell – aber nicht personal.« Das Kino ist dabei, sich diese Lust zurückzuholen. Dieses Medium, das auf Darstellung, letztlich auf Subjektivität, angewiesen ist, das darum die Abstraktionen der anderen Kunstgattungen immer so peinlich verfehlte, könnte unterm Primat der Sinnlichkeit den verlorenen Sinn wiederentdecken. Dann kehrten, unter anderen, ehrlicheren Voraussetzungen, die alten Mythen wieder ins Kino heim und vielleicht brächten sie sogar die Lust zurück, der man sich nicht mehr zu schämen brauchte.

Wilhelm Roth
Essay und Chronik

Zu einigen Tendenzen des neueren Dokumentarfilms

Für Jürgen Böttcher

Tendenzen des gegenwärtigen Filmschaffens: Wer sie festmachen will, muß sich immer in den Bereich der Spekulation vorwagen. Beim Spielfilm mögen solche Überlegungen trotzdem eine gewisse Repräsentanz haben: Wir kennen den deutschen Film, einen großen Teil der europäischen, einen Teil der US-amerikanischen Produktion. Daraus lassen sich schon Schlußfolgerungen ableiten, auch wenn uns z. B. der osteuropäische Film oder der asiatische weitgehend verschlossen bleiben. Zum Hasard-Spiel wird eine solche Tendenzbeschreibung dagegen beim Dokumentarfilm. Fast ausschließlich vom Fernsehen und von nichtgewerblichen Organisationen produziert, ist das Verteilernetz solcher Filme viel weitmaschiger als beim Spielfilm. Die wenigen auf Dokumentarfilme spezialisierten Festivals (Mannheim, Nyon, Leipzig) sowie die Festivals von Cannes und Berlin (Internationales Forum des Jungen Films), die auch Dokumentarfilme zeigen, können nur einen Bruchteil dessen präsentieren, was hergestellt wurde; zudem ist die Auswahl oft Zufällen unterworfen. Schon in der Schweiz, erst recht in den USA, kennt zum Beispiel, selbst unter Fachleuten, kaum mehr jemand den wichtigsten heute in der Bundesrepublik arbeitenden Dokumentarfilmregisseur Klaus Wildenhahn. Der einzige Dokumentarfilm, der sich in den letzten ein bis zwei Jahren international, wenigstens in Europa, durchgesetzt hat, ist der China-Zyklus COMMENT YUKONG DEPLACA LES MONTAGNES (Wie Yü Gung die Berge versetzte) von Joris Ivens und Marceline Loridan.

Wenn ich nun im folgenden dennoch den Versuch mache, einige Tendenzen des neueren Dokumentarfilms zu beschreiben, so gelten dafür zwei Einschränkungen: 1. ich bin weithin dem Zufall der Festivalprogramme ausgeliefert, 2. ich treffe aus dem dort Gesehenen noch einmal eine subjektive Auswahl, die sich aus meinen Vorlieben und Interessen ergibt.

Die Überwindung des cinéma vérité

1972/73 drehten Yves Yersin und Edouard Winniger in der Schweiz den Film Die letzten Heimposamenter. Sechzig- bis achtzigjährige Bandweber in Basel-Land erzählen von den Schönheiten und Entbehrungen ihres Berufes; mittendrin, für Momente, erkennen sie die Ausbeutung, der sie ein Leben lang unterworfen waren. Die alten Leute schauen fast immer in die Kamera, ihre Aussagen scheinen von Zufälligkeiten gereinigt. Yersin berichtete, daß er sehr lange mit den Posamentern gesprochen hat, bevor er die Kamera laufen ließ, daß er die Interviews »geprobt« hat: »Einen Menschen nach der üblichen Art interviewen, d. h. jemanden vor Kamera und Mikrophon stellen und ihn dann befragen, schafft eine Beklemmung, die auch sozialer und kultureller Art ist. Denn wir, Besitzer eines bestimmten Wissens, stellen uns vor jemanden und verlangen von ihm, sein eigenes Wissen in einer äußerst kurzen Zeit mitzuteilen. Kamera und Mikro erscheinen so wie ein Richter; die Menschen fühlen die Unterdrückung, leiden unter Komplexen. Gerade unter diesem Zeitdruck – denn der Posamenter weiß, was das Material kostet –, vergißt er, was er im Grunde sagen wollte (...) Daher schien es mir bedeutsam, diese Beklemmung durch Zeit und Technik zu eliminieren (...) Ich setzte daher die Kamera jeweils erst in Betrieb, wenn der Sprechende seine eigenen Worte erleben konnte und fühlte, was er sagen wollte.« (1)

Diese Interviewtechnik führt zu sehr konzentrierten Aussagen. Ohne die Personen zu manipulieren, entstehen endgültige Dokumente. Diese Methode hat ihre Berechtigung auch im Thema: hier sprechen die Letzten eines aussterbenden Berufes. Man fühlt sich in diesem Film an jene sehr künstlichen und doch dokumentarischen Fotos erinnert, wie sie in Deutschland August Sander in den zwanziger und dreißiger Jahren gemacht hat, bei denen die Menschen nie in zufälligen Schnappschüssen festgehalten werden, sondern direkt in die Kamera blicken. Jeder von ihnen ist ein Individuum: *ein* Bauer, *ein* Handwerker, *ein* Industrieller, und jeder ist zugleich Prototyp seiner Klasse: *der* Bauer, *der* Handwerker, *der* Industrielle. (2)

Auch die Otomi-Indianer in Etnocidio (Völkermord) von Paul Leduc (Mexiko/Kanada 1976) sprechen meistens direkt in die Kamera. Ihre Erzählungen, in denen sie berichten, wie ihr Volksstamm allmählich ausgerottet wird, haben repräsentativen Charakter. Die Sprechenden stehen nicht allein vor der Kamera, sondern um sie herum – in lockerer Gruppierung – die Bewohner des ganzen Dorfes. Dieses Arrangement

Yves Yersin: Die letzten Heimposamenter

kam zwar durch Zufall zustande, die Dorfbewohner sahen aus Neugierde bei den Dreharbeiten zu, es gibt aber den Aussagen der einzelnen Bauern eine zusätzliche Intensität. Leduc verwendet diese Einstellungen leitmotivisch: »Die Leute sehen sehr direkt in die Kamera, und das gibt dem Zuschauer vielleicht ebenso viel nachzudenken wie uns damals. Im Blick dieser Leute liegt eine Frage. Er unterstreicht auch die Distanz zwischen ihnen und mir (. . .) Selbst wenn es diese Vertrauensbeziehung gibt, es gibt auch ein Problem der Klassen, das uns trennt. Diese Bauern sehen eben auf eine andere Weise in die Kamera als ein Intellektueller oder ein am Film Beteiligter. Der Priester oder die Bourgeoisie sehen auch in die Kamera, aber ihr Blick ist viel ruhiger, dieser Blick stellt keine Probleme. Dort hingegen ist es ein vervielfältigter Blick, ein ganzes Dorf sieht uns an.« (3)
Noch künstlicher sind die Interview-Arrangements in Alexander J. Seilers Früchte der Arbeit (Schweiz 1977). Die schweizer Arbeiter, die aus der Geschichte der schweizer Arbeiterbewegung berichten, vom heutigen Alltag erzählen und über die Position des Arbeiters in der schweizer Gesellschaft nachdenken, sitzen vor neutralen blau-grünen Wänden. Obwohl die Aussagen individuell gefärbt sind, wirken sie dennoch repräsentativ. Indem Seiler die Personen, je-

Paul Leduc: Etnocidio

denfalls in diesen Passagen des Films, aus ihrer Umwelt herauslöst, betont er das Überindividuelle. Schon die Wahl der Protagonisten weist in diese Richtung: sie sollen drei Generationen der schweizer Arbeiterschaft darstellen, die Großvätergeneration, die noch Arbeitskämpfe nach dem 1. Weltkrieg mitgemacht hat, die Vätergeneration, die den Weg in die Anpassung gegangen ist, die Generation der Söhne, die sich nicht mehr unbedingt als Arbeiter empfindet.

Noch vor einigen Jahren hätte man die Interviews in diesen drei Filmen als Todsünde wider das dokumentarische Prinzip verstanden. Zwar gab es immer den reinen Interview-Film, etwa bei Heynowski und Scheumann, die das Genre zu einer – oft fragwürdigen – Perfektion führten (wichtigstes Beispiel: Der lachende Mann, DDR 1966), in der Regel versuchte man jedoch, Interviews möglichst aus den Situationen heraus zu entwickeln, sie sogar zu vermeiden, indem man Gespräche oder Diskussionen aufnahm, die auch ohne den Film stattgefunden hätten. Das entsprach der Ideologie des cinema direct oder cinéma vérité, der dominierenden dokumentarischen Methode der letzten fünfzehn Jahre. Richard Leacock und andere Filmemacher in den USA und in Frankreich hatten um 1960 leichte, geräuschlos laufende 16-mm-Kameras entwikkelt, mit denen synchrone Bild-Ton-Aufnahmen möglich wurden. Ein

Film konnte von zwei Leuten gedreht werden: das Ereignis, das gefilmt werden sollte, wurde durch die Anwesenheit des Filmteams kaum mehr gestört.
Diese neue Methode führte zu großen Filmen, war aber von Anfang an zwei Gefahren ausgesetzt: 1. Die Geldgeber wünschten die Darstellung sensationeller Sujets, zum Beispiel in dem Rennfahrerfilm EDDIE SACHS (Leacock 1961): »Robert Drew (der Auftraggeber) spekulierte auf seinen (Eddie Sachs') Tod. Deshalb kehrten die Filmer dreimal nach Indianapolis zurück. Sachs verunglückte nicht innerhalb des Films, sondern ein Jahr später« (4). 2. Die Filmemacher neigten zu Materialhäufung und Weitschweifigkeit. Auch Interviews, soweit sie vorkamen, zogen sich endlos hin, gaben allen Zufällen Raum.
Erst in den letzten Jahren haben sich bei engagierten Dokumentaristen zwei Gegenbewegungen bemerkbar gemacht, für die auf der einen Seite die Beispiele DIE LETZTEN HEIMPOSAMENTER, FRÜCHTE DER ARBEIT und ETNOCIDIO stehen sollen, auf der anderen die mehrteiligen Chroniken, die im 2. Teil dieses Aufsatzes behandelt werden.
Das Formbewußtsein der Dokumentarfilmregisseure ist gewachsen, sie entwickeln wieder einen Sinn für Konzentration und Gliederung. Sie knüpfen dabei an die Tradition des ›synthetischen‹ Films an (ich benütze die Definition von Klaus Wildenhahn): damit sind Filme gemeint, die zwar auf dokumentarischem Material basieren, diese Bilder aber ihrem Autorenstandpunkt unterordnen, der sich vor allem in einem Kommentar ausdrückt. Bilder entfalten dabei nur selten ihre eigene Realität, sie dienen als Beleg für Thesen. Die Geschichte des Dokumentarfilms besteht bis heute zum größeren Teil aus solchen ›synthetischen‹ Filmen, man denke an Dsiga Wertow, an Ivens' THE SPANISH EARTH (1937), zu dem Hemingway den Text schrieb, an viele Arbeiten der englischen Dokumentarfilmschule, an die zwischen Feuilleton und Essay angesiedelten Filme von Chris Marker und an fast alles, was heute im Fernsehen als ›Dokumentarfilm‹ läuft.
Wenn Yersin/Winniger, Seiler und Leduc diese Methode aufnehmen, unterwerfen sie sie einer entscheidenden Änderung: sie verzichten auf einen Kommentar oder zumindest einen wertenden Kommentar, sie strukturieren ihr Material durch die Montage, durch das Nebeneinanderstellen mehrerer Ebenen, die sich gegenseitig ergänzen oder widersprechen. FRÜCHTE DER ARBEIT hat als einziger dieser drei Filme einen gesprochenen Kommentar: er erläutert die historischen Dokumente, anhand derer die Geschichte der schweizer Arbeiterbewegung dargestellt wird. Doch ist dies nur einer der vier ineinandermontierten Er-

zählstränge. Der Tagesablauf der Arbeiterfamilie Fierz (die Rituale der immer gleichen Arbeit und Freizeit), die Biographien dieser Arbeiter und einiger der älteren Generation, die Geschichte einer schweizer Architektenfamilie, aus der Seiler selbst hervorging, stehen in einem Spannungsverhältnis zur Entwicklung der schweizer Arbeiterbewegung. Die Autorenmeinung wird nie verbal ausgedrückt, ergibt sich aber bei genauer Beobachtung aller Details: Hinter der scheinbaren Trockenheit der historischen Darstellung und den mehr typischen als persönlichen Äußerungen der Arbeiter wird die Melancholie, sogar der Zorn des Autors über die immer weiter voranschreitende Anpassung des schweizer Arbeiters spürbar.

Auch die HEIMPOSAMENTER geben ihren Autorenstandpunkt nur dem geduldig aufmerksamen Betrachter preis, der die Auswahl der Gesprächspartner, die Aufeinanderfolge der Interviews, den Blick auf das Ambiente (die durch die Maschinen sehr beengten Wohnungen der Bandweber) in einen Zusammenhang zu bringen versteht, der hinter dem didaktisch-klugen Aufbau des Films die Empörung über unwürdige Lebensbedingungen zu erkennen vermag. Der Verzicht auf Demagogie, der nicht nur diesen, sondern allen wesentlichen neueren schweizer Dokumentarfilmen eigen ist, zum Beispiel den BAUERN VON MAHEMBE von Marlies Graf (1975), setzt diese Filme manchen Mißverständnissen aus. Statt des Essays, der zum Denken anregt, erwarten viele das Pamphlet, das das Denken abnimmt.

Mißverständnissen kann Paul Leducs ETNOCIDIO, trotz der Künstlichkeit des Films, kaum unterliegen. Die Aussagen der Indianer über ihre Unterdrückung sprechen für sich. Leduc hat bewußt auf einen Kommentar verzichtet, der die Bilder nur entwerten würde: »Wir wußten von vornherein, daß wir es mit einem sehr starken Thema zu tun hatten, daß die Leute bereit waren zu reden. Wir wußten schon, was wir wollten, aber wir haben nur die Fragen gestellt. Unsere Aufgabe war es dann, durch die Montage den Aufnahmen eine Struktur zu geben. Auf diesem Wege allenfalls führen wir unsere ›Erklärungen‹ ein. Wir kennen zwar die Statistiken, sehen die Zusammenhänge, aber wir überlassen es den Personen unseres Films, zu sagen, was sie beschäftigt« (5).

Die Aussagen der Indianer hat Leduc in eine strenge Ordnung gebracht, die zum Teil schon vor den Dreharbeiten bestand, zum Teil nachher verändert wurde. Die Gespräche sind nach Stichworten in Form eines ABC angeordnet, zum Beispiel ›Demokratie‹ (da wird die Farce eines Wahlkampfes gezeigt), ›Gouvernement‹ (Regierung). Manche Kapitel werden ins Ironische gewendet: unter dem Stichwort ›Fabrik‹ wird

die Beteiligung eines katholischen Priesters an einem Unternehmen analysiert. Einige Kapitel sind in sich geschlossene Kurzfilme, andere werden erst im Zusammenhang mit anderen verständlich.
Die Form des dokumentarischen Film-Essays ist durch Filme wie die hier behandelten auf eine neue Ebene gehoben worden. Die Beweisführung ist nicht mehr an den Kommentar gebunden, sondern ergibt sich aus den Bildern, aus den Zusammenhängen zwischen Bildern und Tönen. In ihnen wird der Zuschauer in einer Weise ernstgenommen, wie das bisher im Dokumentarfilm kaum üblich war.

Das Gedächtnis der Geschichte

Das cinéma vérité, das mit vielen seiner Filme in einer Sackgasse endete, ist als Methode noch heute verwendbar. Einige Dokumentaristen, in der Bundesrepublik vor allem Klaus Wildenhahn, benützen die Vorteile dieser Technik, um Menschen, die in unserer Gesellschaft zu kurz kommen, ein Sprachrohr zu geben. Informationen, die in den Medien häufig unterdrückt werden, lassen sich im Dokumentarfilm, soweit er sich seine finanzielle und politische Unabhängigkeit bewahren konnte oder erkämpfen kann, an die Öffentlichkeit bringen. Minderheiten oder Unterprivilegierte zu vertreten, war schon immer eine Hauptaufgabe des Dokumentarfilms; die Studentenbewegung Ende der sechziger Jahre hat diese Tendenz noch verstärkt. Auch die im ersten Teil dieses Aufsatzes untersuchten Filme stehen ganz in dieser Tradition.
In den letzten Jahren läßt sich dabei, jedenfalls bei einigen der wichtigsten Dokumentaristen, eine Verschiebung des Interesses feststellen, weg vom Eingreifen in die unmittelbare Aktualität und hin zur Darstellung größerer Zusammenhänge. Diese Filmemacher entwickeln wieder einen Sinn für Geschichte, sie erkennen, daß sie Chronistenpflichten übernehmen für kommende Generationen. Patricio Guzmán zum Beispiel, der im Frühjahr und Sommer 1973 zusammen mit anderen chilenischen Filmemachern die Ereignisse aufzeichnete, die am 11. September zum Tod Allendes und zum Putsch der Junta führten, schrieb: »Unser Film sollte so etwas wie das ›Gedächtnis‹ dieses Abschnitts der Geschichte werden. Wir selber wollten dabei die Rolle der Zeugen spielen, die diese historische Situation filmten, die sich inzwischen in eine historische Lektion verwandelt hat« (6).
Konsequenterweise sind diese Chroniken immer länger geworden, sie sprengen den Rahmen des abendfüllenden Films. Guzmán hat bisher

Ivens/Loridan: Wie Yü Gung die Berge versetzte

zwei Folgen seines auf drei Teile angelegten Films La Batalla de Chile (Die Schlacht von Chile, 1975 und 1976) fertig. Joris Ivens und Marceline Loridan haben 1973/74 in der Volksrepublik China zwölf unterschiedlich lange Filme mit einer Gesamtvorführdauer von fast zwölf Stunden gedreht (Wie Yü Gung die Berge versetzte), der Franko-Kanadier Arthur Lamothe arbeitet seit 1974 an einer achtteiligen Chronik der Indianer im Nordosten Kanadas (Carcajou et le Peril blanc/Carcajou oder die weiße Gefahr): das Gesamtwerk, dessen Teile auch einzeln vorgeführt werden, wird einmal rund zwanzig Stunden dauern. Auch Klaus Wildenhahns vorletzter, zweiteiliger Film Liebe zum Land (1973/74) hatte bereits eine Vorführdauer von zweieinhalb Stunden, die fünf Folgen von Emden geht nach USA dauern gut fünf Stunden. Klaus Wildenhahn erklärte, wie es zu diesen langen Filmen kommt: »Durch eine Arbeit wie die bei den Landarbeitern kommt man davon ab, mal hier und mal da ein wichtiges Thema zu drehen, so irgendwo zwischen New York und Oldenburg, um mich zu nehmen,

Tuchtenhagen/Wildenhahn: EMDEN GEHT NACH USA

also verschiedene Filme zu machen, die vielleicht alle ganz interessant sind. Man sieht im Gegenteil immer mehr die Notwendigkeit, in einem begrenzten Raum tiefer vorzustoßen. Man will die zwei, zweieinhalb Monate, die man schon hat, noch weiter ausdehnen. Das läßt sich an meiner Geschichte ganz deutlich verfolgen. Jetzt sind wir schon ein Jahr an einer Sache dran. Man teilt dann die Sachen in Zyklen auf, anders als früher; man kommt zu einer anderen Erzählform. Bei LIEBE ZUM LAND mußten wir in *einem* Film, dem zweiten Teil des Gesamtfilms, die Landarbeiter abhandeln, und da sind ein paar Aspekte weggefallen. Jetzt bei diesen vier bis fünf Filmen bei EMDEN GEHT NACH USA können wir in einer gewissen Ruhe alles nacheinander durchschreiten« (7). Wildenhahn vergleicht diese mehrteiligen Dokumentarfilme mit den Romanzyklen des 19. Jahrhunderts, von Zola oder Balzac, »die sich ein Zehnjahresprogramm vorgenommen haben und dabei an einer Familie sozusagen die ganze französische Geschichte in einer bestimmten Periode aufgeschlüsselt haben«.

Das dokumentarische Prinzip, das dem oben dargestellten synthetischen gegenübersteht, kann sich erst in so umfangreichen Filmen voll entfalten, hier kann es die auf ein Ende gerichtete Spielfilmdramaturgie überwinden, die das cinéma vérité, vor allem bei Leacock, weitgehend bestimmt hat. Klaus Wildenhahn und seine Co-Regisseurin Gisela Tuchtenhagen setzen die Dramaturgie des Dokumentarfilms von der des Spielfilms ab: »Die Läuterung, die Katharsis, die der Zuschauer vielleicht im Drama erwartet, ist im Dokumentarfilm so zugespitzt nicht möglich, vielmehr werden Brüche klargemacht, Auslassungen. Natürlich steuert man auf ein Ende, einen emotionalen Höhepunkt zu, aber das ist kein Happy oder Unhappy End, sondern hat Aufforderungscharakter. Der Zuschauer soll übernehmen, was er erfahren hat, um eine Veränderung herbeizuführen. Der Konflikt ist verlagert in die unmittelbare Rezeption der Zuschauer.«

In EMDEN GEHT NACH USA hat Klaus Wildenhahn im Sommer 1975 Diskussionen unter Vertrauensleuten und Betriebsräten des VW-Wer-

Arthur Lamothe: CARCAJOU ODER DIE WEISSE GEFAHR

kes in Emden aufgezeichnet, als dort die drohende Produktionsverlagerung nach den USA die Belegschaft in Aufregung versetzte. Wildenhahn und Gisela Tuchtenhagen an der Kamera waren immer dabei; das Vertrauensverhältnis zwischen ihnen und den Arbeitern erlaubte Aufnahmen in Situationen, die normalen Fernsehteams nicht möglich wären. Die IG-Metall-Funktionäre vor der Kamera wußten, daß ihre Aussagen nachher auf dem Bildschirm (der Film entstand im Auftrag des NDR) nicht verfälscht würden. So dauern im fertigen Film manche Gespräche mehrere Minuten, die üblicherweise in Sekunden zitiert oder im Kommentar zusammengefaßt werden. Das Ergebnis der mehrere Wochen dauernden Diskussionen war schließlich eine relativ kümmerliche Demonstration: die meisten Arbeiter hatten Angst um ihren Arbeitsplatz. So wird der Höhepunkt des Films, auf den alles hinstrebt, zugleich zu seinem Tiefpunkt. Diese Entwicklung nicht nur zu bedauern, sondern zu verstehen, das gelingt gerade durch die Ausführlichkeit der Darstellung, die immer wieder neue Ansatzpunkte zur Diskussion liefert.

Die Ausführlichkeit von Arthur Lamothes Indianer-Serie hat zunächst einen anderen Grund. Lamothe erläutert sein Arbeitsprinzip, vor allem die Methode seiner Interviews mit den Indianern. Seine Hauptfigur ist Marcel Jourdain, ein älterer Indianer: »Ich habe ihm gesagt, Sie müssen alles sagen, was Sie sagen wollen. Sie haben die Chance, das an die jungen Indianer, die späteren, weiterzugeben, und auch an die Weißen von Sept-Iles, die ihnen mit Verachtung begegnen. Und dann habe ich ihm das Wort gegeben. Und er spricht. Ich zeige ihn mit Respekt vor seinem Wort, nicht indem ich hier und da schneide. Wenn ich eine Frage stelle, lasse ich sie drin. Ich will dem Zuschauer nicht vormachen, ich sei nicht vorhanden. Für mich gehört die Kamera zur Dramaturgie. Ich will nicht den Eindruck erwecken, als ob es keine Kamera gäbe. Die Kamera ist tatsächlich da. Man sieht sie nicht, aber wenn man die Indianer vom Tod sprechen sieht, merkt der Zuschauer, daß sie vor der Kamera stehen ... In einem meiner Filme spricht Marcel Jourdain vom Bären. Er erzählte mir vor dem Drehen nicht, was er sagen wird. Ich nehme alles, was er sagt, direkt auf. Ich wußte vor dem Drehen nicht einmal, daß er vom Bären reden würde« (8).

In den Lamothe-Filmen sind Entdeckungen zu machen: Marcel Jourdain demonstriert seinem Enkel, wie man Fallen stellt. Er tut es umständlich und genau, führt nicht nur vor, sondern erläutert auch. Die Kamera steht daneben, paßt sich seinem Rhythmus an. Sie nimmt alle Vorgänge vollständig auf, ohne Hast. Die Kameraführung ist ruhig; zwar gibt es Schwenks und gelegentlich Zooms, aber immer nur, um

den Gesamtvorgang plausibler zu machen, nie um Einzelheiten spektakulär oder diffamierend herauszustellen.
Auch Joris Ivens und Marceline Loridan lassen sich in ihren China-Filmen Zeit. Sie entdecken im Chinesen den Menschen, seine Lebendigkeit und Spontaneität, seinen Widerspruchsgeist, seinen Witz. Das ist wirklich eine Entdeckung, denn Antonionis China-Film bezeugte nur die Fremdheit eines Europäers gegenüber der chinesischen Realität. Und die chinesischen Dokumentarfilme, die nach Europa exportiert werden, kommen vor lauter propagandistischen Spruchbändern nicht dazu, das Normale, Alltägliche des chinesischen Lebens zu zeigen.
Marceline Loridan hat in einem Interview berichtet, wie sie und Joris Ivens in China gearbeitet haben: »Man sagt hier, daß die Chinesen nicht gern über ihre Schwierigkeiten reden, daß sie nicht aus sich herausgehen. Das ist falsch, hier (unser Film) der Beweis. Aber sie müssen vorher Vertrauen haben. Und vielleicht sogar Zuneigung zu einem verspüren. Die Leute aus dem Westen, die dort hingehen, machen allzuoft denselben Fehler: sie halten ihre Kameras und Mikros zehn Zentimeter vor einen Chinesen und überfallen ihn mit aggressiven Fragen. Sie dürfen sich nicht wundern, wenn sie nichts als ein höfliches Lächeln und ausweichende Antworten bekommen. Einen Film machen, das ist in erster Linie Dialog. Das haben wir versucht« (9).
Das Bild, das wir auf diese Weise gewinnen, ist das einer Demokratie an der Basis, in der zum Beispiel Schulkinder oder Fabrikarbeiter ihre Rechte energisch wahrnehmen. Das widerspricht dem allgemeinen Vorurteil über China so sehr, daß wir uns fragen, ob Ivens und Loridan nicht eine besonders raffinierte Propaganda betreiben. Hat man ihnen in China vielleicht nur ganz exemplarische Menschen und Kollektive vorgeführt? Die Filmemacher sahen dieses Problem: sie haben zum Beispiel keine von vierzehn ›vorbildlichen‹ Fabriken besucht, die man ihnen vorschlug, sondern eine ganz normale. Und sie wurden, wie sie immer wieder betonen, bei den Dreharbeiten nie gegängelt. Wichtigstes Indiz für die Authentizität des Gefilmten ist allerdings die Drehmethode: Die langen Diskussionen, die man miterlebt, sind durch die Montage kaum gerafft; hier wird nicht gemogelt, die Argumente entfalten sich in Pro und Kontra. Wenn man nicht annehmen will, hier einer Inszenierung beizuwohnen (wofür es nicht den geringsten Hinweis gibt), bleibt nur die Schlußfolgerung: das Bild vom Alltag in China, das die Serie vermittelt, entspricht der Wirklichkeit der Jahre 1973/74.
Filme wie die von Wildenhahn, Lamothe, Ivens/Loridan oder Guzmán, die ihren Themen Geduld und viel Zeit widmen, können in sehr viel

stärkerem Maße als es früher möglich war, Prozesse aufzeichnen, Entwicklungen verfolgen. Lamothe kann in Kanada die indianische Kultur, die fast schon zerstört ist, noch einmal festhalten. Marcel Jourdain steht einmal auf einem Friedhof und spricht: »Mein Wort reicht weit. Ich werde nicht da sein, aber mein Wort wird weit reichen. Was mir auch geschehen mag, ich weiß, mein Wort wird seinen Weg gehen . . .« (10), und mit ihm das Bild, das Lamothe aufgenommen hat. In den Erzählungen der Indianer werden sogar Dinge noch einmal ans Tageslicht geholt, die es in der Realität kaum mehr gibt. Trotzdem sind dies keine nostalgischen Filme. Sie machen auch klar, wer für die Zerstörung dieser Kultur verantwortlich ist.

In einem der Filme brechen am Ende Bulldozer in die Wälder ein, im Auftrag eines Konzerns, und mähen alles nieder, selbst stärkste Bäume. In einer anderen Folge zeigt Lamothe, daß die Indianer in ihrem Reservat nicht einmal mehr fischen dürfen. Dafür tritt ein US-Amerikaner auf, der mit seinem Privat-Jet regelmäßig von Chikago zum Fischen herüber kommt. Ein andermal ist den Indianern der Weg zu ihrem Jagdgebiet plötzlich durch Straßensperren verwehrt, die nur Baufahrzeuge passieren dürfen.

Während Lamothe als Ethnologe alles registriert, das Wichtige und das scheinbar Unwichtige (die Nachwelt wird zwischen dem Wesentlichen und dem Unwesentlichen unterscheiden), hat Guzmán aus der Fülle des Materials, das ihm aus dem Sommer 1973 in Chile zur Verfügung stand, eine stärkere Auswahl getroffen, als Beteiligter, aber auch als Historiker. Zwar gibt es in dem Film alles, was man erwartet (soweit es einer Kamera zugänglich ist): Parlamentsdebatten, Demonstrationen, Reden Allendes und anderer Politiker, Fernsehansprachen und -diskussionen, aber nicht als wahllose Materialanhäufung, sondern bezogen auf die Hauptthemen: die Versuche der Bourgeoisie, vor allem durch den Streik der Lastwagenbesitzer, die Volksfrontregierung, zunächst noch mit ›friedlichen‹ Mitteln, zu stürzen, und die zum Teil heftigen Diskussionen innerhalb der Linken, wie diesem rechten Putsch zu begegnen sei, mit legalen Mitteln, wie es Allende befürwortete, oder mit Waffen, wie es vor allem der linksradikale MIR forderte. Diese Konzentration verhinderte einen der Hauptfehler der üblichen historischen Rückblicksfilme, nämlich die Hast, mit der von Ereignis zu Ereignis gesprungen wird. Guzmán kann sich Zeit lassen, etwa für eine prinzipielle Auseinandersetzung, die viele Minuten dauert, zwischen einem jüngeren, etwas hilflosen Gewerkschaftsfunktionär und einem älteren Arbeiter, der die Bewaffnung des Volkes verlangt.

Obwohl Guzmán und jeder Zuschauer weiß, wie die »Schlacht« um Chile geendet hat, zeigt er doch in jedem Augenblick der Entwicklung die denkbaren Alternativen. Geschichte ist kein unausweichliches Schicksal, sondern etwas, das von Menschen gemacht wird. Darum umkehrbar. So ist LA BATALLA DE CHILE Bericht, Analyse, Requiem, Anlaß zum Nachdenken, Hoffnung.
Die chronikartige Breite der hier behandelten Filme kann verschiedene Anlässe haben, zu verschiedenen Ergebnissen führen. Gemeinsam ist allen Filmen, daß sie den Menschen vor der Kamera erst einmal eine Sprache geben, sie nicht in vorgefaßte Interpretationsmuster pressen. Ähnlich human gehen sie mit den Zuschauern um, denen sie die Freiheit des Zusehens, Erkennens und Verstehens ermöglichen. Voraussetzung ist allerdings ein grundsätzliches Einverständnis zwischen Filmemachern und Zuschauern: beiden ist daran gelegen, Minderheiten, die sonst nicht zu Wort kommen, Unterdrückten und Ausgebeuteten, um die sich sonst niemand kümmert, zu ihrem Recht zu verhelfen. Das gilt ebenso für die essayistischen Filme, auch wenn sie mit anderen Methoden arbeiten. Der Dokumentarfilm hat in den letzten Jahren durch Filmemacher, die in verschiedenen Kontinenten tätig sind und sich zum Teil nicht einmal kennen oder sich nur durch Festivals flüchtig kennenlernen, einen Höhepunkt in seiner Geschichte erreicht.

1 Yves Yersin, zitiert nach Internationales Forum des Jungen Films 1974, Berlin, Informationsblatt Nr. 10

2 Die Bände August Sander, *Menschen ohne Maske* und *Antlitz der Zeit* sind 1976 und 1977 im Verlag Schirmer/Mosel, München, wiedererschienen.

3 Paul Leduc, zitiert nach Internationales Forum des Jungen Films 1977, Berlin, Informationsblatt Nr. 36

4 Klaus Wildenhahn, Über synthetischen und dokumentarischen Film, Frankfurt/Main 1975, S. 165

5 Paul Leduc a. a. O.

6 Patricio Guzmán, zitiert nach Internationales Forum des Jungen Films 1976, Berlin, Informationsblatt Nr. 33.

7 Diese und die folgenden Äußerungen von Klaus Wildenhahn und Gisela Tuchtenhagen entstammen einem Interview des Autors, das am 6. Juli 1976 in Berlin aufgenommen wurde.

8 Arthur Lamothe, zitiert nach Internationales Forum des Jungen Films 1976, Berlin, Informationsblatt Nr. 25.

9 Marceline Loridan, zitiert nach dem Programmheft des Filmverleihs Neue Welt.

10 Lamothe a. a. O.

Gerhard Zwerenz
Die falschen Stoffe

Anmerkungen zu den Themen deutscher Filmemacher

Ich darf Sie bitten, meine wenigen Worte nicht als die gewichtigen Urteile eines *Film*-Fachmannes zu werten, sondern nur als die nebensächlichen Anmerkungen eines Betroffenen, der Kino- und tv-Filme konsumiert, ein Jedermann, der den Fernsehapparat immer seltener einschaltet, weil es wesentlich angenehmere Formen der Langeweile gibt; ein Jedermann, dem die Kinopreise zu hoch liegen, weshalb er den Zehnmarkschein dreimal umdreht, bevor er ihn dem Fräulein hinter der Kasse zuschiebt.
Ich fühle mich als Publikum. Ich bin zu oft aus dem Kino hinausgeekelt worden, als daß ich mich durch bloße Reklame und public-relations oder Kritikerworte wieder hineinverführen lassen könnte.
Es geht mir mit dem Kino und dem Fernsehen immer mehr wie mit den Wahlen: Ich reagiere mit Abstinenz. Solange man noch wählen kann, kann man auch *nicht* wählen. Vermag ich keiner Partei mehr was zuzutrauen, wähle ich keine mehr. Noch kann man sich auch seine Fernsehtermine und seine Kinogänge wählen.
Wenn ich über die Gründe für meinen beunruhigenden Zustand nachdenke, kommt mir als erstes das Geld in den Sinn, das unsere Filmemacher nicht haben. Hätte ich eine Hierarchie dessen aufzustellen, was der Film braucht, würde ich antworten:
1. braucht er Geld
2. braucht er die richtigen Inhalte oder Stoffe – und da ich nun gebeten wurde, über die falschen Stoffe zu sprechen, möchte ich zunächst behaupten, es gibt gar keine falschen Stoffe. Jeder Stoff ist legitim, er kann ein großes oder kleines, wichtiges oder nebensächliches, privates oder politisches Thema haben oder auch gar keines.
Es ist nur so, wenn ich, etwa hier in Frankfurt, einen neueren westdeutschen Film ansehen will, muß ich meist ins »Olympia« gehen. Warum wohl. Dort trifft man immer dieselben Besucher. Warum wohl. Genauso im »Kommunalen Kino«. Warum wohl?
Es liegt am Geld. Und an den Inhalten und Stoffen. Bitte mißverstehen Sie mich nicht. Nach mir wird Wim Wenders hier sprechen. Ich habe seinen Film IM LAUF DER ZEIT gesehen. Im »Olympia«. Ich habe ge-

sehen von Werner Herzog, der nach Wim Wenders hier antreten wird, Jeder für sich und Gott gegen alle. Im »Olympia«. Ich kenne die meisten Filme von Rainer Werner Fassbinder, sogar einen, den er nicht produzieren durfte – inzwischen ist noch ein mehrteiliger Fernsehfilm dazugekommen: Produktion verboten! Sie merken, wir sind hart beim Thema, und ich verhalte mich gut deutsch, ich lenke erst mal ab, und zwar, wie es sich für uns gehört, nach Amerika.
Als letzte US-Produktion sah ich Network, einen Volltreffer. Warum selbst formulieren, ein Zitat ist flink zur Stelle, in *konkret* bespricht Henryk M. Broder den Film, es heißt da: ». . . technisch perfekt und im besten Sinne unterhaltend, mit einer politischen Moral, aber nicht moralisierend, lehrreich, aber nicht belehrend.«
Und ich lese da weiter: »Für Filme wie Der Strohmann, Kuckucksnest, Nashville oder Die Unbestechlichen gibt es in der deutschen Produktion kein Gegenstück.«
Ich frage: warum nicht? Der Film darf ebensowenig wie das Theater und die Literatur die zentralen Fragen einer Gesellschaft ausklammern. Wir aber klammern aus. Anfangs gezwungenermaßen, bald aus Gewöhnung.
Network ist ein Film über und gegen die US-Übergroßmacht TV.

Sidney Lumet: Network

Unser Fernsehen ist anders, gewiß. Aber doch nicht unangreifbar. Welcher arme Filmemacher wird wohl unser Fernsehen attackieren, auf das er doch als Rettungsnetz angewiesen ist ... Früher hießen die Kneipen nahe den Gerichten oft »Endstation« oder »letzte Instanz«. Genau das ist unser Fernsehen für unseren Film.
Andererseits: Ich sah bei uns per Television EXECUTIVE ACTION, einen Film über das Kennedy-Attentat, nicht als authentische Dokumentation, sondern als mögliches Modell: Reaktionäre Polit-Bosse beschließen, den Präsidenten zu ermorden. Historisch gesichert ist da nichts, aber denkbar. Ein Anleitung zur Analyse. Eine Schreckens-Vision. Und dennoch wahr: Der Modus des real Möglichen.
Bei uns wäre ein derartiger Film undenkbar. Dabei haben wir jede Menge Morde, Attentate, angefangen von der Erschießung des Studenten Ohnesorg durch einen bekannten, gerichtlich freigesprochenen Polizisten über das Attentat auf Rudi Dutschke bis heran zu dem Attentat auf Buback. Fragen wir uns ganz ehrlich: Sind Filme darüber bei uns möglich?
Jedenfalls gibt es keinen, weder im Fernsehen noch im Kino. Warum nicht?
Zwei Reporter einer amerikanischen Zeitung deckten den *Watergate*-Skandal auf. Ein Präsident mußte gehen. Der Ex-Präsident wird auch in einem Film vorgezeigt, so dumm, kriminell, idiotisch wie er in Wirklichkeit war.
Ja, wird man sagen, bei uns kam es auch durch einen tapferen Journalisten des Hessischen Rundfunks zur Aufdeckung des Osswald-Skandals. Aber die Zudecker sind schon wieder tüchtig am Werk. Ein Film ist nicht zu befürchten. *Helaba* und kein Ende. Solange Osswald regierte, wagte niemand ein offenes Wort. In USA war Nixon noch an der Macht, als ihm zwei kleine unbekannte Reporter an den Kragen gingen. Amerika, du hast es besser?
Frage: Was ist falsch bei uns? Sind wir Untertanen? Blind? Oder zu vorsichtig? Oder korrupt? Oder schlechthin furchtsam? Oder einfach unterfinanziert? Die Kunst ist frei. Was aber, wenn die Kunstmacher unfrei sind?
Im nicht weitab von hier gelegenen Zuchthaus Butzbach, das sprachkosmetisch umgetauft worden ist in *Strafvollzugsanstalt*, wurde der Anstaltsleiter von einem Lebenslänglichen mit seinem selbstgebastelten Schrot-Schuß-Apparat getötet.
Hielten wir da die Kamera drauf, sähen wir in großen Zügen etwa: ein ursprünglich idealistischer Jurist resigniert im Vollzugsdienst, bis

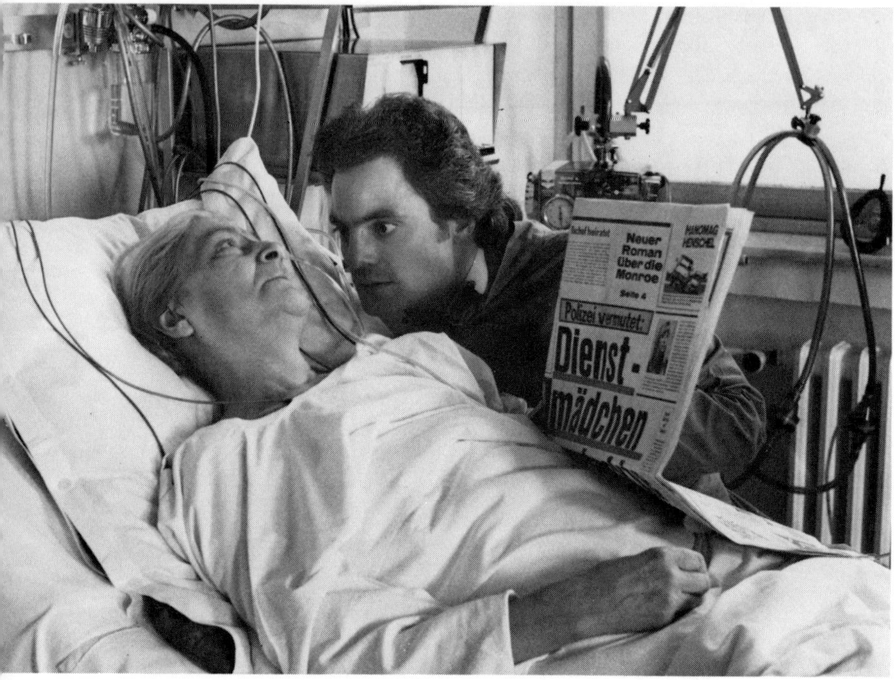

Volker Schlöndorff: Die verlorene Ehre der Katharina Blum

er in kranken Häftlingen nur noch Simulanten sieht und seinen zukünftigen Mörder als ungefährlichen Spinner charakterisierte. In der Anstalt tyrannisiert einer den anderen, die Selbstmordrate steigt, ein beamtetes Rollkommando schlägt Häftlinge zusammen, verbringt sie in Strafkäfige, der Lebenslängliche H. betritt das Zimmer des Anstaltsleiters, nimmt die Sekretärin als Geisel, verschanzt sich und verlangt eine Verbindung zum Hessischen Rundfunk. Der Anstaltsleiter versucht sein Zimmer zu stürmen, der Häftling drückt ab, der Getroffene verblutet. Was geschieht nun? Der Täter wird schwer mißhandelt und abtransportiert. Die Staatsanwaltschaft bezichtigt Ex-Häftlinge, den Mord an dem Beamten vorbereitet und eine kriminelle Vereinigung gebildet zu haben und verhaftet. Die Verhafteten sind im vorherein schuldig, denn sie haben einen Mord im Mannheimer Gefängnis aufgedeckt. Aber der Tod des Anstaltsleiters aus Butzbach ist, wie sich endlich zeigt, kein von außen geplanter und unterstützter Mord. Die kriminelle Handlung erweist sich bei näherem Hinsehen als psychopathologischer Vorgang. Der Täter ist ein Opfer der lebenslänglichen Verwahrungsanstalt. Er wollte nicht töten. Das Opfer ist ein Opfer der gleichen Verwahrungsanstalt, die er leitete, obwohl er von ihr geleitet und verleitet wurde. Die Erstürmung seines Zimmers war die Folge seiner Angst vor dem Bekanntwerden des Falls. Besser, er erledigte den Vorfall persönlich, schnell und intern, sonst würde das breit in der Presse abgehandelt, und das schadete dem Ansehen der Anstalt und ihres Leiters. Und seiner Karriere.

Es gibt in unserer Gegenwart Dutzende ähnlicher Vorgänge. Wo sind die adäquaten großen Filme darüber?

Wir haben Volker Schlöndorffs Böll-Adaption DIE VERLORENE EHRE DER KATHARINA BLUM. Das ist ein Anfang: *Wie Gewalt entsteht und wohin sie führt.*

Erweitern wir die Skala: Schon in der Literatur fehlen diese Stoffe. Ich behaupte: Wir haben ein indirektes Realismus-Verbot. Man darf sprach-realistisch, form-realistisch, pseudo-realistisch sein. Keinesfalls kritisch-realistisch. Jedenfalls dann nicht, wenn der kritische Realismus ins Zentrum zielt.

Ich habe einen kritisch-realistischen Roman herausbringen können: *Die Erde ist unbewohnbar wie der Mond.* Was als Roman günstiger Umstände halber gerade noch zu verwirklichen war, gelang mit dem Film schon nicht mehr. Denn die großbürgerlichen Moralapostel wittern den Antisemitismus grundsätzlich dort, wo er nicht ist. Wenn aber in Butzbach ein jüdischer Häftling am Morgen von einem Justizbeamten angeschnauzt wird: »Steh auf, du dreckiger Saujude!«, wenn der jüdische Häftling sich dagegen verwahrt, schließlich ist im Dritten Reich seine gesamte Verwandtschaft ermordet worden, dann wird er getreten, dann wirft man ihm die Zellentür so heftig gegen das Bein, daß vom Knöchel bis zum Knie eine tiefe Fleischwunde entsteht.

Natürlich findet sich über dergleichen im Zentralorgan der großbürgerlichen Ideologieapostel kein Wort. Diese feinen Herren wissen nicht, was in den Gefängnissen vorgeht. Unsere feinen Herrschaften wußten auch im Dritten Reich nicht, was in den Gefängnissen und KZ's geschah. Sie sehen den Antisemitismus, wo sie ihn aus politischen Gründen orten wollen, nicht aber, wo er aus politischen Gründen tatsächlich vorhanden ist und nachwächst.

Wenn sich solche Fälle summieren, aber unbekannt bleiben und auch nicht in Literatur und Film eindringen, dann sind die Mängel einer Gesellschaft zu Mängeln ihrer Literatur und ihres Films eskaliert. Unsere mangelnde Zivilcourage mag ein Grund dafür sein. Der tiefere Grund aber ist, daß die potentiell kritischen Realisten von den für sie notwendigen Produktionsmitteln vollkommen abgetrennt worden sind. Unsere ökonomische und juristische Schwäche ist nichts anderes als eine verschleierte Zensur, die auf subtilere Weise als in autoritären Staaten ausgeübt wird. Autoren und Filmemacher leben ständig am Rande des finanziellen Ruins, sie benötigen Fremdkapitalien und fatalerweise staatliche Zuschüsse, und alles dies beschränkt ihren Freiraum tendenziell bis auf Null. Gerade der kritische Realismus aber verlangt riskanteste Kreationen. Wer dabei zu Fall gebracht wird, wie etwa in der Literatur Delius und der Rotbuchverlag, der gerät in die Pleite oder hart an deren Rand, was ihn sofort entmutigt und risikoscheu macht. Risikoscheu aber ist der Anfang vom Ende freier Kunstproduktion. Die politisch Mächtigen wissen oder fühlen das. Deshalb erhöhen sie die Risiken für kritisch-realistische Produktionen. So kommen die Opportunisten immer leichter zum Zuge.

Ich habe auch Erfahrungen eingesammelt im Versuch eines zweiten kritisch-realistischen Romans. Eine an amerikanischen Vorbildern maßnehmende Paraphrase des Guillaume-Falles. Schnell waren wir von juristischen Gutachten eingemauert. Die Juristen haben inzwischen Schlußfolgerungen aus der veränderten Gesetzgebung gezogen. Spätestens seit dem Urteil gegen *Unsere Siemenswelt* von Delius ist die grundgesetzlich verbürgte Kunstfreiheit lädiert, wo nicht abhanden gekommen.

Wenn ich eingangs sagte, es gäbe keine falschen Stoffe, keine illegitimen Inhalte, so muß ich jetzt korrigieren. Zur Verfilmung werden von manchen Fernseh-Dramaturgen Vorlagen angenommen und unter ungeheuren Kosten realisiert, deren Inhalte und Tendenzen so falsch sind, daß nicht mal das Gegenteil richtig ist: »Der Winter, der ein Sommer war«. In einem Irrenwitz heißt es: Dafür hat die Regierung Geld! Man kann auch sagen: Wasch mir den Pelz, aber mach ihn nicht naß ...

Wenn die ökonomischen, juristischen oder politischen Machtverhältnisse dahin gekommen sind, daß Film, Theater und Literatur die zentralen Lebensfragen der Gesellschaft, die konfliktträchtigen Probleme von Macht, Machtausübung und Gewalt, nicht mehr auf die Eventualität hin behandeln können, daß als Resultat ein Werk entsteht, das der Obrigkeit mißfällt, dann ist die Freiheit der Kunst nicht mehr gegeben, und wenn noch so oft und laut das Gegenteil behauptet wird.

Es gibt keine falschen Stoffe. Wenn aber die wichtigsten Themen nicht mehr behandelt werden dürfen oder nur mit Auflagen – etwa der, daß

das Ergebnis opportun sein müsse, dann erhalten alle anderen Stoffe die Tendenz zum Falschen, mindestens werden sie aufs fatalste nebensächlich, also Ersatz, Alibi, Verlegenheitslösung.
Um Mißverständnissen zu begegnen: Ich fordere keine marxistische Kunst und orientiere mich nicht an Auffassungen, in deren Ordnungsbereichen der kritische Realismus genau wie bei uns, wenn auch auf weniger subtile Weise, untersagt wird. Ich vergleiche nur unseren Kapitalismus mit dem amerikanischen und stelle bedauernd fest, überall trotten wir den amerikanischen »Way of life«, bloß dort, wo's angebracht wäre, enthalten wir uns. Denn in den USA erhebt sich über dem ausgebreiteten Trivialsumpf eine Literatur- und Filmproduktion, deren kritische Schärfe und gleichzeitige Massenwirksamkeit wir nicht erreichen. Da muß doch irgendetwas falsch sein an hiesigen Stoffen und Werken.
Die falschen Stoffe im Film sind zum Teil Folge der falschen Stoffe in der Literatur. Puzos Roman *Der Pate* hat keine Entsprechung bei uns. Wer in diesem Land wagte wohl einen solchen Zugriff, da *Der Pate* die Figur – den Mafia-Boss – so ausdehnte, daß der Leser und Zuschauer an den kriminellen Staats-Boss Nixon denken mußte. Wir sind freiheitlich-demokratisch — nicht demokratisch frei. Wir befinden uns heute im Schwarzen vormals Roten Römer. Hier hat ein Filmemacher nie auch nur daran gedacht, die verdächtigen, wo nicht gesetzwidrigen Handlungen gewisser Politiker auf die Leinwand zu bringen. Hier ist nicht Amerika. Hier wurden nicht nur keine kritisch-realistischen Filme gedreht, hier war der rote und als links geltende Oberbürgermeister sogar in der Lage, einen Schriftsteller von der Diskussion eines Films im Fernsehen auszuschließen.
Hier reiste höchstens der stockkonservative Mathias Walden an, um für den SPD-liierten SFB ein unkritisches, superfreundliches OB-Porträt zu filmen, ein typisches TV-Geseires, kurzum hier wurde tendenziell Kritik verhindert, Analyse verdächtigt, Lobhudelei um jeden Preis verlangt, bis den Bürgern bei der Wahl der Kragen platzte und sie die hier Regierenden aus den Ämtern kreuzten.
Noch am Wahlabend flimmerte ein TV-Gebilde über die Röhre, bei dem die Konflikte in dieser Stadt verniedlicht, verproporzt, vermieden wurden. Dies ist die Fernsehproduktion, die wir auf weiten Strecken schon genießen dürfen, welch eine Bedrohung, wenn der Kinofilm sich auf dem gleichen untersten Niveau des Jubeljournalismus und der possierlichen Politiker-Privat-Poesie einpendeln sollte. Wie Tendenz zeigt.

Es gibt in unseren Metiers ein paar Probleme, die wir nicht selbst zu verantworten haben. Andererseits sind wir nicht schuldlos. Wer bei uns einen Film drehen wollte wie DER PATE oder EXECUTIVE ACTION oder DIE UNBESTECHLICHEN, Stoffe also, die Staatsmänner und staatliche Maßnahmen tangieren, der müßte den Staat kennen. Unsere Lichtspielproduzenten aber sitzen zuhauf in München, und wenn's um Bonn geht, wird's für die meisten zappenduster. Bonn als Hauptstadt tritt nur ins Blickfeld, geht's um Subventionen oder sonstige Filmhilfen, die meist Filmbehinderungen sind.
Aber auch der kritische Realismus des Alltags, der sich an landläufigen Figuren episodisch festmachen wollte, erweist sich oft als unmöglich. Ich habe einen starken Eindruck behalten von der Bogdanovich-Produktion DIE LETZTE VORSTELLUNG und frage mich geradezu bekümmert, warum glückt bei uns sowas so selten? Wir können jetzt immerhin das BROT DES BÄCKERS genießen, aber sonst tun wir uns sehr schwer, Gegenwartstypen so scharf, kritisch und menschlich sympathisch zu zeichnen. Vielleicht sind wir zu lange aus der Übung. Es gibt US-Filme, in denen mit unaufdringlicher Selbstverständlichkeit davon ausgegangen wird, daß eine der auftretenden Personen, ein Richter, Offizier, Polizist oder Kommissar kriminell sei – na, sagen wir korrupt. Wagte sich bei uns ein Autor in diese Bereiche, hagelte es Proteste, die Berufsvertreter der Juristen, Offiziere, Polizeibeamten protestierten; schon Tucholsky wußte: Wenn bei uns einer einen guten politischen Witz macht, sitzt halb Deutschland auf dem Sofa und nimmt übel. Geschweige, es macht einer gar keinen Witz, sondern ernst.
Wir Deutschen sind in Philosophie wie Kunst die Meister des Abstrakten, aus lauter Verallgemeinerungssucht sehen wir nie den Sonderfall, nie die Story. Deutschland fühlt sich stets kollektiv beleidigt.
Schon Brecht verlegte deshalb in den zwanziger Jahren den Handlungsort gern in die Vergangenheit oder in ferne Länder. Obwohl er Berlin meinte. In seinen Parabeln und Lehrstücken aber zielte Brecht auf den Nerv der Zeit. Genau dahin zu treffen sollen wir gehindert werden.
Gestatten Sie mir zum Abschluß ein sehr persönliches Wort. Ich habe über sieben Jahre hin in vielen Büchern die verhängnisvollen Zustände in Frankfurt, *dem* »Tatort« der BRD, signalisiert. Das trug mir jede Menge Behinderungen ein, mein Telefon wurde abgehört, man drosch auf mich ein und statt des gebotenen, gesunden Selbstzweifels artikulierten die zuständigen mächtigen Herren lieber Zweifel an meiner geistigen Gesundheit. IN GEFAHR UND GRÖSSTER NOT BRINGT DER MITTELWEG DEN TOD – dieser Alexander-Kluge-Film brachte ansatzweise kri-

tischen Realismus. Als Fassbinder weitergehen wollte, sperrte man ihm das Geld, die Produktionsmittel wurden ihm verweigert.
Die Verhinderung einer Kunstproduktion ist Zensur. Der Film hätte zeigen können, was heute real deutlich wird: Stadt und Staat wurden abgewirtschaftet von denen, die politisch führten. Die Zeitungen, die früher so tüchtig schwiegen, sind jetzt voll von Darlehens-Osswald und seinen vielfältigen Unheils-Stiftungen.
Früher lief da nicht nur alles wie geschmiert, es wurde geschmiert – 16 Wohnungen zum Vorzugspreis für Herrn Direktor Hankel, ein paar Hunderttausenderchen für den Genossen Osswald, das alles wäre natürlich ein falscher Filmstoff, wie es schon ein falscher Buchstoff gewesen ist, nach Meinung der Nutznießer. Umgekehrt wird ein Schuh daraus: Genau dies wären die richtigen Stoffe. Gehen Sie hinüber zur Ecke Bockenheimer/Schumannstraße, unser Freund Kluge hielt da leider die Kamera zu zaghaft drauf, als eilig die großen schönen Häuser abgerissen wurden, als man die jungen Leute zusammenschlug, als Blut floß und so mancher Student zum Terroristen geprügelt wurde. Ein 28stöckiges Bürohochhaus sollte dort hin, aber Bauherr Bubis errichtete nichts, und heute sehen Sie dort eine freie Fläche mit viel Platz für Sinnsprüche: Rudi Arndt – wir haben dich gewarnt. Man hörte aber weder die Volksstimme noch solche Volkspoesie, und heute klafft da eine Wunde dieser Stadt. Der vormalige Ministerpräsident aber, der zu dieser Zeit tönte, der Staat müsse Flagge zeigen, ist jetzt mit fliegenden Fahnen untergegangen. Für diese Genießer-Genossen denaturierte der Staat zum Warenhaus, in dem sie einkaufen konnten, ohne den richtigen Preis zu zahlen. Die Rechnung wird jetzt präsentiert.
Solange unser Film nicht stark und autark genug ist, derlei Tendenzen und Praktiken aufzuzeigen, auch gegen den Widerstand der Mächtigen, solange ist unser Film nicht frei, und solange sind alle anderen Stoffe per se falsche Stoffe, mit denen getäuscht und abgelenkt wird.
Gerhard Zwerenz hatte diesen Text als Referat für die »Römerberggespräche« (am 29./30. April in Frankfurt am Main) geschrieben. Unter dem Titel »Sie schlagen uns das Kino tot« befaßte sich ein Expertenkreis mit der Situation des Films in der Bundesrepublik.

Wolfgang Gersch
Böll-Verfilmung als politisches Tageskino

»Die verlorene Ehre der Katharina Blum«

Wohl kein anderer während der letzten Jahre in der Bundesrepublik entstandener Film erfüllte die Forderungen, die der Schriftsteller Gerhard Zwerenz in seinem vorausgehenden Text artikulierte, in dem Maße wie die Böll-Adaption DIE VERLORENE EHRE DER KATHARINA BLUM *von Volker Schlöndorff und Margarethe von Trotta. Gleichzeitig wurde mit dem Film bewiesen, daß beim Kinopublikum hierzulande wie andernorts durchaus ein Bedarf nach Arbeiten über unsere aktuelle Wirklichkeit vorhanden ist.* DIE VERLORENE EHRE DER KATHARINA BLUM *war auch kommerziell die erfolgreichste unter den einheimischen Produktionen der letzten Zeit – sieht man einmal von jenen Filmen ab, die nur deswegen als deutsche gelten, weil sich inländische Produzenten finanziell daran beteiligten. Auch im Ausland setzte sich der Erfolg der* KATHARINA BLUM *fort; der nachfolgende Text über den Film erschien in der DDR in der Zeitschrift »Film und Fernsehen«. Der Autor, der Filmhistoriker und Kritiker Wolfgang Gersch wurde hierzulande vor allem durch sein Buch »Film bei Brecht« bekannt. Sowohl der Parallelen wie der Differenzen zum Tenor der Kritik in der Bundesrepublik wegen erscheint es mir lohnend, den Text auch bei uns einem größeren Leserkreis zugänglich zu machen. Die Veröffentlichung erfolgt mit freundlicher Genehmigung des Henschelverlags (Berlin, DDR) und des Autors.*

H.G.P.

Eine menschengroße Puppe wird von Westberliner Polizisten öffentlich zur Schau gestellt. Plastisches Konterfei einer entflohenen, wieder eingefangenen Terroristin. Wehe denen, die mit ähnlich Aussehenden gesehen wurden, lose Reden führen, ihren Nachbarn nicht gefallen. Hysterie ist die Begleitmusik zu der »Anarcho-Szene«, die für die Regierenden zur politischen Münze wird: Wer Kommunist ist, soll Lokomotiven nicht mehr fahren dürfen. Wer Lehrer, Jurist, Beamter bleiben oder werden möchte, kann nicht in der DKP oder ein Linksaußen der Sozialdemokraten sein. Baader springt den Richter an, und in Ansbach wird der Juso-Vorstand abgesetzt, weil er gegen Berufsverbote protestiert.

Springers Blätter, »Bild« voran. 1975, während des Kölner Karnevals, machen sie Treibjagd auf ein Dienstmädchen, das einem Deserteur der Bundeswehr untertauchen half. Eine Unschuld wird verleumdet als »Mörderbraut«, als intrigante, skrupellose Linke, schuldig am Tod der Mutter. Ihre Ehre wiederherzustellen ... Nein, die Geschichte der Katharina Blum soll nicht als dokumentarische beschrieben werden. Ihr Autor, Heinrich Böll, sagt, daß Personen und Handlung der Erzählung frei erfunden sind. Aber: »Sollten sich bei der Schilderung gewisser journalistischer Praktiken Ähnlichkeiten mit den Praktiken der »Bild«-Zeitung ergeben haben, so sind diese Ähnlichkeiten weder beabsichtigt noch zufällig, sondern unvermeidlich.«

Diese Praktiken wurden an Böll selbst geübt, als er die antilinke Programmhetze zu Beginn der siebziger Jahre, die ihren Anlaß in den Terrorakten der Baader-Meinhof-Leute hatte, »nackten Faschismus« nannte und empfahl, in der BRD den »Notstand« des öffentlichen Bewußtseins« auszurufen. Die für diesen explizite verantwortliche Rechtspresse entfesselte eine denunziatorische Kampagne gegen Böll, die in der Pinscher-Beschimpfung westdeutscher Gesellschaftskritiker ihre Tradition hat und die der Polizei wohl hinreichender Grund war, Bölls Haus zu umstellen und zu durchsuchen.

Der Schriftsteller artikulierte Bestürzung und Widerstand in seinem Metier mit der Erzählung »Die verlorene Ehre der Katharina Blum« (Kiepenheuer & Wisch, Köln 1974/Insel-Verlag, Leipzig, 1975), die die Methoden von Springers reaktionärem Massenblatt »Bild«-Zeitung anklagt. Böll hat ein Pamphlet geschrieben, das mit ungewöhnlicher Konstellation Gewöhnliches meint: Die Verhetzung des verunsicherten Bürgers, die Vernichtung der Integrität derer, die zur Zielscheibe der Journaille werden. In der Realität führt der Klassenkampf in der BRD zu anderen (und im Sinne von »Bild« durchaus »ergiebigeren«) Fällen, als Böll sie mit einem Deserteur, der die Regimentskasse entwendete, und mit der politisch ahnungslosen Katharina Blum vorgibt. Mit seiner literarischen Konstruktion, die den Einbruch der Gewalt in die Stille, des Schmutzes in die Reinheit zeigt, sucht Böll ein umfassendes und jedem Gutwilligen zugängliches Muster jener Praktiken und Wirkungen zu geben, die den Abbau der bürgerlichen Demokratie verfolgen.

Wenn die scheue, keusche, sensible Katharina Blum am Ende den Reporter niederschießt, der sie mit Verleumdungen und Lügen ehrlos machte vor der Öffentlichkeit, ist das kaum ein Exempel allgemeinerer Bedeutung für den Untertitel der Erzählung: »Wie Gewalt entstehen und wohin sie führen kann«.

Der zu assoziierende linksradikale Terrorismus, der auf den Hintergrund des Geschehens wirkt, wird durch Katharina Blums Disposition und Reagieren nicht betroffen. Angesprochen von Diderots »Nonne« und Schillers »Verbrecher aus verlorener Ehre«, beschreibt Böll erbarmungslosen Meinungsterror an einem Individualfall mit so verhaltener wie beklemmender Intensität. Aber er erfaßt nicht das soziale Umfeld, das makabre Zusammenspiel von Anarchismus und bourgeoiser Repression, das weiterreichende Folgen hat, als die literarische Fallstudie aufnehmen kann.

Der Mangel an politischer Dialektik wiederholt sich in dem gleichnamigen Film, der, im vergangenen Jahr entstanden, sich doch auch der politischen Bedeutung des Böllschen Textes verpflichtet zeigt. Ohne die euphorischen Wertungen von einem »Durchbruch« oder »Wunder« nachvollziehen zu können, die liberale Kritiker, aufgeschreckt vom bedrohlichen Rechtsradikalismus, erfreut über die endliche Hinwendung westdeutscher Filme zur Gegenwart, vorbringen, sei das Entstehen dieses Films als erstaunlich angezeigt für eine Zeit, in der viel von der »Tendenzwende« nicht nur in den Künsten der BRD gesprochen wird, worunter Abkehr von gesellschaftskritischem Engagement und vermehrte Innenschau zu verstehen ist.

Volker Schlöndorff und Margarethe von Trotta haben den Film in Übereinstimmung mit Heinrich Böll geschrieben und inszeniert. Die vielgliedrige, umschweifige und ironisch brechende Erzählweise, die das Pathos distanziert, ist zu einer knappen, harten, melodramatischen Kinostory verkürzt, auch damit eingeebnet. Die subtil beschriebenen Wirkungen der schändlichen Schlagzeilen und Artikel der ZEITUNG auf Denken und Fühlen der jungen Frau treten zurück gegenüber den Aktionen der Polizei.

Im Fadenkreuz der Polizeikamera der verfolgte Götten. Die ihn beschatten, lassen ihn in den Karneval tauchen, lauern auf Kontaktpersonen, in Kostümen verkleidet, seltsame Monologe in versteckte Funkgeräte sprechend. Götten trifft auf Katharina Blum. Zärtlichkeit. Am Morgen stürmt ein Kommando vermummter, gepanzerter, so lächerlich wie erschreckend wirkender Polizisten mit vorgehaltenen Schnellfeuerwaffen die Wohnung der Blum. Bedrohungen und Demütigungen, die die aufgeputschten Vertreter eines radikalisierten Machtapparates ausstoßen, zeigen schon zu Beginn aller Leiden das Schicksal Katharina Blums als besiegelt. Auf der Straße wird das Gesicht der Gefesselten in den Blickwinkel der Fotografen gerissen.

Die erregende Dichte und filmische Prägnanz dieser Exposition, die an

Langs amerikanische Filme erinnert, wird nicht eingehalten. Aber die Darstellung der folgenden vier Tage, in denen Katharina Blum erniedrigt und verleumdet wird, entlarvt ein ungeheuerliches Geschehen als bundesrepublikanische Alltagsmöglichkeit. Staatsanwälte und Polizei suchen nicht nach der Wahrheit, sondern der Bestätigung ihrer Vorurteile, arbeiten zusammen mit dem reaktionären Boulevardblatt, das als die ZEITUNG unmißverständlich kenntlich wird. Die Resonanz ihrer Manipulation liefern gemeine Flüsterstimmen am Telefon, anonyme Briefe an die »Kommunistensau«.

Das eingebrachte Wirklichkeitsmaterial, beweiskräftig und anklagend, wird in der dramatisch ablaufenden Handlung zur aktuellen, aufstörenden politischen Polemik. Raum für Reflexion und Vertiefung bleiben jedoch kaum. Schlöndorff/Trotta fanden die Komplexität der Gesellschaft »filmisch schwer darstellbar«. Auf eine Dramaturgie verzichtend, die Darstellung und Kommentar vereint, vertrauten sie der »Beschreibung von Einzelpersonen«, was der scharf zupackenden, aktionsbetonten Gangart des Films, der wie »Dynamit« sein sollte, entspricht. Aber mit einem teuflischen Fiesling von Journalisten lassen sich Methoden, Ziele und gesellschaftliche Hintergründe der bürgerlichen Rechtspresse nicht personifizieren. Ein »Nachspiel«, das kabarettistisch einige Zusammenhänge benennt, holt das Fehlende nicht ein.

Bölls vorgegebene Konstruktion wiederholt sich im Darstellungsstil. Ungewöhnlich, abgehoben von den anderen, macht Angela Winkler die Betroffenheit und Verletzlichkeit Katharina Blums sinnlich erfahrbar. Ein fast starres und doch von kreatürlicher Energie gezeichnetes Gesicht blickt fassungslos, verwundet, schweigend. Nicht Rätsel, aber Traum.

Hark Bohm
Entfernung aus der Sicherheit esoterischer Ästhetik

Perspektiven für das kommende Filmjahr

Das Kino ist das einzige Medium, das seinen Ursprung, seine Entwicklung und Bedeutung den Leuten verdankt, als deren Stellvertreter Siegfried Kracauer die Ladenmädchen benannte. Kein anderes Medium ist so durch und durch Eigentum dieser eigentlichen Träger der Nation, über das sie bis heute nur – aber wenigstens das – durch die Kinokarte als Akklamationszettel verfügen können.
Ich glaube, die deutschen Kinomacher lernen inhaltlich den Bedürfnissen dieser Eigentümer besser zu entsprechen. Die Eigentümer haben das Medium etabliert, weil sie im Kino ihre Legenden und ihre Erfahrungen in gleichzeitig vertrauter und überraschender Form wiedererleben wollen. Das Kino ist der Spiegel, in dem sie sich als Individuum und Gruppenwesen suchen und, wenn der Spiegel richtig reflektiert, erkennen. Das ist der Genuß, den das Kino bereitet.
Ich sehe, daß viele deutsche Kinomacher den Mut finden, sich aus der Sicherheit esoterischer Ästhetik zu entfernen, die von selbstgefälligen Kritikern bewacht wird, ohne der Versuchung zu erliegen, sich als Literaturvermarkter in den Schutz einer anerkannten Größe deutscher Dichtkunst zu flüchten. Die deutschen Ladenmädchen zu Kracauers Zeiten fanden die Erzählungen dieser Dichter so langweilig wie ihre Enkelinnen sie heute langweilig finden.
Ich erlebe, daß die Kinomacher hier immer bewußter auf die Forderungen der Eigentümer reagieren, ein deutsches, an der Wirklichkeit der Eigentümer orientiertes Kino zu machen. Eine Ursache des Erfolgs der Karl-May-Filme und der Filme nach Romanen von Simmel war sicher, daß sie zumindest deutsche Filme waren, selbst wenn sie mit ausländischen Darstellern in Jugoslawien gedreht wurden und nur einen sehr vernebelten Blick auf die deutsche Nation boten.
Ich glaube, daß die deutschen Kinomacher in einer für die Geschichte des Mediums einmaligen Situation zur Zeit Gelegenheit haben, direkt für die Eigentümer des Mediums zu arbeiten. Das ist der vielleicht positive Aspekt des Zusammenbruchs der herkömmlichen Filmindustrie, deren blinde Steuerleute sogar zu blöde waren, in einen Nachwuchs rechtzeitig zu investieren, der ihre Interessen hätte bedienen können

– was dazu geführt hat, daß die meisten deutschen Kinomacher selbst Produzenten werden mußten. Als solche haben sie eine kaum gekannte Freiheit, die Interessen der Kinogänger wahrzunehmen.
Den jüngst zu beobachtenden Erfolg von Filmen wie STROSZEK von Werner Herzog, DAS BROT DES BÄCKERS von Erwin Keusch oder DER AMERIKANISCHE FREUND von Wim Wenders empfinde ich als Bestätigung einer von mir vermuteten Tendenz, die sich auch 1978 fortsetzen wird. Ich hoffe auch, daß mein nächster Film, den ich zur Zeit unter dem Arbeitstitel VON KOPF BIS FUSS drehe, den Konsequenzen aus der Feststellung, daß das Kino Eigentum der Massen ist, entspricht. Und daß die Enkel von Kracauers Ladenmädchen den Film genießen werden.

Hark Bohm bei den Dreharbeiten zu VON KOPF BIS FUSS

Niklaus Schilling
Von Düsseldorf bis Basel

Drehbuchschreiben in einem Zug: RHEINGOLD

Um 10.21 Uhr besteige ich am 15. August 1975 in Düsseldorf zum erstenmal den TEE »Rheingold« Richtung Basel. Mein Gepäck vor allem Papier, Kugelschreiber, eine Leporello-Karte des Rheinverlaufs, eine Polaroid- und eine Kleinbildkamera, Zigaretten. Der Zug ist nur mäßig besetzt. Ich wähle einen Abteilwagen direkt hinter dem legendären, gläsernen Aussichtswaggon. (Im Bahnhof von Düsseldorf zog er langsamer werdend an mir vorbei. In großen, goldenen Lettern konnte ich das Wort »Rheingold« lesen. Verwaschen zwar, das Gold stumpf geworden. Der Zug muß seine große Zeit in den 50er Jahren gehabt haben, gebaut ganz im Stil der neuen, aufstrebenden Republik. Heute bekommt bei seinem Anblick nicht einmal mehr ein Kind große Augen.)

Es stimmt, selbst die Schaffner wirken freundlicher, leiser. Der Zug zehrt noch immer von seinem Ruhm. Es gibt auf dem Netz der Bundesbahn schnellere, modernere Züge, aber es gibt keinen, der diesen schönen Namen trägt: »Rheingold«. Was ist dagegen ein »Merkur«, »Roland«, »Rheinblitz« oder »Diplomat«? Zudem ist die Strecke, auch heute noch, eine Attraktion. Sie verbindet den Rhein entlang das schmutzige, deutsche Industriegebiet, in dem Arbeit zu Geld wird, mit jenen beiden schweizer Zentren, Basel und Genf, in denen dieses Geld sauber arbeitet, wo es verwaltet wird, fließt. Flußaufwärts gebracht wird. Ich erkenne meist stille Männer, die einsam in Akten lesen, großformatige Zeitungen umblättern. Ihr Blick geht weder auf die Burgen am Rhein, noch zu ihren Mitreisenden, die sich Brote kauend an die Fenster stellen. Geschichte zieht vorbei. Eine Geschichte, die erklären könnte, warum sie in diesem Zug sitzen mit ihren prall gefüllten Aktenkoffern. Gerade zwischen Bonn und Mainz könnten sie viele Denkmäler von Ausbeutung sehen, Macht. Die »Pfalz«, den »Mäuseturm«, »Reichenstein«, alles freigegeben für die Touristen, gegen eine erschwingliche Eintrittsgebühr. Im Jahr des Denkmalschutzes.

Der Abteilwaggon erweist sich als Drehort geeignet. Das genaue Ausmessen mit einem Maßband läßt den überraschend vorbeikommenden Schaffner irritiert kurz stehen, doch er schweigt und zieht weiter. Als ich auch noch die Toilette fotografiere, weiß ich jedoch, daß weitere Dokumentationsversuche dieser Art mich in einen unliebsamen Verdacht bringen. Wenig später höre ich, daß mit an Sicherheit grenzender Wahrscheinlichkeit im »Rheingold« 15 Gemälde von Cézanne, Renoir, van Gogh und Corot von einem Kunstdiebstahl aus Italien über die Schweiz nach Duisburg verbracht wurden. Während ein Zollbeamter diskret in einem Fahndungsbuch blättert, erfahre ich, daß mein Nachname in seinen Ohren durchaus einen gewissen Klang hat.

Nachdem ich die gesamte Strecke auch fotografisch registriert habe, entschließe ich mich bald, für die nächsten Fahrten den Großraumwagen zu benutzen. Obwohl der Abteilwaggon für die Struktur der Geschichte absolut notwendig ist, beengt er jedoch auf eine Weise die Assoziation, denn zu selten ist der Zug wirklich so besetzt, daß sich auch jemand in mein Abteil setzen müßte. Ich sehe meine Vermutung bestätigt, als ich durch den Zug gehe und fast nur einzelne Reisende finde, selten ein Paar oder fotografierende Touristen. Nur die gruppenreisenden Japaner belegen ihre reservierten Plätze systematisch. Ihr Gepäck ist zudem so umfangreich, daß die schweren Koffer schon den Weg durch den Gang zum Hindernislauf machen. Prinzipiell jedoch will man möglichst allein reisen. Es gibt wenig Bereitschaft für Konfrontationen mit fremden Gesichtern. Es herrschte die Einsamkeit, wenn nicht plötzlich doch Menschen zusteigen würden, für die Zugfahren auch eine Stimulanz bedeutete, die dieses merkwürdige Übereinkommen zur Sprachlosigkeit durchbrechen würden.

Im Bahnhof von Düsseldorf fällt mir eine Frau auf. Vielleicht 35, gut angezogen, eine teure Tasche unter den Arm geklemmt, besteigt sie ohne Gepäck ruhig den Zug. Später erkenne ich sie wieder in einem Abteil, ihr gegenüber natürlich zwei Männer. Noch immer ruhig, liest sie in einer Zeitschrift. Kurz geht ihr Blick zum Flurfenster, vielleicht zu den Rebenhängen, vielleicht zu mir im Flur. Ich gehe weiter. Warum?

Im Großraumwaggon kann ich unbeengt schreiben, meine Augen wandern umher, ohne daß ich mich selber beobachtet fühle. Schnell entwikkelt sich ein Rhythmus, der sich nach den Bahnhöfen richtet. In 5 Stunden und 15 Minuten erreiche ich dabei eine Arbeitsleistung, von der ich auf einem festen Stuhl, an einem festen Tisch nur träume. Am Ziel angekommen, entsteige ich dem Zug wie auf der Kirmes, wo ich mir danach gebrannte Mandeln kaufen durfte. Benommen, mit einem leergeschriebenen Kugelschreiber.

Man kann eine einfache Rechnung aufmachen: setzt man einen beschei-

denen Lebensstandard voraus, so ist ein 1. Klasse-Jahresabonnement für das gesamte Netz der Deutschen Bundesbahn inklusive der Übernachtung und Verpflegung in gutbürgerlichen Hotels günstiger als das feste Wohnen und Leben in irgendeiner Stadt. Man hat mir von einem Mann erzählt, der sich jedes Jahr eine solche Karte kauft und die Hälfte des Jahres in fahrenden Zügen verbringt. Immer wieder für ein paar Tage zurückkehrt wie zu einem Depot, wo er die Gedanken und Eindrücke ansammelt zu einer absoluten Erfahrung von Bewegung. (Vielleicht ist die Freizeitbewegung des Sammelns und Auswendiglernens von Kursbüchern die harmlose Variante dieser unstillbaren Sehnsucht, degeneriert zu kleingedruckten Zahlen auf engbedruckten Seiten.)
Immer wieder lege ich den Film ein, um ihn an meinem Fenster vorbeiziehen zu lassen. Doch jedesmal erscheint er in einer anderen Intensität, setzt er sich zu einer anderen Geschichte zusammen. Und so sehe ich ihn auch rückwärts, von Basel nach Düsseldorf. Wenn ich in Basel um 14.32 Uhr zusteige, fahre ich der Nacht entgegen. Schon nach Mainz wird das Licht wärmer. In Köln rollt der Zug später dicht an grauen Häusern vorbei. Nur mühsam kann man noch die leeren Flaschen auf den Balkonen zählen. Die Fenster erleuchtet. Schon geschloßene Vorhänge. Ebenso beim schäbigen City-Hotel, das an der Rückfront seine Telefonnummer empfiehlt. Schließlich überquert man den inzwischen goldenen Rhein, der Silhouette des Doms entgegen. Fast lautlos wird mein Wagen in die dunkle Bahnhofshalle gezogen. Noch einmal überquert der Zug den magischen Strom. Bald rast er wieder. Ich stelle mich links an das Flurfenster, denn ich will das riesige Signet der Bayer-Werke fotografieren. Vor dem Abendhimmel scheint sich seine Konstruktion völlig aufzulösen, so daß es wie eine Lichterscheinung über den schwarzen Gebäuden steht.
Als ich in Düsseldorf, nun wieder im Hotel Bismarck, ziemlich erschöpft die Zimmertür hinter mir schließe, ist es Nacht. Endlich ist es kühler. Vom Hof dröhnt die monumentale Musik aus »Rollerball«. Ich entdecke, daß die Fenster des Vorführraums eines nahen Kinos geöffnet sind. Nach der Schlußapotheose der letzten Vorstellung höre ich gegen Mitternacht nur noch das nervöse Summen der Klimaanlage des darunterliegenden Großraumbüros einer internationalen Bank. Ich bin zufrieden, denn auch der unfreundliche Portier hat mir inzwischen als Stammgast einen guten Preis gemacht.
Eigentlich bin ich am Rhein aufgewachsen. In Basel, wo man singt: Z'Basel a my'm Rhy. Ich war im Rheinhafen und habe die Schiffe gezählt. Ich konnte nicht oft genug für 10 Rappen mit der Münster-

Fähre, die nur von der Strömung hin- und hergezogen wird, die Ufer wechseln. Der alte Fährmann blieb zwar meistens stumm, behielt sein schier unerschöpfliches Wissen um den sagenhaften Fluß für sich. Wenn er heute noch lebte, würde er seine Geheimnisse bestimmt noch weniger preisgeben. »Touristen« können weder sehen noch zuhören. Und dabei gibt es in den rheinischen Sagen einen ungeheueren Reichtum an Motiven und Gestalten. Siegfried natürlich, Volker von Alzey, Hagen von Tronje, Karl der Große und St. Ursula, Dombaumeister Gerhard, Albertus Magnus und Agrippa von Nettesheim, Dietrich, Genovefa, Goar und Ensfried. Alle die Ritter, Räuber und großen Zecher. Dazu der Rheinstrom, Weinberge, Klosterkeller, Burgruinen, Bergwerke. Brentanos Lore Lay, Karl Simrock, Heinrich Heine ...

Die Rheinstrecke ist auch die Fahrt durch ein riesiges Museumsgebiet, das uns Geschichte lehrt und Geschichten erzählt über Deutsch-Land. Doch jedes Jahr trägt der Fluß Bilder ab, nimmt sie mit ins Meer, wo sie zerfließen, weil wir nicht mehr in der Lage sind, sie zu erfassen, festzuhalten. Was bleibt ist der Rhein, die Sonne, die »goldene Luft«, wie sie in der Mainzer Sage heißt. Bei anhaltendem Nordwind wird man aber auch das bald nicht mehr verstehen.

Bei Bingen grüßt mich, pünktlich wie immer, die Germania am dunstigen Horizont. Elf Meter hoch, auf einem Sockel von 25 Metern. In der rechten, hocherhobenen Hand die Krone, in der linken das Schwert von 7,05 Metern Länge. Schon beim ersten Sehen glaube ich, eine gewisse Affinität zu spüren. Es sollte mich nicht überraschen, daß ein Bildhauer mit Namen Johannes Schilling Jahre seines Lebens mit ihrer Herstellung verbracht hat. Bei der Einweihung dieses Niederwald-Denkmals am 28. September 1883 sollte der Kaiser mit seinem Gefolge in die Luft gesprengt werden. Die Ladung zündete nicht. Der Sozialist August Reinsdorf wurde als Rädelsführer eines Komplotts verhaftet, zum Tode verurteilt und am 7. Februar 1885 hingerichtet. In den Sockel gemeißelt kann man lesen:

Es braust ein Ruf wie Donnerhall,
Wie Schwertgeklirr und Wogenprall:
Zum Rhein, zum Rhein, zum deutschen Rhein!
Wer will des Stromes Hüter sein?

So lang ein Tropfen Blut noch glüht,
Noch eine Faust den Degen zieht
Und noch ein Arm die Büchse spannt,
Betritt kein Feind hier Deinen Strand.

Germania hat sie trotzdem bewegungslos vorbeiziehen lassen. Nicht weit entfernt befand sich jene Brücke von Remagen, die strategisch so bedeutsam wurde, daß United Artists nach ihr sogar einen Film drehen ließ. Ein Werk der Pyrotechniker, sie wußten dabei sicher nicht, daß die erste Eisenbahnbrücke über den Rhein schon 1859 in Köln gebaut wurde. Später erzählte man sich, daß in den ersten Jahren des 19. Jahrhunderts, als man noch an keine Eisenbahn dachte, ein Mann des Gehöfts »Zum Hofe« eines Nachts eine ganze Reihe von Wagen durchs Tal fahren sah, kein Pferd war zu sehen, aber mit Feuer wurde die Wagenreihe vorwärtsgetrieben ...
Es ist angenehm, im klimatisierten Wagen zu sitzen, während draußen die Sonne brennt. Die Landschaft in einem fast zu grellen, blendenden Licht. Nach bald vier Wochen Rhein bin ich nicht unglücklich, erstmals wieder nach München unterwegs zu sein. Aber kaum in Bayern erfasse ich erst, was mir die dramatische Rheinlandschaft jetzt bedeutet. Ich mache eine Rechnung und stelle staunend fest, daß ich in der Zeit zwischen dem 14. August und dem 12. September über 12 000 Kilometer zurückgelegt habe.

Niklaus Schilling bei den Dreharbeiten zu RHEINGOLD

Regina Ziegler
Steine auf diesem Weg reizen mich

Notizen zum Produzieren von Filmen

Juli 1977. Ich befinde mich mitten in der Produktion des Spielfilms TOD ODER FREIHEIT, kämpfe täglich neu mit den aktuell auftretenden Schwierigkeiten, daß die Pferde nicht so laufen wollen, wie wir uns das vorstellen, daß die Schauspieler fortlaufend kleinere oder auch größere Unfälle haben, daß die Wetterverhältnisse pausenlos wechseln, daß, daß ...

Und wenn mich dann noch – wie heute – der Direktor des Kopierwerks persönlich anruft, um mir mitzuteilen, daß das gesamte Material von zwei Drehtagen in der Entwicklungsmaschine so verschrammt ist, daß nichts, aber auch gar nichts davon zu gebrauchen ist, die Arbeit von zwei Tagen, von etwa hundert Leuten völlig umsonst war, dann habe ich eine richtige Wut im Bauch und frage mich, warum bin ich eigentlich Filmproduzentin geworden.

Vor vier Jahren, als mir auf einmal klar wurde, daß ich mich aus der mich bedrückenden Apparatsituation des Fernsehens hinauskatapultieren mußte, daß ich selbst aktiv werden mußte, selbst produzieren mußte, hatte ich noch keine Ahnung von Filmpolitik und keine Erfahrung mit der Filmproduktion. Ich verfügte lediglich über die Kenntnis von insgesamt neun Jahren Fernsehproduktion, über einen gesunden Optimismus und einen ungeheuren Willen, nicht mehr in einem Apparat abhängig sein zu wollen.

Ohne Absicherung fing ich an, Filme zu produzieren, und ich begriff sehr bald, daß nur die Arbeit ohne Netz und Boden eine Möglichkeit ist, Akzente zu setzen, Erstaunliches und Ungewöhnliches zu schaffen. Das Publikum, das sich entscheidet, eine Kinokarte zu kaufen, erwartet von mir spannende, aufregende Geschichten. Spannung kann nur erzeugt werden von einem, der Spannung kennt, sie erfahren hat; so mache ich Geschichten erfahrbar.

Film ist für mich der direkteste Weg, sich auszudrücken, ein Weg, der in Deutschland zu wenig gegangen wird, selbst wenn man dabei Steine aus dem Weg räumen muß. Steine auf diesem Weg reizen mich, sie müssen weg.

Man kümmert sich um Subventionen, um Abkommen zwischen Fernsehen und Spielfilmindustrie, aber jeder kämpft dabei nur um sein einzelnes Produkt.

Das Produkt »Film« muß genauso behandelt werden wie das Produkt »Lebensmittel«.

Ein Film darf nicht einfach ins Nichts, ohne Rücksicht auf den Zuschauer produziert werden. Er benötigt die gleiche Marktforschung wie jede andere Ware.

Aber jede Ware hat nur dann Erfolg, wenn sie nicht nur entsprechend und lustvoll angeboten wird, sondern sie muß vor allem auch Qualität haben.

So ist für mich das wichtigste vor dem Beginn einer neuen Produktion die Frage nach der Geschichte: bin ich davon überzeugt, daß die Geschichte spannend, aufregend und interessant ist, überlegen der Autor, Regisseur und ich uns sehr genau, welche Schauspieler diese Geschichte erzählen könnten.

Wenn diese Dinge geklärt sind, dann heißt es, das Volumen der Produktion in den Griff zu kriegen, also eine realistische Kostenzusammenstellung zu machen.

Da mein Geldbeutel ständig an Schwindsucht leidet, muß ich mir sofort überlegen, wer hat den gleichen Geschmack, die gleiche Lust wie ich, wer ist bereit zu investieren und wie ich an dieses Projekt zu glauben? Gleichzeitig muß entschieden werden, für welches Publikum der Film produziert werden soll. Und: wer garantiert die beste Auswertungsmöglichkeit?

Coproduzenten kann man kriegen, indem man sie von optimalen Voraussetzungen überzeugen kann, doch wo ist der Verleih? Dieser fehlende Auswertungsfaktor bewirkt, daß viele Filme, die fürs Kino produziert werden, erst gar nicht ins Kino kommen, weil sich keiner der wenigen noch funktionierenden Verleiher wegen der durch schlechte Produkte verdorbenen Kinolandschaft für sie interessiert. Die meisten Filme werden für die Schubladen der Produzentenschreibtische produziert oder gleich im Fernsehen ausgestrahlt.

Solange die Verleihsituation in Deutschland derart traurig ist, ist der Produzent in seinen Möglichkeiten so gut wie hilflos. Bespiel: TOD ODER FREIHEIT ist ein Film, bei dem ich die besten Voraussetzungen für die Produktion schaffen konnte. Das Produktionsvolumen beträgt 2,4 Millionen Mark, sie gliedern sich auf in: 700 0000,– DM Rahmenabkommen, 705 000,– DM Paramount Film Production als Coproduzent, 495 000,– DM Projektförderung FFA und 500 000,– DM Eigenleistung Regina Ziegler (Finanzierung nach dem Berliner Finanzierungsmodell).

Der Film wird von der CIC verliehen und wurde schon vor seinem ersten Drehtag mit einem guten, informativen Prospekt ausgestattet. In diesem Fall kann ich es mir leisten, für jeden Bereich Spezialisten zu engagieren, die sich ohne Einschränkungen dem Projekt zur Verfügung stellen und die geeignetsten Schauspieler.
Und wenn ich nicht jeden Tag darüber nachdenken muß, wo kriege ich denn bloß die nächsten Gelder her, damit ich weiterdrehen kann, habe ich den Kopf frei für viele wichtige Dinge. Und wenn das immer so wäre, könnten wir alle bessere Filme machen.

Wolf Gremm: Tod oder Freiheit

Hans C. Blumenberg
Deutsches Kino 1976/77

Glanz und Elend des neuen deutschen Kinos
Acht Thesen, acht Widersprüche

Dem deutschen Film geht es besser denn je. Der deutsche Film ist am Ende. Der deutsche Film besitzt Weltgeltung. Der deutsche Film ist provinziell. Ohne staatliche Förderung gäbe es keinen deutschen Film. Der deutsche Film wird zu Tode subventioniert. Das Fernsehen hilft dem deutschen Film. Das Fernsehen bringt den deutschen Film um.
Jeder dieser Sätze ist richtig, jeder für sich allein ist falsch.
Dem deutschen Film geht es besser denn je. Das ist richtig, weil es im neuen deutschen Kino eine nicht nur in Europa einmalige Fülle an individuellen Talenten, Temperamenten und Ausdrucksformen gibt.
Der deutsche Film ist am Ende. Das ist richtig, weil zwar viele ihn loben, aber viel zu wenige ihn sehen.
Der deutsche Film besitzt Weltgeltung. Das ist richtig, weil nicht nur Werner Herzog diese Meinung vertritt, sondern auch Ingmar Bergman und die Kritiker in Paris, London, New York und anderswo den internationalen Rang von Cinéasten wie Fassbinder, Herzog und Wenders bestätigen, weil deutsche Filme nach langen Jahren der Dürre auf großen Festivals Preise gewinnen.
Der deutsche Film ist provinziell. Das ist richtig, weil es zwar in der Bundesrepublik ein Kino der Autoren gibt, aber kaum ein Gespür für den kommerziellen Charakter des Kinos, fast keine Ansätze, publikumsnahe Attraktionen für den nationalen und internationalen Markt zu schaffen.
Ohne staatliche Förderung gäbe es keinen deutschen Film. Das ist richtig, weil mangels einer funktionierenden Filmindustrie und einer intakten Kino-Struktur auf unabsehbare Zeit auf Subventionen nicht verzichtet werden kann.
Der deutsche Film wird zu Tode subventioniert. Das ist richtig, weil sich zu viele Filmemacher bei ihren Projekten weniger an ihren eigenen Ideen und möglichen Zuschauer-Bedürfnissen orientieren als an den Chancen, durch thematisch wie stilistisch abgesicherte Projekte bei den diversen Förderungs-Gremien Gelder zu bekommen.
Das Fernsehen hilft dem deutschen Film. Das ist richtig, weil kaum

noch Filme ohne die finanzielle Unterstützung der Fernsehanstalten gemacht werden könnten, weil das Fernsehen manchmal auch jungen Regisseuren wie Erwin Keusch oder Rainer Boldt eine Chance gibt.
Das Fernsehen bringt den deutschen Film um. Das ist richtig, weniger wegen der vielen Spielfilm-Ausstrahlungen, die ohnehin nicht zu verhindern sind, als wegen der Neigung vieler Regisseure, von der Anlage her reine Fernsehprojekte als Kino-Filme auszugeben, mit der tätigen Hilfe von Fernseh-Dramaturgen unerträgliche Mischformen zwischen Kino und Fernsehen anzustreben.

Dem deutschen Film geht es besser denn je. Auch und gerade die Kino-Saison 1976/77 hat einen bemerkenswerten Reichtum an interessanten, wenn auch nicht immer unbedingt perfekt gelungenen neuen deutschen Filmen gebracht. Neben jenen Cinéasten, deren Reputation bereits vorher gesichert erschien, empfehlen sich mindestens vier wichtige Talente, von denen man in den nächsten Jahren viel erwarten kann: Klaus Emmerich (Jahrgang 1943), der nach etlichen Fernseh-Arbeiten (darunter ROSA UND LIN, ERZIEHUNG DURCH DIENSTMÄDCHEN) seinen ersten Kino-Film HAUPTMANN KREUTZER realisierte. Emmerich ist Absolvent der Münchner Film-Hochschule.
Niklaus Schilling (Jahrgang 1944), der in den sechziger Jahren als Kameramann für Rudolf Thome, Klaus Lemke, May Spils und Jean-Marie Straub arbeitete und sechs Jahre nach seinem ersten eigenen Film NACHTSCHATTEN das tragikomische Melodram DIE VERTREIBUNG AUS DEM PARADIES drehte.
Rainer Boldt (Jahrgang 1946), der von der Berliner Filmakademie kommt und dem nach einigen didaktischen sozialkritischen Pflichtübungen für das Fernsehen (DIE 7-TAGE-WOCHE DES DRAHTWEBERS ROLF PICHOTTA, DIE WAHL) mit dem ebenfalls vom Fernsehen produzierten FEHLSCHUSS ein derart schöner Film gelang, daß er im Herbst nachträglich in die Kinos kommen wird.

Erwin Keusch (Jahrgang 1946), wie Niklaus Schilling in der Schweiz aufgewachsen, der etliche mittellange Fernseh-Dokumentationen drehte und mit seinem ersten Kino-Film DAS BROT DES BÄCKERS die sinnenfeindlichen Erzähl-Klischees der sogenannten Berliner Schule (Ziewer, Willutzki, Lüdke/Kratisch) mit Witz und autobiographischer Betroffenheit überwand.
Was Schilling in einem Interview formulierte, trifft auch auf die drei anderen Filmemacher zu, die der gleichen Generation angehören und ihre ersten Kino-Erfahrungen in der Wachstums-Ära der Fünfziger

456

Jahre sammelten: »Kino sollte die Sinne beschäftigen. Ich meine damit das Kino als Erlebnisraum, als Erlebnisform, wie es sich vom Fernsehen unterscheidet oder unterscheiden sollte.« Schillings Forderung nach einer »optischen Erzählstruktur, die nicht erklärt und belehrt, – den Umgang mit Emotionen« beinhaltet eine klare Absage an den schwerfälligen didaktischen Charakter der meisten Fernsehfilme, deren formale Gestaltung sich strikt den Erfordernissen einer von der Handlung total isolierbaren »message« unterwirft. Schilling, Emmerich, Boldt und Keusch dagegen machen nicht Filme »über etwas« (die Befreiung der Frau, die Unterdrückung von Randgruppen und so weiter), sondern gehen bei ihrer Arbeit von Geschichten, Figuren, eigenen und Kino-Erfahrungen aus. Sie begreifen das Medium nicht als beliebiges Transport-Mittel von abstrakten Einsichten, sondern als Gegenstand einer genuinen, sinnlichen, optisch-akustischen Faszination.
Das heißt natürlich nicht, daß sich die Filme dieser Geschichtenerzähler in einem Niemandsland ohne Realitätsbezug abspielen. Emmerichs HAUPTMANN KREUTZER handelt von der Identitätskrise eines desertierten Bundeswehr-Offiziers, der in eine Gangster-Affäre mitsamt Doppelmord und Bankraub gerät; Schilling erzählt in seiner VERTREIBUNG AUS DEM PARADIES von einem glücklosen Kino-Kleindarsteller, der aus Rom nach München zurückkehrt und der deutschen Film-Misere, einem inzenstuösen Familien-Drama und einer schönen heiratsschwindelnden Gräfin begegnet; Boldts FEHLSCHUSS spielt in der österreichischen Provinz in den fünfziger Jahren und handelt von einem jungen Mann auf dem Weg zu einer großen Fußballer-Karriere. Keusch, selber der Sohn eines Bäckers, beschreibt in DAS BROT DES BÄCKERS ebenfalls Lehrjahre in der Provinz.
Die zärtliche Zuneigung zu den Figuren, die nicht als bloße Ideenträger mißbraucht werden, der sorgfältige Umgang mit den filmischen Gestaltungsmitteln, die mit Licht, Farben und Bewegungen erzeugte atmosphärische Dichte, das Vertrauen auf Emotionen und die geglückte Besinnung auf die Spielformen des Genre-Kinos (Gangsterfilm, Melodram): diese Eigenschaften zeichnen die Filme von Schilling, Emmerich, Boldt und Keusch aus, wobei sich Schilling und Emmerich am weitesten in Richtung auf ein auch publikumswirksames Unterhaltungskino vorgewagt haben, während Keusch noch ein wenig der Fernseh-Dramaturgie und -Ästhetik verhaftet bleibt.
Gleich vier solcher Filme in einem Jahr machen Mut für die Zukunft

Umseitig: Niklaus Schillings VERTREIBUNG AUS DEM PARADIES

des deutschen Kinos, mit diesem Nachwuchs ist zu rechnen. Aber noch jüngere Filmemacher, zwei Regie- und Autoren-Teams aus Berlin, machten ebenfalls auf sich aufmerksam: Brigitte Toni Lerch und Benno Trautmann mit ihrem UMSETZER, der in komödiantischer Form den Kampf eines alten Mannes gegen ein Abbruch- und Wohnungsbau-Unternehmen schildert und trotz einiger stilistischer und dramaturgischer Mängel eine überzeugende Alternative zur miefigen Enge der Berliner Schule andeutet. Besser noch sind die KRAWATTEN FÜR OLYMPIA von Stefan Lukschy und Hartmann Schmiege, eine für weniger als 30 000 DM hergestellte Komödie über den Kampf einer Gruppe von unterbezahlten Heimarbeiterinnen gegen einen ausbeuterischen Krawattenfabrikanten. Trotz der extrem niedrigen Herstellungskosten beweisen die beiden Regisseure (Lukschy kommt von der Berliner Filmakademie) ein erstaunliches Gespür für Erzählrhythmus und komisches Timing, auch wenn das Budget keine großen Sprünge erlaubte. Mit DER UMSETZER, KRAWATTEN FÜR OLYMPIA, aber auch und gerade DAS BROT DES BÄCKERS und dem Mittelteil von DIE VERTREIBUNG AUS DEM PARADIES könnte sich eine Renaissance der intelligenten deutschen Film-Komödie andeuten.

Toni Lerch/Benno Trautmann: DER UMSETZER

Auch das radikale Autoren-Kino, das keine Rücksichten auf erzählerische Konventionen nimmt, trug zum künstlerischen Reichtum der vergangenen Saison bei. Mit seinem dritten Film BIERKAMPF etablierte sich Herbert Achternbusch endgültig als einer der originellsten und phantasievollsten deutschen Filmemacher. Rainer Werner Fassbinder machte in einem ZEIT-Artikel auf das ungewöhnliche Talent des Kölner Kneipenwirts und Schmalfilmers Walter Bockmayer aufmerksam, dessen erste 16mm-Arbeit JANE BLEIBT JANE von den kärglichen Lebensbedingungen, aber dafür umso reicheren Träumen und Phantasien von Tarzans Witwe in einem Kölner Altersheim handelt: ein Film von entschlossener Vulgarität, während die glatteren Versuche von Robert Van Ackeren (BELCANTO, eine choreographisch stilisierte Nummernfolge nach dem Heinrich-Mann-Roman) und Hans-Christoph Stenzel (C'EST LA VIE ROSE, eine in Amerika gedrehte Hommage à Marcel Duchamps) eher zur Avantgarde von gestern gehören.

Der deutsche Film ist am Ende. Auch das stimmt leider. Die Zahl der einheimischen Produktionen nimmt weiter ab, die Übermacht des amerikanischen Kinos in der Bundesrepublik nimmt weiter zu. Inzwischen allerdings scheint es, als hätten auch die Filmemacher, von denen allemal mehr Initiative zu erwarten ist als von den diversen Förderungsgremien, Verbänden und der ominösen »Spitzenorganisation der deutschen Filmwirtschaft«, den Ernst der Lage erkannt. Nach etlichen Jahren der Introspektion suchen sie jetzt einen direkten Zugang zum Publikum, sind dabei, ihre Berührungsangst mit den kommerziellen Aspekten des Gewerbes zu verlieren, ohne andererseits ihre künstlerische Individualität aufs Spiel zu setzen. Daß die Zuschauer diese Entwicklung honorieren, beweist der unerwartet große kommerzielle Erfolg von Wim Wenders' DER AMERIKANISCHE FREUND und Werner Herzogs STROSZEK.

Der deutsche Film besitzt Weltgeltung, zumindest einige seiner Regisseure brauchen den internationalen Vergleich nicht zu scheuen. Zum chauvinistischen Jubeln besteht trotz der New Yorker Hymnen für Fassbinder, trotz der gelegentlich kultisch verzückten Verehrung für Herzog, trotz der Kritiker-Erfolge für Wenders nicht der geringste Anlaß. Dafür ist die Spitze zu dünn: letztlich tragen nur drei Cinéasten, nämlich eben Fassbinder, Herzog und Wenders das internationale Renommé des neuen deutschen Kinos, obwohl auch einige andere Regisseure in ihrem Windschatten zu einigem Ansehen gelangt sind, darunter Hans W. Geissendörfer, dessen WILDENTE ich zwar handwerklich ausgefeilt, aber doch beklagenswert temperamentlos und letztlich langweilig fand.

Von der alten Garde der sechziger Jahre ist in erster Linie noch mit Alexander Kluge zu rechnen, von dem zu hoffen bleibt, daß er nach seinem Rückzug aus der aktiven Filmpolitik wieder mehr Zeit zum Filmemachen findet. In der letzten Saison gab es keine neue Arbeit dieses bedeutenden Cinéasten, nur eine Neufassung seines 1969 gedrehten Films WILLI TOBLER UND DER UNTERGANG DER SECHSTEN FLOTTE, dessen bearbeitete Version jetzt ZUR BÖSEN SCHLACHT SCHLEICH ICH HEUT NACHT SO BANG heißt.

Ein erfreuliches Comeback gelang Edgar Reitz, der oft mit Kluge zusammen gearbeitet hat, mit der realistisch genauen Zusammenbruchs-Chronik STUNDE NULL, die einen historisch-politischen Moment in ein Mosaik privater Schicksale auflöst: wie Rainer Boldts FEHLSCHUSS, der

Volker Schlöndorff: DER FANGSCHUSS

die Geschichten von STUNDE NULL in den fünfziger Jahren fortsetzt, ein stimmiger, sehr persönlich anmutender Erinnerungsfilm.
Volker Schlöndorff dagegen, ein auch von unseren Förderungs- und Preis-Gremien gern überschätzter Regisseur, enttäuschte nach seiner oberflächlich-reißerischen KATHARINA BLUM nun auch mit FANGSCHUSS, einer bleichen, ängstlichen Liebesgeschichte aus den baltischen Bürgerkriegen, einer Arbeit von akademischer Routine, die nicht einmal im Ansatz die emotionalen Möglichkeiten der Handlung realisierte, weder als nuanciertes Bild einer Epoche noch als selbstbewußte Kino-Unterhaltung überzeugte. Wie Reinhard Hauff, wie Geissendörfer und wie Helma Sanders (SHIRINS HOCHZEIT, HEINRICH) scheint mir auch Schlöndorff von seinem Temperament und seinen gewiß beachtlichen inszenatorischen Qualitäten her letztlich ein typischer Fernseh-Regisseur zu sein, wie jene Kollegen hervorragend geeignet für geschmackvolle, unriskante Literatur-Adaptionen und eingängige Problemstücke. Dem Fernsehen, für das sie meistens ohnehin arbeiten, würden die Erfahrungen dieser Regisseure zugute kommen, ihr Mangel an Sinnlichkeit, ihre Angst vor kinematographischen Schauwerten und individuellen Obsessionen gehören auf den ordentlichen Bildschirm.
Anders steht es mit Bernhard Wicki, dessen EROBERUNG DER ZITADELLE zwar vor lauter vitalistischer Kraftmeierei nur selten zu sich selber findet, dessen wütende Maßlosigkeit aber immerhin einige sehr starke Momente erzeugt. Die nicht nur auf den ersten Blick verstörende Disziplinlosigkeit und Hektik dieses Films stammt von einem Regisseur, der seine Defekte rücksichtslos ausstellt, der eine große Liebe zum Kino besitzt.
Von Hans-Jürgen Syberberg, der zumal in Paris und New York nicht zu unterschätzende Fan-Clubs besitzt, den der amerikanische Kritiker John Simon neben Lina Wertmüller zu seinen Idolen zählt, kann hier nicht die Rede sein, weil sein lange annoncierter HITLER-Film (der letzte Teil einer mit LUDWIG und KARL MAY begonnenen deutschen Trilogie) noch nicht fertig ist. Syberberg, ein offenbar sehr schwieriger Mensch, der, nachdem nicht alle deutschen Kritiker in Cannes eine einstündige Muster-Vorführung aus HITLER sehen konnten, beleidigt seinen Abschied von der deutschen Filmszene verkündete und auch seinen angeblich auf fünf Stunden Länge geplanten HITLER nicht mehr den deutschen Banausen zeigen will, gehört nach wie vor zu den originellsten deutschen Filmemachern, auf den wir trotz (oder gerade wegen) seines ungewöhnlichen Größenwahns nicht verzichten können. Wer mehr über diesen radikalen Cinéasten erfahren will, sollte

sein 1976 bei Nymphenburger erschienenes »Filmbuch« lesen, das neben ästhetischen Überlegungen, Werkstatt-Notizen und den schönsten Syberberg-Rezensionen auch eine köstliche Kritiker-Beschimpfung enthält, die es zwar mit den Fakten nicht immer sonderlich genau nimmt, aber dennoch viel Wahres enthält.

Bleiben also als meine »Top Three« Fassbinder, Herzog und Wenders. Von Fassbinder gab es in der vergangenen Saison zwei neue Kino-Filme zu sehen, die wutschäumende Kulturbetriebs-Groteske SATANSBRATEN und das artifizielle Kammerspiel CHINESISCHES ROULETTE. Beide handeln, wie auch DER AMERIKANISCHE FREUND von Wenders und Herzogs STROSZEK, von den Schwierigkeiten, in der Bundesrepublik der Ära Schmidt zu leben, mit dem wachsenden Klima der Furcht, der Repression, der ökonomischen Krise und der privaten Neurosen, mit den Vorführungen der Wachstums-Fetischisten, Atomkriegs-Planer, Umwelt-Zerstörer und »Extremisten«-Verfolger zu existieren.

Fassbinders Ängste und Aggressionen, in SATANSBRATEN personifiziert von dem kaputten Poeten Walter Kranz, in CHINESISCHES ROULETTE verteilt auf acht Figuren in einem klaustrophobisch verengten Interieur, richten sich gegen ihn selber, erzeugen einen desperaten Sog von Hoffnungslosigkeit, die weniger in kämpferische Aktion mündet als in den Rückzug in eine gerade in ihrer Radikalität überzeugende Privatheit. Fassbinder, der Meister des Melodrams, hat nicht zufällig zuletzt für das Fernsehen Oskar Maria Grafs Roman BOLWIESER bearbeitet, das Werk eines späteren Emigranten, das Porträt von Zuständen, in denen aus Bürgern Emigranten werden mußten. Wenn Fassbinder sagt, er fände das Leben in diesem Land von Tag zu Tag unerträglicher, belegt er diesen Satz in jeder Einstellung seiner letzten Filme. Daß er selber Deutschland verlassen will, um in Amerika zu leben und zu arbeiten, erscheint nur konsequent. Irgendwie erinnert mich dieser Entschluß fatal an die zwanziger Jahre, als Lubitsch und Murnau nach Hollywood gingen, einige Jahre bevor man sie tatsächlich mit Gewalt vertrieben hätte.

Den ersten Emigranten-Film des neuen deutschen Kinos gibt es schon: Werner Herzogs STROSZEK, in dem drei Außenseiter dieser Gesellschaft auf- und ausbrechen aus Lebensumständen, die sie nicht länger ertragen können, zu neuen Ufern, nach Wisconsin. Mit der zärtlichen Beschreibung der minder glücklichen Reise des Bruno S., der Hure Eva und des alten Herrn Scheitz in das weite Land Amerika ist Herzog nicht nur ein wunderschönes Stück Kino gelungen, sondern auch eine ebenso poetische wie hellsichtige Schilderung der neuesten Stimmung im

Westen Deutschlands. Und jetzt wendet sich auch Herzog den Dämonen von Weimar zu und wird irgendwo in den Karpaten einen neuen Nosferatu mit Klaus Kinski drehen.

Der abgründige Pessimismus der letzten Arbeiten von Fassbinder und Herzog wird noch übertroffen durch Wim Wenders' grandiose Vision vom Untergang der Städte in Der amerikanische Freund. Durch diesen urbanen Alptraum schleichen nurmehr Zombies, Halbtote in einer toten Welt, deren verführerische Farben den Zeichen des Verfalls aufgeschminkt sind. Die umfassende Hoffnungslosigkeit dieses Films, dessen Protagonist, der von Bruno Ganz gespielte Bilderrahmer Jonathan Zimmermann, auch in seinen privaten Beziehungen scheitert, schließt auch den »Amerikanischen Freund« Tom Ripley (Dennis Hopper) ein, der eben nicht nur ein Freund ist, sondern auch ein Todesengel: der Vertreter einer kaum selber noch lebensfähigen Neon- und Plastik-Kultur, mit deren Accessoires wir uns zwar vergnügten, die aber selber auch nur Verfall bedeuten.

Von ihrem Stil und ihrem Temperament her sind Fassbinder, Herzog und Wenders sehr unterschiedliche, zum Teil schroff gegensätzliche Filmemacher. Doch die Schnittpunkte zwischen ihren letzten Arbeiten muß man sich nicht mühsam konstruieren. Bruno S. und der versponnene alte Herr Scheitz könnten auch in Wenders' »instant megalopolis«, wie Ross MacDonald das nennt, verkümmern; der traurige Cowboy Dennis Hopper könnte just aus jenem Wisconsin aufgebrochen sein, in das Bruno flieht; unter den selbstzerstörerischen Elegikern auf dem fränkischen Schloß in Chinesisches Roulette würden auch Bruno Ganz und Lisa Kreuzer nicht überraschen; die Wut des impotenten Poeten Kranz in Satansbraten ist nicht nur Fassbinders Problem, sondern in Herzogs dunklem Berlin im ersten Drittel von Stroszek und in Wenders' zerstörtem Hamburg, das eigentlich nur Teil einer größeren Stadt mit dem Namen *hamburgparisnewyork* ist, ebenso zu Hause.

Während Fassbinders letzte Arbeiten beim deutschen Publikum wenig Anklang fanden, wurden Stroszek und zumal Der amerikanische Freund auch kommerzielle Erfolge. Die kompakte Düsternis ihrer Filme, die dennoch bar jeder Larmoyanz ist und aufregende, ungewöhnliche Seh-Erfahrungen bietet, scheint einen Nerv beim Publikum getroffen zu haben, den die erratischen Mythen-Bilder von Kaspar Hauser und Herz aus Glas und die leisen, melancholischen Reise-Notizen von Im Lauf der Zeit noch verfehlten. Satansbraten,

Kurt Raab in Fassbinders Satansbraten

Werner Herzog: STROSZEK

STROSZEK und DER AMERIKANISCHE FREUND sind radikale Filme, Filme von einer Radikalität, die in unserem bürokratisierten, bis zur Leblosigkeit »ausgewogenen« Fernsehen nicht denkbar wären: Kino-Filme.

Der deutsche Film ist provinziell. Und zwar sehr. Woran es vor allem mangelt, sind nicht Projekte in der Größenordnung von DER PATE oder DER WEISSE HAI, die in der Bundesrepublik auch mit den Abschreibungsgeldern aller zahlungswilligen Zahnärzte kaum finanzierbar wären, sondern exportfähige kommerzielle Unterhaltungsfilme der gehobenen Kategorie, die einerseits keine Angst vor Trivialität, Vulgarität meinetwegen auch, und zirzensischen Attraktionen haben, ihr Publikum andererseits aber auch nicht für dumm verkaufen: intelligentes Gebrauchskino, das seine sieben oder acht Mark Eintritt auch wirklich wert ist. Alexander Kluge fordert den »mittleren Film«, aber wo ist er? Und wer könnte ihn machen?

Regina Ziegler hat als Produzentin einen viel zu guten (das heißt: nicht kino-gemäßen) Geschmack, um diese Art von Kino zu machen. DIE BRÜDER immerhin, von dem wirklich begabten Wolf Gremm inszeniert, zeigten Ansätze in diese Richtung: melodramatisches Star-

Wim Wenders: DER AMERIKANISCHE FREUND

Kino (aber ist Klaus Löwitsch ein Star, kann er je einer werden nach unzähligen Fernseh-Rollen?), die verschlungene Saga einer veritablen Familien-Bande, opernhaft opulent, aber doch nur im ersten Drittel spannend und dicht genug, um den Zuschauer zu fesseln. Und nun machen Ziegler/Gremm ausgerechnet Schillers RÄUBER, natürlich hoch gefördert, weil besonders wertvoll. TOD ODER FREIHEIT soll der heißen.

Wenn Hark Bohm ein besserer Regisseur wäre, hätte NORDSEE IST MORDSEE mit der Musik von Udo Lindenberg der perfekte »mittlere Film« werden können: ein kleiner, interessanter Gegenwartsstoff, ein deutsches B-Picture über zwei Halbwüchsige, ein bißchen halbstark sind sie auch, die von zuhause abhauen. Wenigstens war Bohms Film trotz seiner großen inszenatorischen Schwächen angenehm parteiisch, drohte seinen jungen Helden nicht mit dem pädagogischen Zeigefinger. Aber was hätte ein Mann wie Martin Scorsese vor ein paar Jahren aus einem solchen Stoff machen können!

Zwei Komödien, eine überhaupt nicht zum Lachen, BOMBER UND PAGANINI von Nikos Perakis, der sicher ein erstklassiger Filmausstatter ist, aber hier den fatalen Ehrgeiz bewies, dem denunziatorischen amerikanischen KUCKUCKSNEST ein deutsches Pendant zu schenken. Etwas besser gefiel mir GEFUNDENES FRESSEN von Michael Verhoeven mit Rühmann und Adorf (der auch den »Bomber« von Perakis spielt), ein Film mit der etwas aufdringlichen Biederkeit der fünfziger Jahre, dessen angegrauter Charme einen erheblich älteren Regisseur als Verhoeven vermuten ließe. Aber immerhin zahlten sich die recht bescheidenen Tugenden von NORDSEE IST MORDSEE und GEFUNDENES FRESSEN an der Kinokasse aus.

Es muß indessen nicht immer Rühmann sein, der strahlende Star der frühen Dreißiger, es gibt auch jüngere Schauspieler, die man zu Stars, zu zuverlässigen Kassen-Garanten aufbauen könnte – wenn es Produzenten gäbe, die ein Gespür für so etwas Triviales wie Stars besäßen. Marquard Bohm, Harks Bruder, der zuletzt in Michael Fenglers unsäglichem Frankfurter Gangsterfilm EIERDIEBE zu sehen war, hätte längst der deutsche Belmondo werden müssen, aber dazu brauchte es hierzulande ein funktionierendes Unterhaltungs- und Genre-Kino. Falls Ulf Miehe es schafft, seinen PUMA für Luggi Waldleitner so zu verfilmen, daß er nicht wie JOHN GLÜCKSTADT aussieht, muß er sich wahrscheinlich tatsächlich Lino Ventura für die Titelrolle holen.

Deutsche Schauspieler mit echter Star-Qualität sind Mangelware, aber es gibt sie: Peter Sattmann, Jürgen Prochnow, vielleicht Dieter Laser, vielleicht sogar Löwitsch, ganz sicher Matthias Habich, dessen charismatische Aura jetzt Brustellin/Sinkels DER MÄDCHENKRIEG zugute kommt, warum nicht auch Bruno Ganz, einer der Stillsten im Lande. Es gibt sicher noch ein paar andere, aber es gibt zu wenig gute Rollen für sie.

Das heißt, es gäbe sie schon, aber die Produzenten sind vorsichtig, natürlich nicht zu Unrecht. Man muß den Herrn Hartwig geradezu dazu beglückwünschen, daß er – ein Profi – für seinen STEINER Sam Peckinpah und James Coburn holte, denn mit einem deutschen Regisseur (von denen keiner Action-Sequenzen wie Peckinpah drehen kann) und mit einem deutschen Star (der frühestens in vier Jahren einer wäre) hätte er seine mit elf »Schulmädchen-Reports« nicht unbedingt sauer verdienten Millionen gewiß nie wieder gesehen.

Luggi Waldleitner, der kleine Ur-Bayer, der wirklich so aussieht, wie man sich Filmproduzenten vorzustellen geneigt ist, mitsamt Zigarre, hat leider einen verhängnisvollen Zug zum Höheren. Zusammen mit seinem feinsinnigen Kollegen Franz Seitz, dem Kunst-Produzenten der Alt-Branche (Lümmel-Serie, UNORDNUNG UND FRÜHES LEID nach Thomas Mann, demnächst DIE BLECHTROMMEL), leistet er sich jetzt DIE JUGENDSTREICHE DES KNABEN KARL (Karl Valentin) und will zwei

Stoffe von Joachim Fernau (FRÜHLING IN FLORENZ, HAUPTMANN PAX) und einen von Hans Habe (PALAZZO) machen.
Es muß zwar auch nicht immer Simmel sein, dessen Bücher Waldleitner früher am Fließband verfilmen ließ, meist von dem armen Alfred Vohrer, aber Simmel ist wenigstens ein guter Trivial-Autor mit einem sicheren Gespür für spannende Geschichten, in denen viel von der deutschen Gegenwarts-Realität vorkommt. Das deutsche Kino bräuchte viele Autoren wie Simmel und es bräuchte vor allem einen so geschäftstüchtigen wie auf neue Talente bedachten Produzenten wie Roger Corman, der Coppola, Bogdanovich, Hellman und Scorsese ihre ersten Regie-Chancen gab: bei billigen, knalligen B-Pictures mit viel Handlung, weniger Dialogen und mit einem beträchtlichen Aufwand an unverschämter Vulgarität. Eine solche Produzenten-Figur müßte das kommerzielle Geschick eines Horst Wendlandt (Edgar Wallace, Karl May, Tobis-Verleih) und Fassbinders Blick für ungewöhnliche Begabungen in sich vereinigen. In der Alt-Branche scheint ein solcher Mann freilich so wenig in Sicht zu sein wie beim Nachwuchs.
Trost bietet in dieser Situation nur DER MÄDCHENKRIEG, nach LINA BRAAKE und BERLINGER, die beide von der Kritik restlos überschätzt wurden, die dritte gemeinsame Arbeit von Alf Brustellin und Bernhard Sinkel, mit Abstand ihre beste: eine epische Familienchronik aus dem Prag der dreißiger Jahre bis kurz nach Kriegsende, ein wunderbarer, reicher Film mit einem erstaunlichen erzählerischen Atem, private Schicksale und politische Zeitläufte sinnfällig verknüpfend, bis in die kleinsten Nebenrollen hervorragend besetzt, ebenso unauffällig, ohne modische Schnörkel, wie sorgfältig inszeniert, mit einer Fülle von Stimmungen, Schattierungen und Nuancen, dabei trotz der Länge von 150 Minuten hinreißend unterhaltsam. Fast schon das VOM WINDE VERWEHT des neuen deutschen Films, eine erstaunliche Sache, ganz unprätentiös (damit anders und besser als BERLINGER) und selbstbewußt seine Schauwerte herzeigend (damit, und nicht nur damit, der ärmlichen LINA BRAAKE weit überlegen).
Brustellin und Sinkel haben keine Angst vor kinematographischem Luxus, wenngleich ihr Film im internationalen Vergleich nur zur gehobenen Mittelklasse in bezug auf die »production values« gehört. Ottokar Runze, der immerhin einen so angenehmen kleinen Film wie VERLORENES LEBEN gedreht hat, vermag in seiner Lernet-Holenia-Adaption DIE STANDARTE (unter anderem mit den englischen Stars Simon Ward und Peter Cushing) nicht einmal den Standard drittklassiger italienischer Monumentalfilme zu erreichen. Action-Sequenzen

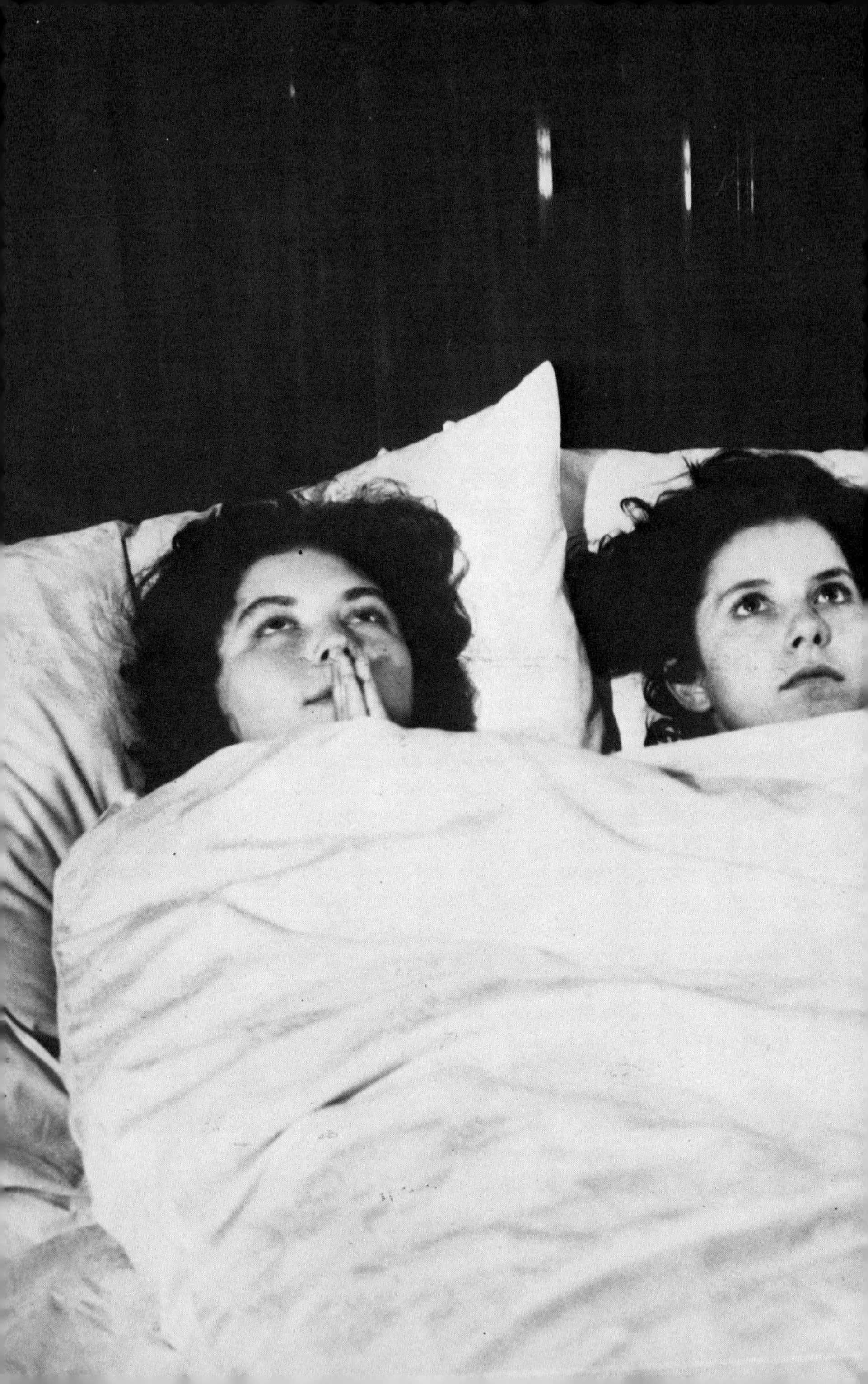

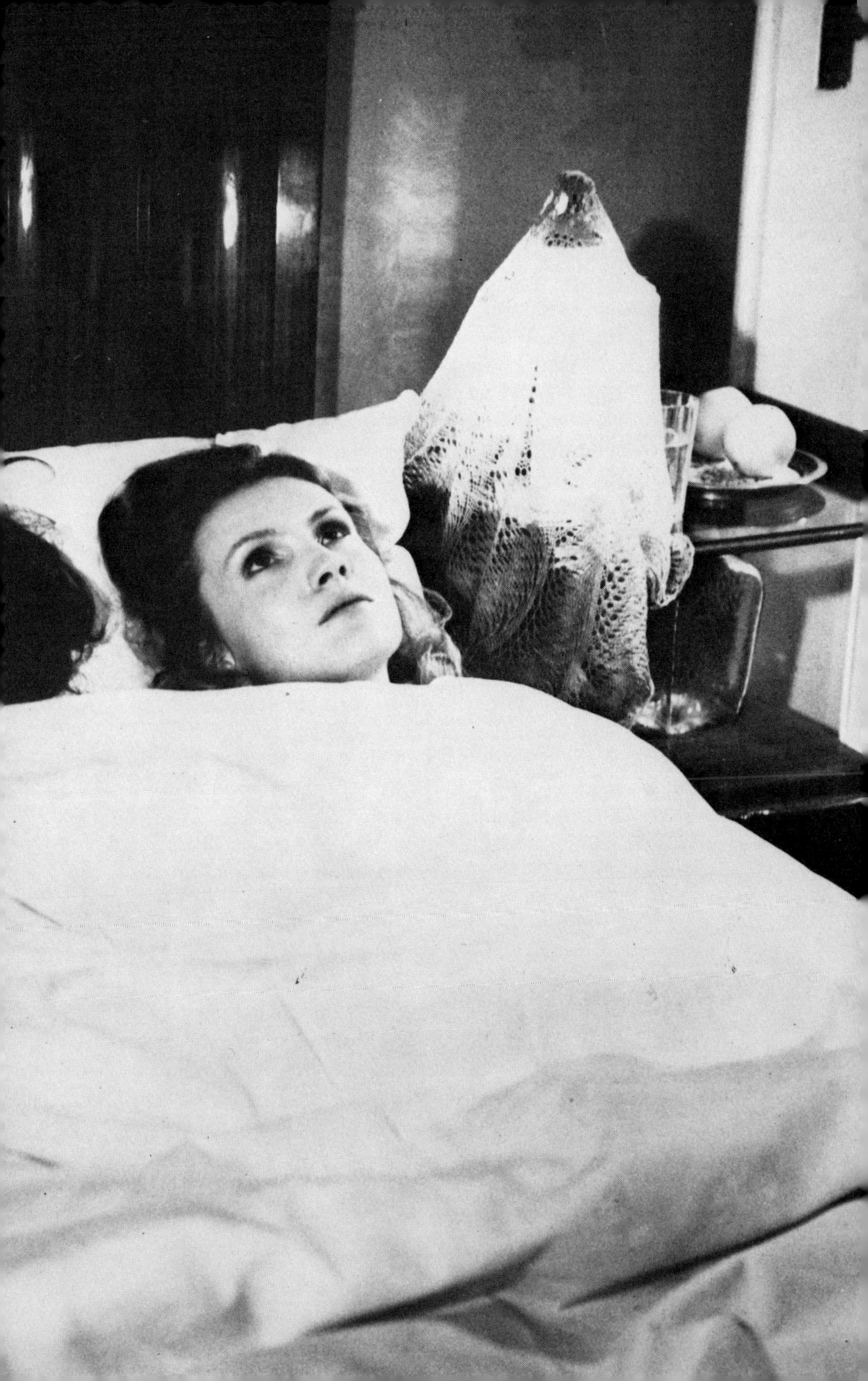

von einem erbärmlichen Dilettantismus, eine unerträgliche Hauptdarstellerin und eine ebensolche Kameraführung: eine sich als Großproduktion gerierende Übung in unfreiwilligem Humor, die einen begreifen läßt, warum unsere Münchner Abschreibungs-Produzenten sich für deutsche Stoffe wie Blickendörfers Baskenmütze und Buchheims Boot lieber französische und amerikanische Spezialisten engagieren.

Ohne staatliche Förderung gäbe es keinen deutschen Film. Darüber muß man nicht reden, höchstens darüber, daß für die Filmförderung nicht genügend Mittel bereitgestellt werden, besonders für die Kulturförderung durch das von den Ländern getragene »Kuratorium junger deutscher Film«, und daß die vorhandenen Gelder, besonders die der Filmförderungsanstalt, nicht immer glücklich verteilt werden. Aber das ist, wie der weise Moustache in Irma la Douce so richtig sagt, eine andere Geschichte.

Der deutsche Film wird zu Tode subventioniert. Wer nicht, wie Rainer Werner Fassbinder für seinen jüngsten Film Despair, einer internationalen Produktion mit einem Drehbuch von Tom Stoppard und Dirk Bogarde in der Hauptrolle, einen Abschreibungsproduzenten findet, muß in der Bundesrepublik von Förderungsgremium zu Förderungsgremium laufen, um, schließlich fast immer auch noch gemeinsam mit einer Fernsehanstalt, seinen Film zu finanzieren: von der Projektkommission der Filmförderungsanstalt über das ebenfalls fördernde Bundesinnenministerium und das Kuratorium junger deutscher Film bis hin zur »Achter-Kommission«, in der sich Film- und Fernseh-Funktionäre gemeinsam ausdenken, welche Projekte in den Genuß von Mitteln aus dem Film-Fernsehen-Co-Produktions-Abkommen gelangen.
Dieses Verfahren, oft entwürdigend für die Filmemacher, fördert nicht Individualität, es zerstört sie. Die Schwächeren unter den Regisseuren verleitet es zu einer – oft von den Betroffenen selber nicht einmal bemerkten – Selbstzensur: die Kommissionen – Ausnahme ist offenbar das mit 750 000 DM pro Jahr jämmerlich ausgestattete Kuratorium – entscheiden nach unklaren Kriterien, weder rein wirtschaftlichen (Geld für spektakuläre Großprojekte) noch erkennbaren künstlerischen (Herzogs Stroszek wurde von der Projektkommission abgelehnt).
Die Kommissionen entscheiden sich für den kleinsten gemeinsamen

Umseitig: Brustellin/Sinkel: Der Mädchenkrieg

Nenner: Heidi Genées GRETE MINDE, Helma Sanders' HEINRICH, Geissendörfers WILDENTE, natürlich auch Sachen wie GRUPPENBILD MIT DAME. Die Kommissionen fördern eine erstickende Mittelmäßigkeit, in spätestens drei Jahren werden sie es geschafft haben, daß die gesamte bürgerliche Literatur des 19. Jahrhunderts, am liebsten Fontane und Storm, in schönen, langweiligen Bebilderungen für den Deutschunterricht der gymnasialen Mittelstufen zur Verfügung steht. Wer GRETE MINDE, geradezu ärgerlich steril, und HEINRICH, kunstgewerblich verblasen wie ein kindliches Poesie-Album, gesehen hat, kann eigentlich nur noch eines fordern: eine drastische Neuorganisation der Filmförderung, bevor es zu spät ist und das deutsche Kino in einen schweren bildungsbürgerlichen Dauerschlaf versinkt. Kein Ritter wird sich mehr finden, um dieses häßliche Dornröschen wachzuküssen.
Kultur- und Wirtschafts-Förderung müssen endlich klar voneinander getrennt werden: aus dem einen Topf, dem des Kuratoriums, der erheblich aufgestockt werden muß, Geld für Herzog, Achternbusch, Kluge und den Nachwuchs, aus dem anderen Topf, dem der durch die Filmabgabe finanzierten Filmförderungsanstalt, Geld für Projekte wie DER AMERIKANISCHE FREUND, DER MÄDCHENKRIEG und andere kommerziell erfolgversprechende Projekte jüngerer und älterer Produzenten. Hier darf sich auch das alte »Schnulzen-Kartell« bedienen, schließlich heißt die Sache Wirtschaftsförderung, aber wenn den Herren Waldleitner, Seitz und den anderen Alt-Produzenten nichts Originelleres einfällt als ROSEMARIES TOCHTER (Rolf Thieles vorletzte Katastrophe), Ganghofer und treuherzige Thomas-Mann-Verschnitte, sind sie wirklich nicht mehr zu retten. Hätten sie doch nur Mut zu wirklicher Trivialität, die uns in zwanzig Jahren einiges über den Zustand dieses Landes mitteilen würde!

Das Fernsehen hilft dem deutschen Film. Der deutsche Film dankt den Herren Günther Rohrbach (WDR) und Heinz Ungureit (ZDF), den mächtigsten Männern des deutschen Films. Ohne sie geht fast nichts. Das ist nicht immer gut so.

Das Fernsehen bringt den deutschen Film um. Günther Rohrbach, beim reichsten ARD-Sender in Köln zuständig für Fernsehspiel und Unterhaltung, fordert den »amphibischen Film«, eine Mischform aus Film und Fernsehen, die in beiden Medien zu verwenden ist. Der amphibische Film bedeutet den Tod des Kinos: wenn im Kino die gleichen Filme laufen wie im Fernsehen, und dazu kaum noch zeitversetzt, tun

die Leute tatsächlich besser daran, zuhause vor dem Bildschirm zu bleiben.
Ein Fernsehfilm wie DER AUFRECHTE GANG, bei dem jedes Bild, jede Geste eine schwerfällige didaktische Funktion erfüllt, was zur Belehrung eines Bildschirm-Publikums ja durchaus von Vorteil ist, soll nach dem Willen seines Regisseurs Christian Ziewer auch ein Kino-Film sein. DER AUFRECHTE GANG ist ein nützlicher Fernseh-Abend, mit Kino hat er nichts zu schaffen, es sei denn, als Diskussionsgrundlage für Zielgruppen-Veranstaltungen. Solche Filme mit Filmförderungsgeldern zu finanzieren, heißt ein sehr reiches Medium durch ein sehr armes zu unterstützen. Fassbinder ist einer der wenigen Regisseure, der genau zwischen seinen Kino- und seinen Fernseharbeiten zu unterscheiden weiß. Klaus Lemke ist ein anderer, er wollte mit Recht nicht, daß seine SWEETHEARTS ins Kino kommen.
Auf die Dauer bleibt dem Kino nur eine Chance: sich aus der babylonischen Gefangenschaft des Fernsehens zu befreien und kommerziell so attraktiv zu werden, daß es aus eigenen Kräften bestehen kann. Dazu muß es eigene, sich vom Fernsehen unterscheidende Formen bewahren und entwickeln. Es muß die Faszination der großen Leinwand ausspielen, es muß Geschichten, die dem Fernsehen zu riskant oder zu belanglos erscheinen, auf eine Weise erzählen, die im Fernsehen nicht möglich ist: entweder radikal persönlich oder mit einem Luxus, den kein Rechnungshof dulden würde. DER AMERIKANISCHE FREUND, STROSZEK, DIE VERTREIBUNG AUS DEM PARADIES und DER MÄDCHENKRIEG weisen den richtigen Weg.
Vorerst besteht noch die Gefahr, daß das Kino sich von – durchaus wohlmeinenden – Fernseh-Redakteuren seine Identität zerstören läßt: wenn vermeintliche Kino-Filme in Wirklichkeit nur noch Fernsehspiele sind.

Natürlich hat auch die Kritik versagt. Fragen Sie Herrn Syberberg, oder lesen Sie ihn. Oder fragen Sie sonst jemanden. Aber das ist nun wirklich eine ganz andere Geschichte. To be continued. Oder besser nicht.

Hans Günther Pflaum
Filmförderung in der Bundesrepublik

Ein Überblick

Auf den ersten Blick ist die Vielzahl von Maßnahmen zur Filmförderung in der Bundesrepublik eher verwirrend als hilfreich; selbst Betroffene, Produzenten und Regisseure, haben offensichtlich nicht selten Schwierigkeiten, sich in dem Gewirr von Gesetzestexten, Grundsätzen, Richtlinien und Abkommen zurechtzufinden. Neben der Filmförderungsanstalt (FFA) in Berlin (West) verteilt auch das Bundesministerium des Innern Fördermittel, ebenso das mit Ländermitteln ausgestattete Kuratorium junger deutscher Film; schließlich besteht seit November 1974 auch ein Rahmenabkommen zwischen Film und Fernsehen, das ebenfalls unserem Kino zugute kommen soll.

Wie kompliziert unter solchen Bedingungen, denen ja keineswegs eine heile Kinolandschaft gegenübersteht, Budgets für die Produktion eines Films zustandekommen, das mag vorweg ein Beispiel zeigen: der im Sommer 1977 von Wolf Gremm inszenierte Film TOD ODER FREIHEIT: Insgesamt hat die Produzentin Regina Ziegler ein Budget von 2,4 Millionen DM zur Verfügung. Ihre Eigenleistung: DM 500 000,–. Das Zweite Deutsche Fernsehen beteiligt sich an dem Projekt mit DM 700 000,–. Der Kino-Coproduzent Paramount-Orion (die deutsche Tochter der amerikanischen Paramount, zur Cinema International Corporation gehörend) ist mit DM 705 000,– beteiligt, möglicherweise sind in diesem Betrag Filmförderungsmittel enthalten, die die Orion aus der Grundförderung der FFA abrufen konnte. Hinzukommen noch DM 495 000,– aus der Projektförderung der FFA.

Gegenwärtig werden die wichtigeren Kinofilme in der Bundesrepublik fast ausnahmslos auf ähnliche Weise produziert: Bündelung von Eigenmitteln und Förderungsgeldern, das Fernsehen beteiligt sich als Co-Produzent. Finanzierungen ohne Förder- oder Fernsehgelder, wie etwa bei dem Film DIE BRÜDER (Regie: Wolf Gremm, Produktion: Regina Ziegler), sind sonst eigentlich nur noch im Bereich der reinen Ramschware üblich. Selbst Streifen wie DIE TROTTEL VON DER 3. KOMPANIE erhielten noch von der Filmförderungsanstalt Grund- und Zusatzbetrag zuerkannt.

Das Filmförderungsgesetz

Ein Gesetz über Maßnahmen zur Förderung des deutschen Films (»Filmförderungsgesetz«, FFG) gibt es seit Dezember 1967, die letzte Novellierung gilt seit März 1974 und läuft praktisch mit dem Haushaltsjahr 1978 aus – das heißt, für das kommende Jahr ist wieder eine neue Fassung des Gesetzes (die vierte insgesamt) zu erwarten.

Mit der Abwicklung des Gesetzes ist die Filmförderungsanstalt (FFA, Sitz in Westberlin) betraut, eine bundesunmittelbare rechtsfähige Anstalt des öffentlichen Rechts. Die Geschäfte der FFA führt ein von ihrem Verwaltungsrat auf Vorschlag des Präsidiums berufener Vorstand, bestehend aus zwei Personen. Das Präsidium (9 Mitglieder), gewählt vom Verwaltungsrat, überwacht die Tätigkeit des Vorstands und wirkt an dessen Entscheidungen mit. Der Verwaltungsrat besteht aus 33 Mitgliedern: Vertreter des Bundestags, des Bundesrats, der Bundesregierung, aus allen Bereichen der Filmwirtschaft sowie der Gewerkschaft, der Journalisten, der Kirchen und des Fernsehens. Der Verwaltungsrat beschließt über alle grundsätzlichen Fragen, die zum Aufgabenbereich der Anstalt gehören. Er stellt Richtlinien für die Durchführung des Gesetzes auf, die mit Zweidrittel-Mehrheit beschlossen werden müssen. Ebenso stellt der Verwaltungsrat jährlich den Haushaltsplan fest, der dann der Genehmigung des Bundesministers für Wirtschaft bedarf, dessen Rechtsaufsicht die FFA untersteht.

Die Mittel der FFA bestehen nicht aus Steuergeldern, sondern aus einer an der Kinokasse erhobenen Abgabe. Jeder gewerbliche Veranstalter einer entgeltlichen Vorführung programmfüllender Filme im Geltungsbereich des FFG hat für jede verkaufte Eintrittskarte eine Filmabgabe in Höhe von DM 0,15 an die FFA zu entrichten. Vor dem 1. Juli 1974 hatte die Abgabe nur DM 0,10 betragen; mit der Erhöhung ließ sich jedoch der durch den allgemeinen Besucherschwund bedingte Rückgang der Einnahmen kaum auffangen. 1968 betrug das Aufkommen aus dieser Filmabgabe DM 15 335 900,–. 1975: DM 18 389 366,12. Und 1976: DM 16 470 287,66. (Kontinuierlich zurückgegangen ist auch die Zahl der angelaufenen deutschen Filme: 1972 waren es noch 127, 1974 nur mehr 83, 1976 ist die Zahl weiter, auf 64, gesunken).

Ferner stehen der FFA Mittel aus dem »Ufi-Abwicklungserlös« zur Verfügung. Der aus der Abwicklung und Entflechtung des ehemaligen reichseigenen Filmvermögens verbleibende Erlös ist an das Sondervermögen »Ufi-Abwicklungserlös« abzuführen. Das Sondervermögen

zahlt, soweit Mittel vorhanden sind, bis einschließlich 1977 jährlich DM 1,6 Millionen an die FFA. (1978: 1 Million DM)
Ziel des Filmförderungsgesetzes ist es, »die Qualität des deutschen Films auf breiter Basis zu steigern und die Struktur der Filmwirtschaft zu verbessern«. Diesem Auftrag konnte die FFA seit Bestehen des Gesetzes nur in beschränktem Maß nachkommen; jedwede dynamische Förderung wurde durch die Konstruktion des Gesetzes über Jahre hinweg nicht ermöglicht, da nur eine Art »retrospektive« Unterstützung auf dem Weg der Grund- und Zusatzförderung möglich war.
Der Hersteller eines Films (Referenzfilms) kann für die Herstellung eines neuen Films den »Grundbetrag« erhalten, wenn »der Referenzfilm innerhalb von zwei Jahren nach seiner Erstaufführung in der Bundesrepublik Deutschland einschließlich des Landes Berlin Bruttoverleiheinnahmen in Höhe von mindestens DM 500 000,– im Geltungsbereich dieses Gesetzes erzielt hat.« Durch ein Prädikat (»wertvoll« oder »besonders wertvoll«) der Filmbewertungsstelle (FBW) oder den Hauptpreis auf einem Filmfestival der Kategorie A senkt sich diese Einspielgrenze auf DM 300 000,–. Die Höhe des Grundbetrags errechnet sich dann aus dem Verhältnis der Anzahl der Referenzfilme zum im Haushalt für die Grundförderung eingesetzten Betrag; 1976 wurden für insgesamt 18 Filme je DM 245 895,39 zuerkannt.
Eine zusätzliche Förderungshilfe (bis zu DM 250 000,–) erhält der Hersteller eines Referenzfilms, sofern es sich dabei um einen von der FBW prädikatisierten Film handelt; dem gleichgesetzt ist die Auszeichnung mit einem Hauptpreis auf einem A-Festival oder die Einstufung als »guter Unterhaltungsfilm« durch die sogenannte »kleine Kommission« der FFA.
Die Auswirkung der Grund- und Zusatzförderung, vor allem in der Zeit vor der ersten Novellierung des FFG, als noch keine Klausel wenigstens das Schlimmste von der automatischen Förderung fernhalten konnte, ist bekannt: Jeder sich andeutende Kinoerfolg wurde künstlich zur Serie verlängert, weil die Hersteller ohne jeden Innovations-Willen bloße Wiederholungen produzierten und damit langfristig den Markt ermüdeten. Zwischen 1970 und 1973 war es gleichzeitig nur sehr wenigen der wichtigeren deutschen Filme gelungen, die Einspielschwelle von DM 300 000,– zu überwinden. Künstlerisches und gesellschaftliches Engagement und Phantasie wurden mehr und mehr aus dem Kino verdrängt, das Publikum schrumpfte weiter, der prozentuale Anteil regelmäßiger Kinobesucher wurde immer geringer.

Projektförderung

Die Filmwirtschaft brauchte lange, bis sie die Erfahrungen des Gesetzes wenigstens widerwillig zur Kenntnis nahm. Überhaupt ist es bis heute verblüffend, wie überaus selten versucht wird, den Forderungen nach Förderungen nicht einfach dadurch Nachdruck zu verleihen, daß man nachweist: der Film in der Bundesrepublik ist es wert, gefördert zu werden. Gerade jene, die den Beweis dafür antraten (und dieser Beweis ist nicht allein mit verkauften Kinokarten zu führen), hatten bestimmte Kreise der Filmwirtschaft als »einseitige Ideologen« oder elitäre Outsider abzudrängen versucht. Dies alles mit dem Hinweis, daß das FFG eben ein Wirtschaftsgesetz sei – aber kein anderer Wirtschaftszweig ist wohl bis heute auf den Gedanken gekommen, Subventionen irgendwelcher Art zu begehren, ohne gleichzeitig die Notwendigkeit seines Produkts unter Beweis stellen zu wollen.

Dennoch wurde, gegen Widerstände zwar, bei der Neufassung des FFG 1974 als dynamische Maßnahme die »Projektförderung« eingeführt. Mit ihr sollen Spielfilmvorhaben in Form von Darlehen bis zur Höhe von DM 300 000,– (in Ausnahmefällen bis zu DM 700 000,–) unterstützt werden. Die Darlehensgewährung setzt voraus, daß das Filmvorhaben geeignet erscheint, »die Qualität und die Wirtschaftlichkeit des deutschen Films zu verbessern«. Über die Gewährung der Förderungshilfen entscheidet eine vom Verwaltungsrat der FFA zu wählende Projektkommission, die aus »elf sachkundigen Persönlichkeiten« besteht. Bis zur Sommerpause 1977 hat die Projektkommission, die am 28. 10. 1974 erstmals über Spielfilmvorhaben entschied, insgesamt 39 Filmprojekten Förderungsmittel mit einer Gesamthöhe von knapp über 14 Millionen DM zuerkannt.

Zweifellos hat die Projektförderung eine ganze Reihe von Filmen erst ermöglicht, zumal in jenen Fällen, in denen die Zusage anderer Geldgeber vom Votum der Projektkommission abhängig war. Umgekehrt konnten viele Projekte nach Ablehnung durch die Projektkommission nicht produziert werden; prominentestes Beispiel darunter ist Fassbinders Vorhaben, den Roman *Die Erde ist unbewohnbar wie der Mond* von Gerhard Zwerenz zu verfilmen. Andere Filme, wie etwa DIE VERLORENE EHRE DER KATHARINA BLUM oder BERLINGER, wären auch ohne Projektförderung entstanden, aber eben nicht in dieser Form. Zeigen kostet häufig Geld; wenn es nicht da ist, so werden die ominösen »Schauwerte« eines Films oft eben nicht durch Phantasie (deren Realisierung ebenfalls mit ökonomischen Möglichkeiten zu tun hat), son-

dern durch Notlösungen ersetzt. In BERLINGER etwa wäre dann vielleicht keine Flugzeughalle in die Luft geflogen, sondern ein Feuerwehr-Telefon hätte geklingelt.
Freilich hatte die durch die Projektförderung größer gewordene Möglichkeit, Filme finanziell besser auszustatten, auch eine Wirkung, die nicht im Sinne der Initiatoren sein kann: Der Glaube ans Geld hat sich verstärkt, und die es dann haben, die scheinen lieber zu kaufen als zu erfinden – und wenn es nur die Rechte zur Verfilmung eines berühmten Romans sind. Hier jedoch beginnt die Wiederkehr von Opas einst totgesagtem Kino – wenn auch auf einer etwas höheren Ebene, und wer nicht mitmacht, droht auf der Strecke (oder auf der Mattscheibe) zu bleiben, als Abweichler, wie Schroeter, Praunheim, Kristl – neuerdings vielleicht sogar Herzog, Kluge oder Fassbinder, deren letzte Arbeiten ebenfalls nicht durch die Projektförderung unterstützt wurden.
Neben der Spielfilmförderung ist im FFG auch die Förderung von Filmtheatern (Erneuerung und Verbesserung der technischen Anlagen, Ausstattung und Neugestaltung) vorgesehen. 1976 wurden dafür insgesamt DM 2 564 924,03 bereitgestellt. Ferner stehen im Haushaltsplan auch DM 700 000,– zur Werbung für den deutschen Film im In- und Ausland. Ebenso werden im Rahmen der Projektförderung Förderungshilfen gewährt für beispielhafte Maßnahmen im Bereich der Filmtheater, zur Förderung des Absatzes von programmfüllenden deutschen Filmen und zur Förderung der filmberuflichen Fortbildung des künstlerischen, technischen und kaufmännischen Nachwuchses.

Rahmenabkommen Film/Fernsehen

Seit dem 4. November 1974 ist ein »Abkommen zur Förderung der Zusammenarbeit zwischen Film und Fernsehen« in Kraft, abgeschlossen zwischen der Filmförderungsanstalt und den in der Arbeitsgemeinschaft der öffentlich-rechtlichen Rundfunkanstalten der Bundesrepublik Deutschland zusammengeschlossenen Rundfunkanstalten – ARD – sowie der Anstalt des öffentlichen Rechts Zweites Deutsches Fernsehen – ZDF.
Ziel des Abkommens ist es, durch Co-Produktionen und Projektförderungsmaßnahmen die Herstellung von Filmen zu ermöglichen, die den Voraussetzungen des FFG und der Rundfunkgesetze entsprechen und dadurch das Programmangebot sowohl der Filmtheater als auch des Fernsehens zu bereichern. ARD und ZDF bringen dafür im Ver-

einbarungszeitraum von fünf Jahren (1974–1978) Mittel von insgesamt 34 Millionen DM auf, die der Verfügung der jeweils co-produzierenden Rundfunkanstalt unterliegen. Die Anstalten gewähren den so entstandenen Filmen eine Kino-Vorabspielfrist von 24 Monaten. Zur Durchführung des Abkommens wurde eine paritätisch besetzte Kommission gebildet, der vier Vertreter des Fernsehens und vier der Filmwirtschaft angehören; sie entscheidet über die Anerkennung eines Filmvorhabens als Gemeinschaftsproduktion im Sinne des Abkommens (Stimmengleichheit gilt als Ablehnung).
Bis zum Sommer 1977 war das Fernsehen an insgesamt 42 Co-Produktionen im Sinne dieses Abkommens mit einem Gesamtbetrag von rund 25 Millionen Mark beteiligt. »Filme, die speziell und typisch zur Fernsehausstrahlung und nicht auch zur Auswertung in Filmtheatern geeignet erscheinen, sollen nicht Gegenstand der Gemeinschaftsproduktion sein«, heißt es im Text des Abkommens. Obwohl unter diesen 42 Co-Produktionen auch 28 Spielfilmvorhaben von der Projektkommission positiv beschieden wurden, obwohl der Sensationserfolg von Ingmar Bergmans SZENEN EINER EHE in unseren Kinos die gängigen Kategorien erschüttert hatte: im Zusammenhang mit den Diskussionen über ein neues Filmförderungsgesetz wird von seiten der Filmwirtschaft energisch daran gezweifelt, ob die mit dem Fernsehen co-produzierten Filme für die Kinos der Bundesrepublik wünschenswert seien. Dabei steht fest: der größte Teil der interessanteren und (relativ!) erfolgreicheren Filme bundesdeutscher Provenienz sind vom Fernsehen mitfinanziert worden, und Filmemacher wie Werner Herzog, Rainer Werner Fassbinder, Reinhard Hauff, Volker Schlöndorff, Wim Wenders und andere hätten ohne das Fernsehen wohl schwerlich in einer ähnlichen Kontinuität arbeiten können.

Das Bundesministerium des Innern

Ein Bundesgesetz zur Filmförderung stößt, das haben die schwierigen Diskussionen vor der letzten Novellierung des FFG mit aller Deutlichkeit gezeigt, sofort auf den Widerstand einiger Bundesländer, wenn darin Ansätze kultureller Förderung gesehen werden könnten. Auf Bundesebene ist nur ein Wirtschaftsgesetz möglich, das freilich die Qualität des Wirtschafts-Produkts zu berücksichtigen hat. »Kultur« jedoch untersteht der Hoheit der Länder – die aber bereit waren, eine kulturelle Filmförderung des Bundesministeriums des Innern zu akzeptieren, die auf der Basis von Ministerial-Erlassen erfolgt. Mit einem Gesamtetat von rund 6 Millionen Mark betreibt das Bundesministerium des Innern (BMI) verschiedene Förderungsmaßnahmen: Sie gelten in gleicher Weise bereits fertiggestellten Filmen wie Filmvorhaben; daneben gibt es eine Abspielförderung in Form von Auszeichnungen für hervorragende Kinoprogramme »mit einem angemessenen Anteil deutscher Filme«.

Die bestehenden Filmförderungsrichtlinien gelten seit dem 21. Dezember 1976. Zweck der zu diesem Zeitpunkt erfolgten Neuordnung (mit der die »Grundsätze« vom 16. April 1972 ersetzt wurden) war eine »weitere Liberalisierung des Förderungssystems durch mehr Offenheit, Qualitätsbezogenheit und einen systematischeren Zusammenhang einzelner Förderungsmaßnahmen«.

Die in der Öffentlichkeit am meisten beachtete Förderungs-Maßnahme des BMI ist zweifellos der »Deutsche Filmpreis«, der der »Auszeichnung und Förderung von Spitzenleistungen« dienen soll. Die Preise (Goldene Schale, Filmbänder) für den besten und weitere hervorragende Filme (Lang- und Kurzfilme, mit und ohne Spielhandlung) sowie auch für Einzelleistungen, sind größtenteils mit Prämien verbunden.

Goldene Schale: DM 500 000,–; Filmband in Gold für den besten programmfüllenden Spielfilm: DM 400 000,–; Filmband in Silber für weitere hervorragende Spielfilme: DM 300 000,–; Filmband in Gold für den besten programmfüllenden Film ohne Spielhandlung: DM 150 000,–; Filmband für weitere programmfüllende Filme ohne Spielhandlung: DM 100 000,–; Filmband in Gold für den besten Kurzfilm: DM 50 000,–; Filmband in Silber für weitere Kurzfilme: DM 30 000,–.

Die Prämien sind auszuzahlen an den Hersteller (in Ausnahmefällen an den Regisseur), zweckgebunden zur Herstellung weiterer »guter« Filme. Weitere Preise können vergeben werden für »langjähriges und hervorragendes Wirken im deutschen Film«; daneben gibt es noch Stipendien für Nachwuchskräfte (z. B. Regie, Drehbuch usw.) von je bis zu DM 10 000,– zur beruflichen und künstlerischen Weiterbildung.

Im Rahmen der Produktionsförderung, die im Prinzip der Projektförderung der FFA entspricht, können Prämien für hervorragende Spielfilmvorhaben (bis zu DM 250 000,–), für hervorragende programmfüllende Filmvorhaben ohne Spielhandlung (bis zu DM 80 000,–), für hervorragende Kurzfilmvorhaben (bis zu DM 25 000,–) und für hervorragende Drehbuchentwürfe (bis zu DM 10 000,–) vergeben werden.

Antragstermine für Spielfilmvorhaben und Drehbuchentwürfe: jeweils zum 1. März und zum 1. September eines jeden Jahres. Für programmfüllende Filmvorhaben ohne Spielhandlung und für Kurzfilmprojekte jeweils zum 1. Oktober. Sowohl von den mit Preisen ausgezeichneten als auch von den mit Prämien geförderten Filmen müssen die Hersteller der Bundesrepublik Deutschland eine Kopie im Originalformat für Archivzwecke übereignen. Gleichzeitig haben die Hersteller indes auch Gelegenheit, für ihre BMI-geförderten Filme Verleihprämien bis zu DM 50 000,– zu erhalten.
Im Bereich der Fimtheater werden das beste und weitere hervorragende Programme einzelner Kinos ausgezeichnet, Voraussetzung ist ein angemessener Anteil deutscher Filme; Zusatzprämien für einen »besonders hohen« Anteil deutscher Filme werden ebenfalls vergeben. Die Filmtheater-Prämien reichen von DM 5000,– bis zu DM 30 000,– und sind zweckgebunden zu verwenden zur Verbesserung des Programmangebots der Filmtheater.
Die Entscheidungen beim BMI trifft ein vom Bundesminister des Innern berufener Ausschuß, der »aus höchstens 35 fachkundigen Persönlichkeiten« besteht, aus dem dann die verschiedenen Kommissionen für die Vergabe der diversen Prämien und Preise gebildet werden. Die gesamte Förderung erfolgt »im Rahmen der zur Verfügung stehenden Haushaltsmittel« (1977: 5,95 Millionen DM; 1978: 6,05 Millionen DM). Zweifellos sind diese Mittel für eine kulturell wirksame Filmförderung weitaus zu gering, man wartet weiterhin auf ein verstärktes Engagement der Länder, die ihrerseits bislang zwar unter Berufung auf ihre Kulturhoheit streng darauf achteten, daß das Filmförderungsgesetz ein Wirtschaftsgesetz bleiben müsse – andererseits aber, wenn überhaupt, die Bereitschaft erkennen ließen, sich gerade an dieser Wirtschaftsförderung finanziell zu beteiligen. Man vergleiche: Allein für die Theater und für das Konzertwesen in der BRD wurden 1976 1,2 Milliarden DM aufgewendet ...

Kuratorium junger deutscher Film

Das Kuratorium junger deutscher Film, gegründet 1964 durch einen Erlaß des damaligen Bundesministers des Innern, Hermann Höcherl, ist gegenwärtig, nachdem der Bund seit 1968 dafür keine Mittel mehr zur Verfügung stellt, die einzige direkte Filmförderungsmaßnahme der Bundesländer. Freilich muß das Kuratorium mit dem fast lächerlichen

Betrag von DM 750 000,– auskommen, aus dem sowohl die Förderung von Spielfilmvorhaben als auch die Abspielförderung bestritten werden soll. Auf seiner letzten Auswahl-Sitzung (September 1976) hat der Auswahlausschuß des Kuratoriums aus insgesamt 59 eingereichten Förderungsanträgen (Drehbüchern) junger Regisseure infolge der außerordentlich knappen Mittel nur neun Projekte mit relativ bescheidenen Zuschüssen ausgestattet. In einem offenen Brief an die Präsidenten der Ministerpräsidenten-Konferenz und der Kultusminister-Konferenz bedauerte der Auswahlausschuß »das krasse Mißverhältnis zwischen qualifizierten Anträgen und der finanziellen Ausstattung des Kuratoriums. Für eine beantragte Gesamtsumme von über 20 Millionen DM standen 1976 nur DM 600 000,– Förderungsmittel zur Verfügung. Deshalb sah sich der Ausschuß außerstande, eine Reihe weiterer Projekte, über deren Förderungswürdigkeit kein Zweifel bestand, zu berücksichtigen. Der Ausschuß appelliert an die Bundesländer, nicht nur das bisherige Förderungsvolumen zu erhalten, sondern erheblich aufzustocken.«

Für 1977 freilich hatte dieser Appell keinen Erfolg; wieder steht ein Betrag von nur DM 750 000,– zur Verfügung. Das Kuratorium konzentriert sich längst auf die Förderung von Vorhaben von Debütfilmen (evtl. auch zweiten Werken von Anfängern); die jeweils vergebenen Prämien schwanken zwischen DM 80 000,– und DM 120 000,–, sie können natürlich erst mit dem Nachweis über die vollständige Finanzierung eines Filmvorhabens abgerufen werden, sind inzwischen aber längst zu gering, um weiteres Geld anzuziehen (während sich in der Projektförderung der FFA zahlreiche Anträge finden, in denen Zusagen anderer Geldgeber an das Votum der Projektkommission gebunden wurden). Die Fälle häufen sich, in denen eine zuerkannte Prämie verlorengeht, weil der Antragsteller die Restfinanzierung nicht sicherstellen konnte.

Inzwischen hat man auch auf organisatorischem Weg, durch Satzungsänderung, den bislang immer sehr erfolgreich arbeitenden Auswahl-Ausschuß des Kuratoriums, der von dessen Mitgliedern gewählt wird, nahezu entmündigt. In der neuen Satzung heißt es: »Macht eine überstimmte Minderheit von mindestens zwei Mitgliedern des Auswahlausschusses gegen die Förderung eines Filmprojekts Bedenken geltend, entscheidet über die Förderung dieses Projekts der Verwaltungsrat.« Und im Verwaltungsrat haben eben die Vertreter der Länder und nicht die berufenen unabhängigen Fachleute das Sagen. Zieht man diese Einschränkung der Fachkompetenz und den kläglichen Etat in Betracht, so wird man sich für die Entwicklung des wirklich jungen deutschen Films (und nicht des alten »jungen«) auch vom Kuratorium nicht mehr die

Impulse erwarten dürfen, die es einst für die Entwicklung des Kinos in unserem Land gegeben hat. Die Regisseure, die vor zehn Jahren und früher schon den »jungen deutschen Film« vertreten hatten, repräsentieren ihn im Grunde immer noch – kein Wunder, daß der darüber älter geworden ist. Und die Chancen für den echten Nachwuchs sind im Grunde heute so schlecht wie schon lange nicht mehr. Daß dies die etablierten »Jungen« kaum noch zu beunruhigen scheint (natürlich haben sie andere Sorgen und auch andere Kategorien – auch in ihren Budgets), das zeigt, wie alt sie inzwischen geworden sind.
In dieser Situation mutet ein Beschluß der Kultusminister-Konferenz, gefaßt Anfang Juni 1977 in Lübeck, wie die Verheißung eines Paradieses an. Nach einem Stufenplan sollen die Mittel des Kuratoriums aufgestockt werden: 1978: 1,5 Millionen DM; 1979: 2,5 Millionen DM; 1980: 3,5 Millionen DM; 1981 soll dann der als Ziel bestehende Etat von 5,2 Millionen DM zur Verfügung gestellt werden – wieviel diese bis dann freilich wert sind, ist wohl kaum abzusehen. Dieser Plan, der ausdrücklich die Förderung von Nachwuchs-Projekten vorsieht, ebenso die Unterstützung des Vertriebs künstlerisch hervorragender Filme (Kinder- und Jugendfilme, Kurzfilme, Nachwuchsstipendien und Filmtheater sollen auch in die Förderung einbezogen werden), ist freilich noch nicht abgesichert: die Finanzminister der Länder haben dazu bislang (Sommer 1977) noch keinen Beschluß gefaßt.

Günter Rohrbach
Das Subventions-TV

Plädoyer für den amphibischen Film

Der WDR hatte mich, bevor er mir Mitte der sechziger Jahre die Leitung seines Fernsehspiels anvertraute, nach England geschickt mit dem Auftrag, die Produktionsmethoden der BBC zu studieren. Ich befand mich dabei auf einem ziemlich ausgetretenen Pilgerpfad, denn die BBC galt in Europa, und dort vor allem in der Bundesrepublik, als das Musterbild einer Fernsehanstalt, der Qualität ihrer Programme wie der Perfektion ihrer Herstellungsmethoden wegen. In der Tat war, was einem dort vorgeführt wurde, erstaunlich und bewundernswert. Die Manager der BBC hatten von Anfang an Fernsehen konsequent als ein eigenständiges Medium verstanden, definiert durch seine spezifischen technischen Bedingungen. Fernsehen, das war Elektronik. Fernsehspiele unterschieden sich also von Spielfilmen zunächst und vor allem dadurch, daß sie nicht mit einer Filmkamera, sondern mit mehreren elektronischen Kameras aufgenommen wurden. Die Engländer haben diese Produktionsweise bis heute beibehalten und auf einem hervorragenden Niveau standardisiert. Fernsehspiele werden in England nach den Bedingungen einer Massengüterindustrie hergestellt. Die künstlerische Qualität der Ergebnisse ist beeindruckend, das Verhältnis zu den ökonomischen Voraussetzungen ist günstig. Nirgendwo sonst in der Welt wird das Massenprodukt Fernsehen auf eine ähnlich rationelle und inhaltlich befriedigende Weise hergestellt. Nirgendwo anders ist allerdings Fernsehen so eingeengt in den selbst gesetzten Grenzen, ist die Kluft zwischen Fernsehen und Kino ähnlich groß, sind die Chancen beider Medien, trotz eines imponierenden Potentials an kreativen Begabungen und trotz andauernder internationaler Erfolge, so zweifelhaft.

Der neugierige Besucher des Jahres 1965 sah sich damals von vielem und vielen bedrängt, dem englischen Vorbild nachzufolgen. Nicht zuletzt hatte er eine Mahnung im Ohr, die ihm der Leiter des Drama-Departments der BBC mit auf den Weg gegeben hatte: »Versuchen Sie nicht, ein armer Filmproduzent zu werden; seien Sie lieber ein reicher Fernsehproduzent.«

Wir haben, wie Sie wissen, diese und manche andere Empfehlung in den Wind geschlagen. Das Fernsehspiel hat sich in Köln, wie anderswo

in der Bundesrepublik, am Spielfilm orientiert und nicht an den Wohnzimmerdramen, die unsere englischen Kollegen so unvergleichlich ins Bild setzen können. Die Gründe dafür waren weder Uneinsichtigkeit noch eine Art Größenwahn. Selbstkritisch betrachtet war es vermutlich eher Zufall oder das, was man die Gunst der Stunde nennt.
Das deutsche Fernsehen lag hinter dem englischen um einige wichtige Jahre zurück. Das englische Fernsehspiel hatte seinen eigenen Weg suchen müssen, als der Film noch in voller Blüte stand. Die Filmleute blickten auf das Fernsehen noch mit jener Verachtung herab, die ihnen nicht nur das Bewußtsein künstlerischer, sondern vor allem das ökonomischer Überlegenheit eingeben konnte. Den Fernsehleuten fehlte darum der Mut, sich auf eine Konkurrenz mit dem Filmriesen überhaupt einzulassen. So folgte das Fernsehspiel in England brav jener Drama-Tradition, die der Hörfunk vorgeprägt hatte. Die Autoren dafür waren in reicher Zahl vorhanden, die Regisseure ließen sich relativ schnell ausbilden.
In der Bundesrepublik hatte das Fernsehen nicht nur wichtige Jahre später angefangen als in England; dank geringerer Programmquantitäten dauerte hier die Phase auch länger, in der sich das Fernsehen bei seinen dramatischen Produktionen auf dem ausruhen konnte, was die Weltliteratur des Theaters so hergab. Das Fernsehspiel geriet daher erst zu einem Zeitpunkt in den Zwang der Selbstfindung, als der Spielfilm bereits kränkelte. Wer jetzt über Zielsetzungen des Fernsehspiels nachdachte, mußte den Spielfilm nicht als etwas begreifen, von dem es sich abzusetzen galt. Im Gegenteil: hier war ein großes intellektuelles Potential, das seine ökonomische Basis verloren hatte. Das Fernsehen brauchte nur zuzugreifen.
Dennoch verlief die Annäherung beider Medien nur zögernd, mit Hemmungen auf beiden Seiten. Das Verhältnis ist bis heute kompliziert geblieben, eine von einseitig frustrierten Liebesimpulsen gezeichnete Vernunftehe. Was ursprünglich auf Gegnerschaft, zumindest aber auf Konkurrenz ausgerichtet zu sein schien, hat sich jetzt auf eine symbiotische Gemeinsamkeit hinentwickelt, mit allen neurotischen Implikationen, die solche Abhängigkeitsverhältnisse zu haben pflegen.
Es liegt nahe, daß Regisseure, Schauspieler, Kameramänner, Produzenten, die vor allem Kino im Kopf hatten, sich zunächst schwer damit taten, den Bildschirm als Adressaten ihrer Kunstbemühungen zu akzeptieren. So war es also weniger das neue Medium als das alte Geld, das die Filmemacher veranlaßte, den Liebeswerbungen der Fernsehredakteure nachzugeben. Denn das Fernsehen ermöglichte immerhin die Her-

stellung des projektierten Films, wenn es auch seine Verbreitung pervertierte. Aber wäre ein Film erstmal in der Welt, dann würde er, so hofften die Filmemacher, auch irgendwann den Ort erreichen, für den er eigentlich bestimmt war, nämlich das Kino.
In dieser Hinsicht freilich gab es dann viele Enttäuschungen. Immer mehr Spielfilme wurden vom Fernsehen oder mit seiner Hilfe produziert, die im Kino nie ankamen. Eine kaputte Verleihsituation, verunsicherte Kinobesitzer, die Schwierigkeiten hatten, sich auf die veränderten Marktbedingungen einzustellen, und nicht zuletzt Filmemacher und Produzenten, denen die Deckung durch das Fernsehen die Sensibilität für die Erfordernisse des Marktes genommen zu haben schien, waren schuld daran.
Das Fernsehen geriet dadurch in eine immer paradoxere Lage. Es produzierte und finanzierte Filme, die dann ausschließlich von ihm verbreitet wurden; es mußte sich aber damit abfinden, daß seine Urheberschaft von allen Beteiligten sorgfältig verschwiegen wurde. Dafür gab es eine ganze Reihe von Gründen, über die hier nicht erneut lamentiert werden soll, deren wichtigster bis heute der Umstand ist, daß ein Regisseur, der einen Film mit Mitteln des Fernsehens de facto für das

Ein amphibischer Film? Christian Ziewers DER AUFRECHTE GANG

Fernsehen produziert, gleichwohl ein Filmregisseur bleiben muß, wenn er nicht Verluste seines Ansehens in Kauf nehmen soll. Wir Fernsehredakteure haben inzwischen akzeptiert, daß dies so ist, und beobachten gelegentlich amüsiert, welche Anstrengungen unternommen werden, um den Makel der unstandesgemäßen Herkunft zu tilgen.

Dies führt nicht zuletzt auch zu beträchtlichen terminologischen Schwierigkeiten. Es gibt Fernsehfilme, Spielfilme, Kinofilme und einfach nur Filme. Es gibt Spielfilme, die Fernsehpreise bekommen, und Fernsehfilme, die mit Filmpreisen dekoriert werden. Auf nationalen und internationalen Festivals beider Medien laufen zum Teil die gleichen Filme, mal mit der Fernsehseite nach oben, mal mit der Filmseite. Ein äußerst kompliziertes, vielgestaltiges Subventionssystem zwingt diejenigen, die auf die Mithilfe des Fernsehens nicht verzichten wollten oder konnten, zu phantasiereichen Tarnmanövern, die von allen, denen diese Tarnung gilt, gleichwohl augenzwinkernd durchschaut werden. Daran hat sich durch das neue Filmförderungsgesetz und das mit ihm verknüpfte Film-Fernseh-Abkommen nur wenig geändert. Ein großer und wichtiger Bereich der Kooperation von Film und Fernsehen ist zwar jetzt verbindlich geregelt; daneben wuchern aber weiterhin die illegitimen Verhältnisse, Filme mit Vorausstrahlung im Fernsehen und Nachauswertung im Kino, Filme mit sehr unterschiedlich dauernder Vorauswertung im Kino und anschließender Sendung im Fernsehen. Allein der Westdeutsche Rundfunk hat in den letzten zehn Jahren für Filme, die sowohl im Fernsehen als auch im Kino gelaufen sind, 35 Millionen DM aufgewendet. Das ist in etwa die gleiche Summe, die das auf fünf Jahre ausgelegte Film-Fernseh-Abkommen für das gesamte deutsche Fernsehen vorsieht. Der WDR ist aber nur ein Viertel der ARD und ein Achtel des deutschen Fernsehens.

Von der Porno-Subkultur einmal abgesehen, gibt es heute kaum noch einen Spielfilm in der Bundesrepublik, an dem das Fernsehen nicht zumindest finanziell beteiligt ist. Von den acht Filmen, die unlängst mit deutschen Filmpreisen ausgestattet wurden, waren sieben Koproduktionen mit dem Fernsehen. Einige von ihnen waren sogar ausschließlich vom Fernsehen finanziert worden, die sogenannte Filmseite hatte sich hier allenfalls mit Rückstellungen beteiligt. Besonders bemerkenswert scheint mir allerdings die Tatsache zu sein, daß das Fernsehen bei einer Reihe dieser Produktionen nicht nur ökonomisch engagiert war; auch die Ideen waren in Fernsehredaktionen geboren, die Bücher dort entwickelt worden.

Es ist kein Geheimnis, daß gerade letzteres in Teilen der Filmwirtschaft mit äußerstem Unbehagen gesehen wird. Wenn das Fernsehen nicht nur durch seine ökonomische Macht regulierend auf die Entwicklung des deutschen Films einwirkt, sondern darüber hinaus über seine Redakteure einen direkten intellektuellen Einfluß ausübt, dann könnten, so vermuten die Kritiker, die Kräfte des Marktes völlig eliminiert werden. Am Ende dieser Strecke stünde dann das totale Subventionskino, in dem nicht nur die Produktion, sondern auch die Verteilung von der Allgemeinheit getragen werden müßte.

Ich gestehe, daß auch für mich diese Vorstellung etwas Beängstigendes hat. Wenn die Kooperation mit dem Film aus dem Fernsehen nicht Kino, sondern aus dem Kino mehr und mehr Fernsehen macht, ist sie dann nicht eher schädlich als nützlich? Haben dann diejenigen nicht recht, die vom Fernsehen eine Abgabe verlangen als Ausgleich für die dem Film zugefügte Marktverdrängung, die im übrigen aber der Meinung sind, das Fernsehen solle sich heraushalten?

Zweifellos hat die Förderung, die der Film durch das Fernsehen erfahren hat, mehr dem gegolten, was am Film Kultur als was an ihm Kommerz ist. Die Regisseure, die im Fernsehen Film gemacht haben und weiterhin machen, sind die gleichen, denen die Filmwirtschaft jahrelang intellektuellen Hochmut und Unkenntnis der tatsächlichen Marktverhältnisse vorgeworfen hat. Doch dieser Streit hat in letzter Zeit seine Schärfe verloren. In der Filmwirtschaft ist das Empfinden dafür gewachsen, daß gerade auch der ambitionierte Film, wenn man sich in der richtigen Weise um ihn kümmert, geschäftliche Chancen bietet; umgekehrt haben die Regisseure gelernt, sich besser auf die Bedürfnisse ihres Publikums einzustellen. Wird sich unter diesen Umständen auch die Rolle des Fernsehens in diesem Kräftespiel verändern?

Dies wird nicht zuletzt davon abhängen, wie sich die Filmförderung insgesamt in der Bundesrepublik entwickelt. Es gibt Anzeichen dafür, daß die Trennung von Kultur und Kommerz wieder stärker akzentuiert werden könnte, was für den Platz, den das Fernsehen dabei einnähme, nicht ohne Folgen sein würde. Dennoch ist kaum wahrscheinlich, daß sich diese beiden Medien wieder auseinanderdividieren und erneut zu Konkurrenten werden könnten, wie dies in anderen Ländern, beispielsweise in Großbritannien, zum Nachteil des Kinos wie des Fernsehens, immer noch der Fall ist. Der Film wird das Fernsehen weiterhin brauchen, weil allein mit seiner ökonomischen Hilfe und dem Einfluß seiner Redakteure sichergestellt werden kann, daß Film nicht nur ein Industrieprodukt, sondern auch ein Teil unserer Kultur ist.

Freilich ist die mäzenatische Haltung, die das Fernsehen gegenüber dem

Film einnimmt, keineswegs selbstlos. Der Film braucht zwar das Fernsehen zu seiner ökonomischen Existenz, umgekehrt ist aber die Abhängigkeit des Fernsehens vom Film weitaus stärker und nachhaltiger. Ein Fernsehprogramm, das auf die Ausstrahlung von Spielfilmen verzichten würde, erlitte einen eminenten Attraktivitätsverlust. Da Spielfilme in der Bewertung, die das Fernsehen durch die Zuschauer erfährt, einen wichtigen Platz einnehmen, muß das Fernsehen ein vitales Interesse daran haben, daß auch weiterhin Spielfilme hergestellt werden. Spielfilme sind auch nicht durch Fernsehspiele, was immer das sein mag, beliebig ersetzbar. Denn nicht nur tendiert die Produktion von Spielfilmen ohne Fernsehbeteiligung gegen null, es gibt auch immer weniger Fernsehspiele, die nur für dieses Medium hergestellt werden. Die genuinen Formen schwinden, die amphibischen haben Konjunktur. Wir, die Fernsehredakteure, haben ein Interesse daran, daß dies so bleibt.

Das Fernsehen braucht die Spielfilme; es braucht die Filmregisseure, die mit ihrer Phantasie für Bilder, ihrer Leidenschaft für Geschichten, das Programm reicher und menschlicher machen; es braucht die Filmproduzenten, ihre Kreativität und Flexibilität, die ein Gegengewicht sind zu der Schwerfälligkeit der großen Apparate. Das Fernsehen braucht nicht zuletzt das Kino, weil Filme, die nur noch im Fernsehen laufen würden, keine Filme mehr wären; nicht nur und nicht einmal so sehr der großen Leinwände wegen, die ja ohnehin immer kleiner werden, sondern weil Film zunächst und vor allem ein Gemeinschaftserlebnis ist.

Darum genügt es auch nicht, wenn das Fernsehen die Produktion von Filmen subventioniert, die dann im Fernsehen laufen. Die Fernsehredakteure wissen, daß sie nur dann auch in Zukunft Spielfilme haben werden, wenn es ihnen gelingt, diese von ihnen mitfinanzierten, mitinitiierten Filme ins Kino zu bringen. Fernsehen wird durch Kino erst schön.

Das Fernsehen muß darum, auch im eigenen Interesse, die Mahnungen derer ernst nehmen, die es vor allzu extensiver Spielfilmausstrahlung warnen. Denn was dem Kino schadet, schadet letztlich auch dem Fernsehen. Andererseits lassen sich die Uhren nicht zurückdrehen: ein Fernsehen ohne Spielfilm wäre eine Illusion. Kino und Fernsehen werden miteinander leben können, weil sie miteinander leben müssen. Wir, die wir im Fernsehen arbeiten und das Kino lieben, werden versuchen, unseren Beitrag dazu zu leisten. Es lebe der amphibische Film!

Florian Hopf
Notizen zur Diskussion eines neuen Filmförderungsgesetzes

Die Bundesrepublik hat das beste, harmonischste Förderungssystem für Filme, das ich kenne. Kuratorium Junger Deutscher Film, Bundesinnenministerium und Filmförderungsanstalt fördern Erstlingsfilme und Qualitätsfilme und Filme von einiger wirtschaftlicher Erfolgsaussicht. Sie fördern Filme im Zustand der Planung, den Vertrieb von Filmen, ja selbst deren Exportfähigkeit. Sie fördern Maßnahmen zur Verbesserung der Kinoeinrichtung, des Kinobesuchs und schöne Kinoprogramme.

Diese differenzierte Art der Förderung ist richtig und unabdingbar. Aber sie hat nicht verhindern können, daß es der deutschen Filmwirtschaft schlecht geht. Ihr Anteil am eigenen Markt ist unter die 10 Prozent-Marke gesunken. Die Einspielergebnisse ihrer Filme liegen in der Bundesrepublik im Schnitt zwischen 200 000 und 500 000 DM Verleihbrutto – viel zu wenig, als daß damit die Filmherstellungskosten gedeckt werden könnten.

Wenn man über diesen scheinbaren Widerspruch nachdenkt, muß man ein paar Fakten rekapitulieren:

1. Auch die Kinofilm-Branchen von Frankreich, Italien und Großbritannien erwirtschaften im Schnitt ein Defizit.
2. Auch diese Filmwirtschaften überleben ausschließlich dank einer Filmförderung. Da diese jeweils etwa doppelt so hoch ist als in der BRD, ist die Produktion entsprechend größer und streut thematisch breiter.
3. Anders als in der BRD wird ein Gutteil französischer, italienischer und britischer Filme von amerikanischen Majorcompanies mitproduziert und hat damit größere Exportchancen.
4. Während die Filmbranche der USA ihren eigenen Markt von Importprodukten so gut wie sauber hält, strukturiert die nordamerikanische Produktionspolitik die europäischen Abspielmärkte für ihre eigenen Filme vor. Dies zulasten einheimischer Produkte.
5. Während die Filme der Majorcompanies auf den jeweiligen Märkten nur einen geringen Teil ihres Gesamteinspiels erreichen müssen, sind die italienischen, deutschen, französischen Produkte fast ausschließlich auf diese Märkte angewiesen.

6. Amerikanische Verleihfilialen sind gegenüber ihren Konkurrenten in den jeweiligen europäischen Ländern im Vorteil: sie müssen für ihre aus den USA stammenden Filme keine Lizenzgebühren abführen und sind lediglich gehalten, jährlich ein bestimmtes Umsatzsoll zu erreichen. Nationale europäische Verleihfirmen zahlen hingegen für ausländische Ware eine Kaufsumme.

Daraus resultiert, daß die Bedingungen für deutsche Filme selbst auf ihrem Inlandsmarkt nur dann optimal sind, wenn sie in Produktionsweise und Inhalt dem entsprechen, was jeweils der Produktions- und Vertriebsnorm entspricht, die von den marktbeherrschenden Majorcompanies vorgegeben worden ist oder ihr zumindest nahekommen: STEINER – DAS EISERNE KREUZ des deutschen Produzenten Wolf Hartwig entspricht in der Behandlung des Themas ebenso wie in Besetzung und Regisseurswahl genau diesen normativen Festlegungen. Die deutsch-britisch-amerikanische Coproduktion kam in den USA im Juni 1977 auf den 17. Rang der einspielstärksten Filme. Typischerweise entsprach dem ein Einspiel in der BRD von mehr als 6,2 Millionen DM. Auch Bergmanns SCHLANGENEI wird diesen Anforderungen wohl gerecht werden.

Zwischen der kommerziellen US-Filmbranche und der in der Bundesrepublik gibt es mehr als Verständigungsschwierigkeiten: die aggressive Marktpolitik der Amerikaner kommuniziert nicht mit den deutschen Produzenten oder Verleihern. Abgeglichen wird da nichts, und so bleibt dem deutschen Kommerzfilm kaum eine andere Möglichkeit als sich anzupassen oder sich mit dem »kleinen, europäischen Geschäft« zufriedenzugeben.

Diese wirtschaftlichen Zwänge sind nicht aufhebbar. Auch ein Filmförderungsgesetz kann sie nicht steuern. Es muß sich darum bemühen, den deutschen Film in jenen Teilmärkten zu mehr Wirtschaftlichkeit zu verhelfen, die ihm verbleiben oder auf denen er konkurrieren kann. Diese Märkte sind nicht klein: einmal besteht ein massives Interesse des deutschen Publikums ganz allgemein an Filmen mit deutschen Themen. Zum anderen existieren in sämtlichen Ländern, die Kino kennen, neben jenem Markt der sogenannten »großen Filme« Parallelmärkte von nicht geringem Wert. Konzipiert man daher ein Filmförderungsgesetz als eine Maßnahme, die den deutschen Film insgesamt gegenüber US-Produkten konkurrenzfähig machen soll, versagt das Gesetz. Entschließt man sich, die vielfältig verbleibenden anderen Möglichkeiten des Filmgeschäfts zu forcieren, tut man das Richtige.

In der Diskussion um Filmförderung in der BRD freilich wird der Be-

Sam Peckinpah: STEINER – DAS EISERNE KREUZ, ein 15-Millionen-Film

griff der »Wirtschaftlichkeit« immer noch so gefaßt, als gelte es (und als sei es möglich), die internationale Vorherrschaft des US-Films zu brechen. Auf den deutschen Markt bezogen heißt das: Rückgewinnung eines überlegenen Anteils durch deutsche Filme.

Die internationale Vorherrschaft des US-Films wenigstens in Europa zu brechen, ist dem deutschen Film schon einmal gelungen: während des 2. Weltkriegs. Auf dem deutschen Markt beherrschend zu sein, das schaffte er zuletzt in den frühen 70er Jahren, als er mit billig und schnell gemachten Filmen das Tabu-Thema Sexualität ausbeutete, bis die Liberalisierung in allen benachbarten Ländern dieser Form von fader Spekulation ein Ende machte. Den Anforderungen des Pornofilms war die Branche schon nicht mehr gewachsen.

Andere Filmländer haben ähnliche Entwicklungen erlebt. Mit einem Unterschied: sie haben es stets verstanden, ihre Produktionsformen auf den jeweils geforderten Standard zu bringen, sie zumindest anzugleichen. Ihre so entstandene Produktionskapazität ist »gewachsen«. Die Produktionskapazität der Filmbranche der Bundesrepublik zu den Zeiten der »Sex-« und »Lümmel-Filme« wies ein bemerkenswertes Defizit an Fähigkeiten zur Entwicklung und Realisierung neuer Themen, neuer

Genres auf. Die Produktion von damals verstand es, das Tempo zu beschleunigen, war jedoch unfähig, dieser Geschwindigkeit auch nur die geringste sinnvolle Richtung zu geben. Es kann nicht der Zweck eines Filmförderungsgesetzes sein, reines Tempo zu erzeugen.

Beschleunigtes Angebot an Filmen aber fordert die herrschende Praxis der rund 300 führenden deutschen Kinos: sobald ein Film die in ihn gesetzten Erwartungen nicht mehr erfüllt, wird er oft auch dann abgesetzt, wenn längere Verträge mit dem Verleih bestehen: Tempo. Deswegen ist dem HDF, der Organisation deutscher Filmtheater, auch daran gelegen, ein Filmförderungsgesetz zu bekommen, das in erster Linie die Quantität deutscher Filme steigert. Der HDF-Begriff von Wirtschaftlichkeit bedeutet Masse und unkomplizierte Verwertbarkeit. Diese programmatische Richtung des gesamten Verbands deutscher Kinobesitzer hindert den Großteil jener Filmtheaterbesitzer, deren Kinos nicht zur Spitze gehören, daran, eine eigene Programmpolitik zu machen. Sie sind genötigt, das Maximalkonzept, das für wenige paßt, massenhaft nachzuäffen. Sehr oft ist das erfolglos.

Andererseits gibt es durchaus Kinos, die begriffen haben, daß sie nur existieren können, wenn sie sich ihr Programm sorgfältig selbst zusammenstellen; wenn sie auch Spielzeiten einhalten. Sie haben nach Zahlen, die der FFA vorliegen, in den vergangenen Jahren nicht verloren, sondern ihren Umsatz sogar steigern können.

Daraus ist mühelos ableitbar, daß der Begriff der »Wirtschaftlichkeit«, wie er im geltenden Filmförderungsgesetz vorkommt und wie er bisher von der Filmförderungsanstalt gehandhabt wurde, falsch ist. Er ist zu generell und zielt deswegen gerade oft an solchen Maßnahmen vorbei, die einzelne Bereiche der Filmwirtschaft betreffen. Wirtschaft findet überall statt. Auch dort in der deutschen Filmbranche, wo diese defizitär ist. Auf diese Einsicht muß sich ein neues deutsches Filmförderungsgesetz einlassen.

Die gegenwärtigen Mittel der Filmförderungsanstalt sind eindeutig zu gering. Sie taugen gegenwärtig gerade dazu, den Finanzierungsmangel, unter dem die deutsche Filmwirtschaft ganz allgemein leidet, einigermaßen auszugleichen. Sie wandern zu mehr als 80 Prozent in Vorhaben, die auch ohne sie realisiert werden würden, wenn auch mit größeren Schwierigkeiten. Es bleiben kaum Mittel verfügbar, die so frei disponiert werden könnten, daß sie neue Entwicklungen initiieren könnten. Die Kenntnis der finanziellen Mangellage schränkt beispielsweise den Mut der FFA-Projektkommission dermaßen ein, daß sie in der Regel auf solche Projekte setzt, die als einigermaßen marktsicher bezeichnet werden könnten. Auf diese Weise wird im deutschen Film jener Zustand konserviert, über den zu klagen Anlaß besteht. Nur erheblicher Mehraufwand an Fördergeld könnte diesen Zustand ändern. Und eine Umbesetzung des Ausschusses selbst, der dann dazu gebracht werden muß, offener als bisher zu bezuschussen, d. h. Projekte auch unter dem Gesichtspunkt sehen muß, daß Filmförderung auch die Aufgabe hat, riskante Prototypen zu unterstützen, mit denen es bisher keine wirtschaftlichen Erfahrungen gibt, weil gerade in ihnen Entwicklungsmöglichkeiten liegen. Er muß weit mehr Nachwuchsförderung betreiben (und dabei die Tätigkeit des Kuratoriums Junger Deutscher Film ergänzen): nur dann ist es möglich, das erhebliche Potential junger Filmschaffender, die bisher so gut wie chancenlos sind, in die Filmwirtschaft zu integrieren. Der Vorzug der amerikanischen, italienischen und französischen Filmwirtschaft gegenüber ihren Konkurrenten ist die rasche Reaktion auf das Erscheinen neuer Kräfte – die Regisseure Scorsese und De Palma seien hier als Beispiele genannt. Die Nachwuchsförderungen in solchen Bereichen, die mit der Filmregie nichts zu tun haben, leiden darunter, daß die FFA bisher keine Möglichkeit gefunden hat, sich ein klares Bild über die verschiedenen Ausbildungsgänge zu verschaffen. Berufsbilder zu ermitteln und aus ihnen sinnvolle Förderungsmaßnahmen zu entwickeln, ist eine vordringliche Aufgabe der künftigen FFA.

Dies alles bedeutet, daß ein neues FFG künftig neben der wohl unerläßlichen Stützung dessen, was an Vorhaben unter Finanzierungsschwierigkeiten leidet, die Einrichtung einer workshop-Förderung vorsieht: u. a. Stipendien für die Entwicklung von Stoffen und Drehbüchern im Bereich der Filmproduktion; breite Propagierung der Förderungsmöglichkeiten für diese FFA-Maßnahmen und Schaffung einer Drehbuchbörse; Einrichtung einer speziellen Förderungsart für daraus entstehende Filme, auch wenn diese nur auf einem wirtschaftlichen Teilsektor (spezielle Eignung zum Abspiel in Gilde- oder verwandten Kinos etc.) Aussichten bieten. Sinnvolle Aufteilung von Projektförderungsgeldern auf Filme verschiedener Budget-Klassen.

Wenn von Erhöhung der Mittel gesprochen wird, kommt automatisch die Form der Abgabe ins Gerede, wie sie bisher durchgeführt wurde: pro Eintrittskarte mußten da an der Kinokasse 15 Pfennige abgezweigt werden. Kinobesitzer und Verleiher pflegen zu sagen, sie seien es, die diesen Betrag aufbringen, indem sie auf seine Einnahme verzichten. Freilich sind diese 15 Pfennige in jeden Kartenpreis längst einkalkuliert, der Zuschauer bezahlt. Ganz gleich, ob die Karte nun drei Mark kostet oder neun. Und genau darin liegt eine Ungerechtigkeit: wieso wird von einer billigen Karte eine ebenso hohe Umlage erhoben wie von einer teuren. Es ist zu prüfen, ob eine prozentuale Abgabe nicht richtiger wäre. Zumal sie außerdem die Aussicht böte, die Mittel der Filmförderungsanstalt zu erhöhen. Sie könnten ja dann in einem angemessenem Umfang einer Kinoförderung zugeführt werden, deren Einrichtung bei der Filmförderungsanstalt ohnehin unbedingt erforderlich ist und die bisher nur deswegen nicht zustandegekommen ist, weil jene Verbände, die in dieser Hinsicht eigentlich aktiv werden müßten (ausgenommen die AG Kino), weder ein detailliertes noch ein generelles Konzept vorgelegt haben und sich in der Regel auf den Hinweis zurückziehen, zur Förderung der Kinotheater genüge es, die Herstellung »publikumswirksamer« Filme zu subventionieren. Andererseits wäre eine verstärkte und gezielte Subventionierung von Kinoumbauten, Neugründungen und die Erprobung von Programmumstellungen gerade in solchen Bereichen notwendig, die Anzeichen von Kinomüdigkeit zeigen.

Ein großer Teil der krisenhaften Zustände, die der Film derzeit in der Bundesrepublik durchzumachen gezwungen ist, liegt an einem völlig chaotischen Verhältnis zwischen Filmverleih und Filmtheater, das in erster Linie auf Macht gegründet zu sein scheint. Verleiher, die erfolgversprechende Filme haben, setzten die Leihmieten für die Theater hinauf; Theater, die von gelieferten Filmen enttäuscht sind, halten die vertraglich vereinbarten Spielzeiten nicht ein. Andererseits sehen sich Verleiher nicht in der Lage, jene Aufwendungen zu leisten, die nötig sind, um auch die Kinoprovinz rechtzeitig mit den Filmen zu versorgen. Während die Frage der Leihmieten im Gesetz für FFA-geförderte Filme geregelt werden kann und muß, sollte nun auch geprüft werden, ob die FFA bei den Kinotheatern nicht auch die Einhaltung vertraglich vereinbarter Laufzeiten sichern kann. Daneben muß die im bisherigen Gesetz bereits vorhandene Abspielförderung handhabbar gemacht und verstärkt werden.

Einige Medienpolitiker haben bereits Anfang 1977 eine Patentlösung zur Behebung der Finanznot der Filmförderungsanstalt gefunden: sie schlugen vor, dem Fernsehen, zu dessen Attraktionen die Ausstrahlung von Kinofilmen gehört, pro Zuschauer und Monat eine Abgabe von 15 Pfennigen zu erheben und diese in die FFA-Fonds zu überführen. Die Idee ist nicht durchsetzbar. Zu erreichen aber wäre wohl eine massive zusätzliche Investition des Fernsehens in das sogenannte Kino-TV-Abkommen. Dieser frei geschlossene Vertrag wird bis Ende 1978 nicht

Schlöndorffs Böll-Verfilmung Die verlohrene Ehre der Katharina Blum: Auseinandersetzung mit unserer Wirklichkeit – und ein Kinoerfolg

nur 34 Millionen Mark an TV-Geldern für Kinofilme gebracht haben, die erst einmal für die Filmtheater und viel später dann zur TV-Ausstrahlung zur Verfügung stehen. Dazu addieren sich je fünf Millionen Mark für den Vorabkauf der Fernsehrechte unabhängig produzierter Kinofilme, sowie weitere fünf Millionen, die von der Projektkommission der FFA verwaltet werden. Dieses Abkommen kann nicht nur verlängert, es sollte auch ausgeweitet werden. Wünschenswert wäre nicht nur eine Erhöhung der Mittel – nachdem sich herausgestellt hat, daß sowohl Kino als auch Fernsehen von der gemeinsamen Finanzierung von Projekten profitiert haben. Statt einer Zuschauerabgabe also Durchsetzung höherer Fernsehinvestitionen und dabei vor allem solche, die den Erwerb von Fernsehrechten finanzieren; denn Projekte, die auf diese Weise angenommen werden, entstehen ohne Einspruch von Fernsehdramaturgen ganz eindeutig als Kinofilme. Und genau diese werden benötigt. Der Rechtevorabkauf ist die freieste und großzügigste Kooperationsform zwischen Fernsehen und Kino und kommt zudem nach den bisherigen Erfahrungen dem Spielfilm am kräftigsten zugute. Dies alles sind Anmerkungen zum bestehenden Filmförderungsgesetz,

die gar nicht erst darauf abzielen, es radikal zu verändern. Zu ihnen gibt es alternative Forderungen: Abschaffung der bisherigen Grundförderung durch die FFA, weil sich sowohl in Frankreich und in Italien ebenso wie bei uns erwiesen hat, daß diese Förderungsart keinerlei Initiative in Gang bringt; entsprechende Aufstockung der Projektförderung; massive Erschließung der sogenannten Provinztheater und deren vorrangige Belieferung mit Kinofilm im Sinne des Grundrechts der Bürger, wo sie sich auch befinden, freien Zugang zum Massenmedium Film zu haben; protektionistische Maßnahmen zugunsten des deutschen Films gegenüber ausländischer Konkurrenz; Förderung kommunaler Filmabspielstellen dort, wo keine Programmkinos betrieben werden, die auch nur den geringsten qualitativen Ansprüchen entsprechen; vorrangige Planung und Förderung von Zuschauerorganisationen; Einschränkung der Förderungsmaßnahmen für deutsch-ausländische Co-Produktionen usw., usw. Aber: selbst so minimale Vorschläge, wie die hier geäußerten, werden sich nur schwer realisieren lassen.
Der Grund dafür liegt im Verwaltungsrat der FFA selbst, an den Verbandsfunktionären, an dem falschen Begriff von Wirtschaftlichkeit, der auch weiterhin durch die Diskussion geschleppt werden wird, an dem weiterhin herrschenden Aberglauben, der deutsche Film zerfalle in einen »jungen« und einen »alten« Film, an dem allenthalben herrschenden Desinteresse an Nachwuchs und Entwicklung. Im Bereich Film klingt derzeit wie ein utopischer Ansatz zu gesetzgeberischen Maßnahmen, was Bundeskanzler Schmidt dem Regisseur Alexander Kluge kürzlich auf dessen Frage nach den möglichen Zielen einer Filmpolitik in der Bundesrepublik gesagt hat: es gelte da, eine Umweltverschmutzung der Gehirne zu verhindern. Denn aus einem verschmutzten Fluß müsse man nicht unbedingt trinken, in ihm müsse man nicht unbedingt baden; im eigenen Gehirn zu baden aber sei unvermeidlich.

Werner Herzog
Warum traut sich keiner mehr vorwärts?

Ein Traum und Gedanken an den deutschen Film

Vor zwei Jahren hatte ich einen Traum. An den mußte ich denken, als ich mir vorzustellen versuchte, was aus dem deutschen Film werden sollte. Warum diese beginnende Erstarrung, warum traut sich keiner mehr vorwärts? Eine einzige Bewegung nur und er fällt auseinander?

Paris, 14. 12. 1974 – Das war der Tag, an dem mein Großvater sich weigerte, aus dem Stuhl draußen vor der Türe, wieder aufzustehen. Ein Bauernhof, unspektakulär, zwischen zerrottenden Stangen ein Draht für die Wäsche, Wäscheklammern daran. Enten patschen an einer kleinen schlammigen Vertiefung, in der sich Wasser gesammelt hat. Der Blick unspektakulär, eine Scheune, zwei andere Höfe in einiger Entfernung, ein Haus, wie es für pensionierte Bahnbeamte gebaut wird (Oder: Blick auf eine Bahnlinie, wo einmal am Tag ein Zug fährt?), das Gelände eben, nach zwei, drei Kilometern steigen Berge an, der Blick ist also begrenzt (?). Oder Blick wie bei Domremy?
Der Großvater sitzt im ledernen Lehnstuhl in eine Decke gewickelt bis an den Leib. Er weigert sich ohne Erklärung, den Stuhl zu verlassen. Weil das Wetter schön ist, läßt man ihn gewähren, später baut man eine Art provisorischen Kiosk um ihn, dessen Wände sehr einfach und rasch abnehmbar sind, darüber ein Dach, mit Dachpappe benagelt. Hinter dem Großvater das erste Gebäude nach dem Hof ist das Gasthaus. Auf der Speisekarte steht alles mögliche, aber die Kellnerin sagt, das gibt es heute nicht mehr, der Metzger liefere so schlecht. Es bleibt nur Fisch, verschiedene Arten, und das ist jeden Tag so, seit es das Lokal gibt. Die Tische sind nämlich voneinander durch Aquarien getrennt, in denen Karpfen, Forellen und auch sehr exotische Fische gefangen sind, etwa ein Zitteraal, der sehr dick und fleischig ist, und elektrische Stromschläge austeilt. Aber diese Fische werden nie herausgeholt, wo das Essen herkommt, bleibt unklar. »Wenn mich hungert, dann hungert mich sehr« steht als Beschriftung auf jedem Aquarium, und wenn man Brösel von oben ins Wasser wirft, raufen sich die Fische darum.
Der Großvater läßt einmal durchblicken, er habe das Gefühl, alle seine Rückenwirbel seien zerbrochen, nur weil er in der Lehne des Stuhles

sitze, halte alles zusammen. Wenn er aufstünde, falle er auseinander. Am Schlüsselbein könne man das merken, und, indem er mit der einen Schulter eine Art kreisender Bewegung vollführt, die mit der anderen zu machen er nicht in der Lage zu sein vorgibt, sieht er den Beweis, daß das Schlüsselbein keinen festen Widerpart mehr an der Wirbelsäule habe, zumindest links.

Elf Jahre saß der Großvater im Lehnstuhl, dann stand er auf, ging ins Wirtshaus, bestellte sich Essen, aß Fisch, und als er bezahlen wollte, war das Geld, das er bei sich in der Tasche hatte, ungültig geworden, die Scheine waren vor Jahren in neue getauscht.

Der Großvater besucht seine alte Schwester, er legt sich dort in ein Bett und weigert sich, es wieder zu verlassen; die Großmutter versteht es nicht, aber die Schwester versteht es. Jeden Tag kommt die Großmutter und redet auf den Großvater ein, er möge aufstehen, aber der will nicht hören. Nach einem Dreivierteljahr kommt die Großmutter nur noch alle Wochen einmal, so bleibt es 42 Jahre. Bei der Goldenen Hochzeit kommt sie in einer Woche zweimal, an zwei aufeinanderfolgenden Tagen, der Hochzeitstag fällt auf den Tag vor dem regulären Besuch. Der Weg ist ziemlich weit, die Großmutter nimmt die Trambahn. Nach vielen Jahren wird die Trambahn aufgelöst, die Schienen aus den Straßen gerissen und eine Buslinie eröffnet. Jeden Tag, den die Großmutter kommt, hat sie die Stiefel des Großvaters dabei und versucht ihn zu bereden, sie anzuziehen und aufzustehen. Nach 42 Jahren gibt es ein kleines Unglück – von drängelnden Passagieren wird die Großmutter aus dem Bus geschubst, verliert die Plastiktüte mit den Stiefeln, und ehe sie sie wieder aufheben kann, ist der anfahrende Bus darüber weggefahren. Bevor die Großmutter den Großvater besucht, kauft sie ein neues Paar Stiefel. Als der Großvater die Stiefel sieht, wird er neugierig, ob sie ihn drücken. Er zieht sich die Stiefel an, steht auf und kommt mit der Großmutter mit. Nach zweieinhalb Jahren stirbt der Großvater nach einem Kegelabend, an dem er alles gewonnen hat, an der Freude darüber, die für sein angegriffenes Herz einfach zu groß war.

Umseitig: Werner Herzog bei den Dreharbeiten zu Herz aus Glas
Das Traum-Motiv klingt auch in diesem Film an

Klaus Eder
Die Zukunft ist schon vorbei

Zur Situation des Autorenfilms

Rainer Werner Fassbinder in einem Gespräch mit dem *Spiegel:* »Ich bin ziemlich sicher, daß man immer weniger die Filme machen kann, die man machen möchte.«

Oder man glaubt, daß die Filme, die man gemacht hat, auch die Filme sind, die man machen wollte.

Die filmische Avantgarde des Jahres 1966 war ABSCHIED VON GESTERN; den besten deutschen Film seit dreiunddreißig Jahren hatte ihn Enno Patalas 1968 in der *Filmkritik* genannt. Vorangegangen war 1962 das *Oberhausener Manifest*: »Wir erklären unseren Anspruch, den neuen deutschen Spielfilm zu schaffen.« Fünfzehn Jahre nach Oberhausen, elf Jahre nach den ersten Filmen (Schlöndorff, Kluge, Reitz) sind die Möglichkeiten der Produktion zwar keineswegs paradiesisch, aber doch so günstig wie noch nie: durch eine vielfältige Förderung, durch die Aufgeschlossenheit einiger Fernsehanstalten, durch den Trick mit den Abschreibe-Gesellschaften. Doch eine Avantgarde gibt es kaum noch: Fassbinder und Herzog und Wenders vielleicht, und Alexander Kluge noch immer. 1977 beherrscht ein passables Mittelmaß die Szene: Filme wie GRETE MINDE, Filme, die das Kino nicht weiterbringen, die sich beim Publikum andienen. Heid Genée hat sich bei Fontane eine Handlung ausgeliehen und hat sie mit einem Augenmerk für schöne Landschaften, Dekors, Kostüme bebildert, aber das kann nicht übersehen lassen, daß es da keine Konzeption gibt, nichts, das die unglückliche Bürgerstochter Grete Minde ihr fein gemaltes Biedermeier verlassen machte, sie lebendig werden ließe. Nicht auf diesen Film kommt es mir an, man könnte mit gleichem Recht auch auf GRUPPENBILD MIT DAME oder HEINRICH hinweisen; aber auf ein kulturpolitisches und filmisches Verständnis, das solche Filme für förderungswürdig hält, mit einem Bundesfilmpreis auszeichnet, als westdeutschen Beitrag für die Berlinale auswählt: das ist der pure Feuilletonismus. Filme wie GRETE MINDE, GRUPPENBILD MIT DAME, HEINRICH sind kein Zufall: es sind die Filme, die zur Zeit möglich sind. Bedeutet die öffentliche, die kulturelle Anerkennung, die diese Filme finden, andererseits nicht den Verzicht auf den Anspruch von 1962, den neuen deutschen Spielfilm zu schaffen? Läßt sich dieser

Anspruch eines *neuen Films* heute, unter veränderten Umständen, noch einlösen, wird er überhaupt noch gestellt? Der ideologische und der ästhetische Begriff, unter dem der junge deutsche Film Mitte der 60er Jahre angetreten war, hieß *Autorenfilm*. Gibt es diesen Autorenfilm heute, zehn Jahre später, noch, kann es ihn noch geben? An Autoren fehlt es nicht: 65 Projekte hat das ›Kuratorium Junger Deutscher Film‹ in den elf Jahren seiner Existenz gefördert. Wo aber sind die Filme?
Was ist ein Autorenfilm, wer ist der Autor eines Films? Bei einem Gedicht, einem Roman, einer Sonate, einer Sinfonie, einem Gemälde, einer Fotografie ist die geistige Urheberschaft eindeutig. Da gibt es den Autor. Das gilt auch für ein Theaterstück, selbst wenn neben den Dramatiker, den Verfasser des Stücks, der Regisseur als ein zweiter Autor tritt. Die Geschichte des Theaters kennt im übrigen Perioden, in denen der Autor, der Dramatiker keineswegs das wichtigste Element war: das elisabethanische Theater, das Theater des Barock konzentrierten die Aufmerksamkeit auf die Maschinerie, im deutschen Theater der 20er Jahre war der Regisseur die dominierende Figur. Für den Film ist die Frage der Autorenschaft von vornherein weit komplexer, weit kompli-

Alexander Kluge: Abschied von Gestern

zierter zu beantworten. Von einem einzelnen ›Autor‹ kann ein Film nicht mehr gemacht, hergestellt werden. Film ist ein industrielles Produkt – das ist es in jedem Fall, auch wenn dieses Produkt den Charakter von Kunst annehmen kann. Selbst dort, wo der Film Kunst ist, setzt er sich aus verschiedenen und verschiedenartigen künstlerischen Einzelleistungen zusammen: dem Szenarium, der Architektur der Szenen, der Komposition der Bilder, der Kamera, der Regie, den Schauspielern, der Montage. Im kommerziellen Film sind diese Bereiche spezialisiert: für jede Tätigkeit ein Fachmann. Im jungen deutschen Kino fielen einzelne Positionen (meistens Drehbuch und Regie) zusammen; aber macht dies aus einem noch immer industriellen Produkt schon einen Autorenfilm?

Die Deutschen übernahmen diesen Begriff des Autorenfilms aus Frankreich, von der *nouvelle vague*, dem Inbegriff eines *cinéma des auteurs.* Allerdings hatten die Franzosen von einer Autoren-Theorie schon lange vor 1959 gesprochen, dem Jahr der ersten Filme der *nouvelle vague.* In der Zeitschrift *Cahiers du Cinéma* entwickelten André Bazin, François Truffaut, Jean-Luc Godard diese Theorie nun ausgerechnet anhand des am meisten durch-industrialisierten Films: anhand von Hollywood. Eine soziologisch geschulte, sich an Kracauer, Benjamin, Adorno orientierende Kritik, wie sie die *Filmkritik* in den 50er Jahren betrieb und die *Frankfurter Rundschau* noch heute versucht, hat in Hollywood immer nur die Traumfabrik gesehen, die Fabrik der Mythen und der Illusionen; der einzelne Film wurde zum Träger von Ideologien, im einzelnen Film wurde die Ideologie Hollywood bewiesen. Hat man einen Western gesehen, so hat man alle gesehen. Die *Cahiers* entwickelten Hollywood gegenüber eine andere Haltung. Sie fragten nicht, was einem Western von John Ford und einem Western von Budd Boetticher gemeinsam ist; sie fragten, was einem Western von John Ford und einem sozialkritischen Film von John Ford gemeinsam ist, was THE GRAPES OF WRATH (Früchte des Zorns) mit STAGECOACH (Höllenfahrt nach Santa Fé, Ringo) verbindet. Die *Cahiers* spürten der Handschrift einzelner Regisseure nach, über die verschiedenen Genres hinweg. Sie fanden heraus, daß es einen Film von John Ford auszeichnet, ein Film von John Ford zu sein. Die Kritiker der *Cahiers* stellten in ihrem Blick auf Hollywood eine Dominanz der Regisseure, der Autoren fest; und sie kamen auf eine Reihe bevorzugter Regisseure.

François Truffaut 1975, im Rückblick auf seine Tätigkeit als Kritiker: »Als ich zwanzig war, habe ich André Bazin vorgeworfen, er würde Filme wie Mayonnaise betrachten, die gelingen, oder auch nicht. Ich meinte damals: ›Sehen Sie denn nicht, daß alle Filme von Hawks gut sind und alle von Huston schlecht?‹ – eine ziemlich brutale Formel, die ich etwas später, als ich selbst Kritiker geworden war, ein wenig zu verfeinern suchte: ›Ein weniger guter Film von Hawks ist allemal interessanter als der beste Film von Huston.‹ Das ist, wie Sie schon bemerkt haben werden, die Essenz der Politik der Autoren, die von den ›Cahiers du Cinéma‹ lanciert wurde, die heute in Frankreich vergessen ist, aber in amerikanischen Zeitungen unter den movie fans noch oft diskutiert wird.«

Die Autoren-Theorie der *Cahiers* war in erster Linie also weniger eine Theorie im Sinn eines abgeschlossenen Systems, es war eine Haltung Filmen gegenüber. Es war die Frage nach der persönlichen Handschrift von Regisseuren, die Frage nach dem *Stil* – und zum Kriterium wurde das Maß, in dem es einem Regisseur, einem Autor gelang, seine Handschrift, seinen Stil der Film-Industrie gegenüber durchzusetzen und aufrechtzuerhalten. Jean Vigo, Jean Renoir, Orson Welles wurden in der Sicht der *Cahiers* zu Autoren. Antonioni, Fellini, Rossellini wären es auch.

1959 kamen die ersten Filme der *nouvelle vague*, gemacht von den Kritikern der *Cahiers:* Godards A BOUT DE SOUFFLE (Außer Atem), Truffauts LES QUATRE CENTS COUPS (Sie küßten und sie schlugen ihn). Zwischen 1958 und 1960 entstanden auch die ersten Filme von Claude Chabrol (LE BEAU SERGE und LES COUSINS), von Alain Resnais (HIROSHIMA, MON AMOUR), von Jacques Rivette (PARIS NOUS APPARTIENT). Truffaut, 1962: »Die Nouvelle Vague? Pierre sagt etwas Gutes über Georges, der über Julien deliriert, der die Oberleitung macht bei Popaul, der Marcel coproduziert, über den Claude so begeistert geschrieben hat!« Eine Gruppe von Freunden also, von Cinéasten, die einander beim Filmemachen halfen. Der junge deutsche Film, sechs Jahre später, kannte dieses Gefühl nicht, entwickelte es nie. Die *nouvelle vague* entstand als eine Arbeit von Freunden, die das Kino liebten; der junge deutsche Film entstand in Opposition gegen das kommerzielle Kino der 50er und 60er Jahre – schon die Ausgangspunkte waren also verschieden. Verschieden waren auch die Produktions-Bedingungen: während die Autoren der *nouvelle vague* für ihre Filme Produzenten fanden, oder die Tätigkeit des Produzierens zumindest delegieren konnten, mußten die Autoren des jungen deutschen Films ihre eigenen Produzenten werden. Das machte sie von vornherein zu Konkurrenten: jede Förderung, die einer bekam, schmälerte dem anderen die Chancen einer Förderung. Das hat sich bis heute nicht verändert: die

Autoren des neuen deutschen Films Mitte der 70er Jahre sind in den meisten Fällen ihre eigenen Produzenten; in Hinsicht auf die Förderung sind sie Konkurrenten geblieben.
Zu Beginn von BAISERS VOLES (Geraubte Küsse) wird Antoine Doinel/ Jean-Pierre Léaud in Unehren aus der Armee entlassen. Ähnlich mag sich auch Truffauts Abgang aus jener Institution vollzogen haben. Antoine Doinel trägt autobiografische Züge – nicht in einem direkten, authentischen Sinn, aber in LES QUATRE CENTS COUPS beschwört Truffaut durchaus die eigene Kindheit. Die eigene Biografie, die eigenen Erfahrungen, das eigene Welt-Bild in die Filme einzubringen: das ist nun in der Tat ein Charakteristikum eines *cinéma des auteurs* in den 50er und 60er Jahren – nicht nur in der *nouvelle vague*, auch im britischen *free cinema*, auch im jungen deutschen Film. Zu Beginn von ABSCHIED VON GESTERN gibt es in einer Montage Bilder aus der Vergangenheit von Anita G.: Ansichten der Eltern, des elterlichen Hauses. Es sind authentische Bilder: sie zeigen die Kindheit und die Jugend Alexander und Alexandra Kluges. Der soziale Hintergrund der Autoren wurde zum sozialen Hintergrund der Figuren in ihren Filmen. Die Recherche bundesdeutscher Wirklichkeit in ABSCHIED VON GESTERN wurde zur Suche nach einem eigenen Standort. Kluge knüpfte später noch einmal an diesem Punkt an: die Erfahrung der Wirklichkeit in GELEGENHEITSARBEIT EINER SKLAVIN war authentisch. Alexandra Kluge spielte sich selbst: das machte die Qualität der beiden Filme aus.
Mit dem Hinweis auf eine Auto-Thematik, auf eine Art der Selbst-Darstellung ist der *neue Film* der 50er und 60er Jahre freilich noch keineswegs charakterisiert. Auch der späte Fellini erinnert sich an seine Kindheit, an seine Jugend: in AMARCORD, in ROMA. Das sind allerdings Fellinis höchst private Erinnerungen: sie gehören ihm alleine. Die Helden der *nouvelle vague* hatten dagegen etwas mit einer jungen französischen Generation zu tun.
1958 unternahm Françoise Giroud für den *Express* eine Umfrage unter Jugendlichen. Die Aussage eines 20jährigen aus Nizza: »Es gibt niemanden und nichts, dem ich mein Leben widmen könnte. Ich glaube nicht, daß man ein Ideal haben muß. Selbst mit einem Patriotismus kann ich nichts anfangen. Helden interessieren mich nicht. Vom Leben will ich den größtmöglichen Nutzen haben.« Als kritisch und illusionslos beschrieb Françoise Giroud diese junge Generation, als mißtrauisch Ideen und Idealen gegenüber: »Sie wissen längst, daß Algerien verloren ist, und sie wundern sich, daß die älteren Leute dies noch nicht verstanden haben.«

Truffauts Antoine Doinel gehört dieser Generation an: ein alltäglicher Held. Belmondo, in Godards A BOUT DE SOUFFLE, lieferte das Gegenstück: den Anti-Helden. In den Figuren aus den Filmen der *nouvelle vague* erkannte sich eine junge Generation Frankreichs wieder; ihr Porträt wurde gezeichnet. Sozial weit schärfer äußerte sich dieser Zusammenhang im britischen *free cinema.* Die Helden Lindsay Andersons kamen aus der Provinz oder aus den Vorstädten, sie machten den Krieg mit, verpaßten so ihre Jugend, blieben ohne Ausbildung, ohne die Chance eines sozialen Aufstiegs. Nach dem Krieg mußte sich diese ›Jimmy-Porter-Generation‹ von den Söhnen einer großstädtischen Bourgeoisie von allen gesellschaftlichen Plätzen verdrängen lassen. Dem jungen deutschen Kino fehlte diese Dimension nahezu ganz: die Filme wurden nie zu den Filmen einer ganzen Generation. Einen Ansatz, die ›vaterlose Generation‹ (Schelsky) zu porträtieren, unternahm lediglich Peter Schamoni in SCHONZEIT FÜR FÜCHSE.

Ich denke, nun also ein paar Charakteristika für den Autorenfilm der 50er und 60er Jahre zur Hand gegeben zu haben: die Frage, inwieweit ein Regisseur seinen Stil der Film-Industrie gegenüber durchsetzen kann; die Frage, in welchem Maß eine eigene Erfahrung von Wirklichkeit in die Filme einfließt; die Frage schließlich, inwieweit diese Erfahrung nicht nur eine individuelle ist.

Dem *cinéma des auteurs* hat der Mai 68 ein Ende gesetzt. Keine der filmischen Bewegungen der 50er und 60er Jahre erwies sich als fähig, die gesellschaftlichen Erschütterungen jener Wochen und Monate aufzufangen, zu reflektieren. Am konsequentesten reagierte Jean-Luc Godard: er verweigerte sich bis heute jeder konventionellen filmischen Erzählung.

Die Gegen-Bewegungen waren ausschließlich filmpolitischer Natur. Neue Organisations-Formen wurden gesucht. Es entstanden die Organisationen neuer, unabhängiger Filmemacher. Dem Festival von Cannes wurde die ›Quinzaine des Realisateurs‹ entgegengesetzt, dem von Berlin das ›Internationale Forum des Jungen Films‹. Der Aufbau einer *alternativen Distribution* begann. Aber in den Spielfilmen selbst fand der politische Aufbruch nicht statt. Truffaut machte 1967 LA MARIEE ETAIT EN NOIR (Die Braut trug schwarz), 1968 BAISERS VOLES (Geraubte Küsse), 1969 LA SIRENE DU MISSISIPPI (Das Geheimnis der falschen Braut), und nichts in der Abfolge dieser Filme weist auf den Bruch des Jahres 68 hin. Nicht anders Alexander Kluge: 1967 entstand DIE ARTI-

Alexander Kluge: DIE ARTISTEN IN DER ZIRKUSKUPPEL: RATLOS

STEN IN DER ZIRKUSKUPPEL: RATLOS, und 1970 DER GROSSE VERHAU. Das ist den Filmemachern nicht vorzuwerfen: am Mai 68 mußten alle Konzeptionen eines *cinéma des auteurs* scheitern. Was damals geschah, konnte die Sache einzelner Autoren nicht mehr sein; es war die Sache einer Gesellschaft.

Und heute, fast zehn Jahre später? Sind nicht die damals ausgelösten filmpolitischen Gegen-Bewegungen nahezu versandet, gescheitert? Ein paar Indizien: Anfang der 70er Jahre galten die Sympathien der Filmemacher der Quinzaine, dem Forum. Heute jedoch setzt jeder Regisseur seinen Ehrgeiz darein, seinen Film im Wettbewerb von Cannes, oder wenigstens von Berlin zu haben. Das verschafft Renommee, Publizität, verhilft ein bißchen zum finanziellen Erfolg in den Kinos. Kritiker, die die kleinen Festivals von Locarno oder Pesaro – Orte der Diskussion um einen neuen Film – favorisieren, die einen Film dorthin vermitteln wollen, ernten Mißachtung und bestenfalls ein müdes Lächeln: nach Pesaro komme kein italienischer Verleiher, und in die Schweiz sei der Film ohnehin schon verkauft, wozu also noch nach Locarno? Überhaupt ist das Verhältnis der Filmemacher zur Kritik auf ein Verhältnis der Nützlichkeit heruntergekommen. Kritiker dienen als Auskunfts-Büro in Fragen der Förderung, als Fürsprecher in Förderungs-Gremien und Auswahl-Ausschüssen, und was sie schreiben, hat der Werbung für den Film dienlich zu sein. Es mag ein Fehler der Kritik sein, daß sie sich in diese Ecke nützlicher Idioten drängen ließ. »Ich fände einen Künstler mutig, der die Kritik, ohne sie zu beleidigen, in dem Augenblick in Frage stellte, in dem sie ganz und gar auf seiner Seite wäre: die saubere Definition einer prinzipiellen Gegenposition würde eine Situation von schöner Klarheit schaffen; danach könnte er die Angriffe abwarten, ohne mit der Wimper zu zucken, oder sie von seiner Position aus erwidern.« (François Truffaut, der Kritiker und Filmemacher)

Etwas anderes noch hat sich verändert: Filmpolitik, Förderungspolitik ist zur Spielwiese von Institutionen, Verbänden, Parteien geworden. Das System der Förderung ist vielfältiger geworden, aber um es zu handhaben, bedarf es der Kenntnisse eines Fachmannes für Verwaltung. Wer seine Interessen nicht in einen Verband einbringen kann, bleibt in der Regel aus dem Spiel. Das betrifft in erster Linie den Nachwuchs. Wo Filmpolitik keine Kulturpolitik mehr ist, sondern bloß noch Interessenpolitik, bleibt ihm keine Chance.

Dieses Förderungs-System erzwingt eine Anpassung. Wer sein Projekt durch verschiedene Kommissionen bringen will, braucht einen gemeinsamen kleinsten Nenner, auf den sich alle einigen können. Litera-

Reinhard Hauff: Der Hauptdarsteller

tur bietet sich an: Kleist, Eichendorff, Fontane, Böll. Politisch oder ästhetisch Radikales verbietet sich da von selbst.
Es sind in der letzten Zeit viele geworden, die sich da anpassen. Wenige nur beharren auf ihren eigenen Vorstellungen vom Kino. Fassbinder, Herzog, Reinhard Hauff, Kluge. Reinhard Hauff hat einen ersten Film gemacht, der zunächst im Kino ausgewertet werden kann, ehe er auf den Bildschirm kommt: Der Hauptdarsteller. Hauff dreht gern mit Laien. Was geschieht mit ihnen, ist der Film erst abgedreht, welche Verantwortung hat er, der Intellektuelle, den Menschen gegenüber, die er für einen Film ausnützte, ausbeutete, läßt sich diese Verantwortung überhaupt wahrnehmen – das sind Hauffs eigene Fragen und Probleme, die er in seinem Film thematisiert hat. Werner Herzog inszenierte in Stroszek sein eigenes Bild, seine eigene Vision von Amerika. Fassbinder hält in Bolwieser beharrlich an dem Thema seiner letzten Filme fest: die Ehe als eine Institution zu zeigen, die Haß, Zynismus, Zerstörung und Selbstzerstörung produziert; und er hält an seinem filmischen Konzept fest: dem absoluten Melodram, auch dort, wo das Melodram gemeinhin nicht stattfindet, in der Küche, bei den gemeinen Leuten. Das sind nicht mehr die Autorenfilme der 50er und 60er Jahre.

Rainer Werner Fassbinder: BOLWIESER

Es gibt keine neue Schule des Autorenfilms, es gibt weder thematische noch stilistische Gemeinsamkeiten, allenfalls gibt es den Versuch eines realistischen Kinos, den sie miteinander gemein haben. Den Versuch, das Publikum ernst zu nehmen, und nicht bloß als eine Summe der verkauften Eintrittskarten.
Der Autorenfilm von heute: das wäre ein rigoros persönlicher, jedoch nicht subjektiver Film. Ein Film, der uns zeigt, wie Bruno S. Amerika erlebt. Ein Film, der uns zeigt, wie ein Junge, für den seine Umwelt bloß Mißachtung und Prügel übrighat, diese Welt sieht. Ein Film, der uns den Schmerz einer Ehe vorführt. STROSZEK, DER HAUPTDARSTELLER, BOLWIESER: für mich sind das die besten Filme dieses Jahrgangs. Solche Filme zu verwirklichen, Filme, die nicht zu den Lieblingskindern von Gremien und Kommissionen und Ausschüssen gehören, bedarf es einer *Politik der Autoren*. Den Autorenfilm, der das Porträt einer ganzen Generation zeichnete, das *cinéma des auteurs* als eine breite kinematografische Bewegung gibt es seit 1968 nicht mehr. Aber das kann kein Grund sein, eine damals begonnene *politique des auteurs* aufzugeben – schon deshalb nicht, weil die individuellen Erfahrungen der Gegenwart ja wieder zu einer gemeinsamen, einer gesellschaftlichen

Erfahrung zusammenfließen könnten, weil die Filmemacher, die morgen einen neuen Autorenfilm schaffen könnten, heute auf den Film-Hochschulen ausgebildet werden, weil der jungen Generation, die in den 50er und 60er Jahren einen neuen Film machte, eine nächste und übernächste junge Generation nachfolgen wird. Und weil es von einigen der Autoren des einst jungen deutschen Films noch immer Filme gibt, in denen Wirklichkeit lebt, die uns Wirklichkeit erfahrbar machen. Zu einer solchen Politik der Autoren gehörte nun allerdings Mut, Engagement, Solidarität. Solidarität beispielsweise mit der Canner Quinzaine, dem Berliner Forum; Solidarität mit einer Kritik, die sich für die Belange eines neuen Films einsetzt; Solidarität mit einem kleinen Verleih, der einem die kleinen Filme herausbrachte, der den großen, erfolgheischenden Film aber nicht kriegte, weil der bei einer großen amerikanischen Firma besser auszuwerten war. Ich spreche von konkreten Vorfällen, durch die ein Verständnis vom Autorenfilm denunziert wurde.

Ich fürchte, ich verliere mich in Utopien. Von der beschworenen Solidarität sind wir weit entfernt. Eher noch wird die Anpassung weiter vorangetrieben. Es gibt Stimmen, die den Anschluß der ›Neuen Deutschen Spielfilmproduzenten‹ an die SPIO, die Spitzenorganisation der Filmwirtschaft, vorschlagen. Warum auch nicht, die Filme werden schließlich immer teurer, immer aufwendiger, immer nichtssagender.

Rainer Werner Fassbinder wird seinen nächsten Film in Hollywood drehen. Peter Nestler lebt in Schweden. Jean-Marie Straub und Danièle Huillet arbeiten in Rom. Werner Herzog, Wim Wenders gelten im Ausland weit mehr als hierzulande. Und die Abstände zwischen den Filmen, die Alexander Kluge noch machen kann, werden auch immer größer. Aber vor den Türen, hinter den die Kommissionen, Gremien, Ausschüsse Geld verteilen, stehen die Schlangen. Es gibt zuviele, die das ruinieren und deformieren, was der Autorenfilm einmal war, und was er sein könnte.

Herbert Achternbusch
Da geh ich lieber in die Kälte, da ist es wenigstens nicht warm

Ich bin kaum noch jung und sehe nichts als Anfang. Es ist eine schlechte Zeit für Anfänge. Kaum habe ich im Gasthof zum Würmbad zwei Halbe getrunken und mit den Stammgästen zwei Filme gemacht, schon ist er abgerissen. Die Wirtin ist jetzt Büffettdame im neuen Wienerwald und der Wirt klammert sich daran, daß seine Frau einen Vertrauensposten hat. Er selbst ist unsichtbar geworden. Der Hartinger hat das gerochen und ist vorher abgeschoben. Die Gautinger Polizei ist immer gleich auf sein Zimmer, wenn vom Magdalenenheim so ein störrisches Mädchen abgehauen ist. Die waren verrückt nach seinem Ding. Wem kann ich sagen, daß ich dem Strauß gerne einen Schweizer Kracher unter den Arsch geschoben hätte, hätte ich gewußt, daß er den Wienerwald einweiht? Das Publikum ist kindisch. Die Arbeiter sitzen im Gefängnis. Die Tische sind im Boden verankert. Der Zitherspieler läßt die Begleitung und den Applaus auf Band ablaufen. Schon die jungen Mädchen haben ein ledernes Geschlecht. Man kann sich keine Sekunde mehr wohlfühlen. Man kann sich das nur noch vorstellen, und das kostet die ganze Kraft. Ich mag nicht mehr in den Wald spazieren, sonst kommt mir die Stimmung ganz deutlich. So träume ich, daß keine Sehne, kein Muskel, kein Nerv mehr meinen Kopf hält. Es kann sein, wenn Sie in Tutzing aus der S-Bahn steigen, daß Ihnen der Kopf auf die Brust fällt, und Sie ihn nie wieder hochbringen, sagt mir der Arzt. Die Zigaretten, an die ich mich ununterbrochen halte, verglühen ununterbrochen. Jede Zigarettenschachtel ist ein Notruf. Schon Ende August überzieht die stehenden Gewässer eine dünne Eisschicht. Die Kunstläufer trimmen sich zu Pflichtübungen. Mich friert.

Heinz Braun, Hauptdarsteller in DIE ATLANTIKSCHWIMMER; in Achternbuschs neuestem Film SERVUS BAYERN spielt er auf Grönland einen Eisbären. Motto des Films: Da geh ich lieber in die Kälte, da ist es wenigstens nicht warm. Nachfolgend der Schluß der ersten Fassung der ATLANTIKSCHWIMMER

Alter Heinz

Eine totale Aufnahme in der alten Gaststube zum Würmbad. Am Stammtisch sitzt allein der 88jährige Hartinger mit einem Zigarrenstummel vor seinem Krügel und schläft. Durch den Garteneingang kommt Heinz. Er trägt Herberts weißen Anzug, der jetzt schmuddelig ist und ihm viel zu klein. Er geht gebeugt an einem Stock. Er hat weiße Haare. Er ist ein alter Mann. Er setzt sich an den Tisch, wo er mit Herbert gesessen ist. Aus der Küche kommt derselbe Wirt geschossen und schnauzt ihn an.

WIRT Jetzt bist schon wieder da! Meinst, daß ich zwecks dir ein neues Faßl anzapf?!

HEINZ Dann gibst mir eine Zigarren.

WIRT Wenn du dir woanders einen Rausch ansaufst, dann kriegst du von mir keine Zigarren!

HEINZ Die haben keine gehabt.

WIRT Dann kauf sie dir da oben!

Er deutet zum Himmel, zum Plafond, hinauf.

HEINZ Du Rindviech, die haben ja keine gehabt!

Heinz greift nach seinem Stecken.

HEINZ Wo ist mein Stecken?

WIRT Du bist ohne Stecken reinkommen. Schau, daßt jetzt weiterkommst!

HEINZ Ja du Hund, du ewiger, dir schlag ich das Dach ein!

WIRT Was hast dann getrunken?

HEINZ Eine Halbe Schnaps.

WIRT Auf dich bin ich scharf, daß du mir in den Gang hinausspeibst oder neben dem Abort hinscheißt. (Zum Hartinger) Der hat mir erst neulich so einen Platschare hingesetzt, daß der Sau graust. Da kostet die Putzfrau mehr als was der trinkt. Der hat seine Familie verhungern lassen. Seine Söhne, schau sie an! Keiner mag sie. Seine Frau hat er verhungern lassen aus Schwindsucht vor lauter Kartoffeln. Das war ein Elend ohne Gleichen.

Er schnüffelt.

WIRT (zu Heinz) Du bist nicht nur besoffen, du hast auch in die Hosen geschissen, pfuiteife!

Heinz sitzt allein da.

HEINZ Was weißt denn du! Du kennst bloß Stalingrad und meinst, das ist die ganze Welt. Das ist nicht die ganze Welt! Kennst du zum Beispiel den Golfstrom? Ich kenn den ganzen Atlantischen Ozean.

Dem eiskalten Wasser nach muß das Grönland sein, hab ich gesagt. Plus ein Grad! An Land hat uns einer auf isländisch geschimpft. Isländisch! Junge Grönländerinnen haben uns Tag und Nacht verführt. Tag und Nacht. Und das hat gekracht, wenn ein Eisberg ins Wasser ist! Was kannst du dir mit deinem Hitler schon vorstellen?! So weit das Auge reicht treiben Eisberge. Die glitzern und funkeln. Der Herbert ist in Grönland wieder ins Wasser gestiegen. Der wollte Präsident von Amerika werden. Und ich bin heim mit dem Flugzeug. Ich Depp! Und das Leben ist aufgetaucht, daß keins ist. Da schlaf ich zwei Stund und dann lieg ich wach. Früher haben wir eine Frau zusammen gehabt und jetzt habe ich nur noch ein Bett. Heinz, hat sie gesagt, stopfst du mich heute viermal? Der Herbert hat es schon fünfmal zusammengebracht. Aber am schlimmsten sind die Träume. Die sind am schlimmsten. Jede Nacht trag ich einen Eimer Wasser nach Unering. Wo die Schuttgrube ist. Und frag, wo ich ihn hinschütten darf.

Er rappelt sich hoch und geht die Tür zum Gang hinaus. Tatsächlich zeichnet sich auf seiner Hose am Gesäß ein großer brauner Fleck ab.

Heinz Badewitz
Hof: Ein Festival für die Provinz

Und ein Stück Geschichte des jungen deutschen Films

Hof: zwischen Fichtelgebirge und Frankenwald im Norden Bayerns, auf halbem Weg zwischen Berlin und München, fünf Kilometer zur DDR- und zwölf zur CSSR-Grenze, 500 m hoch, gesunde Luft; PR-Slogan in Prospekten der Stadt: »Hof in Bayern ganz oben«; 55 000 Einwohner, 348 Straßen, 11 Plätze, 10 Brauereien, über 200 Kneipen, eine Zweite-Bundesliga-Fußballmannschaft, ein Theater, ein Orchester und seit 11 Jahren ein jährliches Film-Festival – die Internationalen Hofer Filmtage.

Warum gerade ein Filmfestival in Hof? Sicher nicht im Zusammenhang mit einer gewachsenen Filmgeschichte oder als Kulturmetropole. Hof und das östliche Oberfranken vermögen zur Geschichte des Films nichts anderes beizutragen als die Tatsache, daß die Gattin Fritz Langs und Drehbuchautorin der Filme DIE NIBELUNGEN, METROPOLIS, DAS INDISCHE GRABMAL und DR. HOLL am 26. Dezember 1888 als Tochter eines Rittergutsbesitzers in dem Dorf Tauperlitz bei Hof geboren wurde. Ihr wirklicher bürgerlicher, gleichwohl nach einem Pseudonym aus der Ufa-Ära klingender Name war Thea von Harbou. Sie starb am 1. Juli 1954 in Berlin.

Weiter ist da noch der Filmemacher Roland Klick, der am 4. Juli 1939 seinen ersten Schrei am Saalestrand vernehmen ließ. Seine Eltern ließen Roland aber nicht in Hof aufwachsen, sondern zogen bald darauf für immer weg. Uwe Brandner ist der nächste Oberfranke, der mit Film zu tun hat. Zwar in Reichenberg in Böhmen 1941 geboren, wurde er nach dem Krieg in die Festspielstadt Bayreuth verschlagen. Dort werden zwar keine Filme aufgeführt, aber Richard Wagner. Uwe Brandner zog es deshalb immer mehr nach Hof hinüber, um in der *New Jazz Group Hof* von Werner Weinelt, seinem Hobby, dem *modern jazz* nachzugehen. Er spielte da ab den späten 50er Jahren Tenorsaxophon, Flöte und Sopransaxophon. In dieser damals bekannten Hofer Jazzformation spielte ich am Schlagzeug: Ein junger Hofer, der sich ebenfalls mit Film befaßte, zwar noch mit 8-mm, aber immerhin mit Film. Diese Jazzgruppe war der eigentliche Ausgangspunkt der Internationalen Hofer Filmtage.

Uwe Brandner, seit 1961 Student in München, machte weiter seinen Jazz, schrieb Filmmusiken und begann selbst mit dem Filmemachen. Ich selbst gab in Hof meinen Beruf als technischer Zeichner auf, um bei der Bavaria ab 1963 im Kopierwerk zu volontieren. 1964 wurde ich Kamera-Assistent, dann Kameramann bei Wolfgang Urchs und begann selbst Kurzfilme in eigener Regie zu drehen.

So ergab sich zwangsläufig, daß für die Musik in den Filmen von Brandner und Badewitz die eigene Jazzgruppe herangezogen wurde. Brandner schrieb auch für einen der ersten Kurzfilme von Werner Herzog die Musik, die Hofer Band spielte. Es wurden einige Filme fertiggestellt mit quasi Hofer Musik darin. Natürlich wollten die Hofer diese Filme auch einmal fertig sehen; so beschloß man, nach Hof zu fahren. Mit einem Kinobesitzer wurde man schnell einig. Damit nicht nur drei Kurzfilme vorgeführt wurden, fragte ich bei anderen Münchner Filmemachern an, ob sie uns ihre neuesten Arbeiten mit nach Hof geben würden. Fast alle waren von dieser Idee begeistert, ein in München lebender Südafrikaner, Lawrence Moorcraft machte noch extra einen Trickfilm dafür. So kamen Filme von Vlado Kristl, Maran Gosov, Uwe Brandner, Michael Fackelmann, Horst Manfred Adloff (er zeigte seine damals verbotenen WECHSLER IM TEMPEL), Lawrence Moorcraft, Wolfgang Urchs, Peter Schamoni und Heinz Badewitz nach Hof. Die beiden Veranstalter, Werner Weinelt (der Leiter der *New Jazz Group*) und Heinz Badewitz gaben dieser Veranstaltung den Titel *1. Hofer Kurzfilmfestival, Das Kleinste Filmfestival der Welt.* Daß an einem heißen Maisonntag im Jahre 1967 doch über 100 Zuschauer kamen, machte den Erfolg dieser Veranstaltung komplett, da sich eigentlich ganz Hof im Freibad sonnte. Die anwesenden Regisseure Uwe Brandner, Michael Fackelmann, Lawrence Moorcraft und ich diskutierten dann auch anschließend im Freibad mit den Zuschauern weiter.

Als Fazit dieser Veranstaltung ergab sich der übereinstimmende Wunsch, alle Jahre sowas zu machen; daß daraus dann 1968 bereits drei internationale Film-Tage wurden, verdankte man den Ereignissen auf anderen deutschen Festivals. Damals machte sich große Frustration unter den Filmemachern breit; Oberhausen und Mannheim lehnten immer mehr Arbeiten junger Filmemacher ab.

Das Festival von Mannheim 1967, wo viele unserer Filme nicht ins Programm aufgenommen wurden – unter anderem wurden Hans W. Geissendörfers Debütfilm und alle Hamburger Beiträge von der Auswahljury abgelehnt – bestärkte die Filmemacher in ihrem Wunsch, eigene Festivals zu gründen. So verkündeten die Hamburger Filmemacher um Werner Grassmann, eine *Hamburger Filmschau* ins Leben rufen zu wollen. Ich folgte dem vielfachen Wunsch, im Mai 1968 in Hof wieder eine Filmschau zu organisieren: die *2. Internationalen Hofer Filmtage*. Auch der Eklat von Oberhausen 1968 (ausgelöst durch Hellmuth Costards BESONDERS WERTVOLL) förderte die Idee, ein Gegenfestival zu organisieren, ohne Preise, ohne Jury, ohne Reglement oder offiziellen Anstrich. Ein Festival von Filmemachern für Filmemacher, verbunden mit ihrem Wunsch, ohne Umwege direkt mit dem Publikum in Kontakt zu kommen.

In Hof war das relativ einfach zu machen, da bereits durch die erste gelungene Veranstaltung Erfahrungen gemacht waren. Man hatte ein Kino mit 800 Plätzen und idealistische Mitarbeiter. Außerdem konnte solch ein Festival mit geringem finanziellen Aufwand, mit ein paar tausend Mark, abgewickelt werden. Wenn damals die organisatorischen Möglichkeiten in einer anderen Stadt, z. B. in München, vorhanden gewesen wären, wären die Hofer Filmtage wahrscheinlich nie entstanden. Zudem war nicht einzusehen, daß die Filme der jungen Filmemacher immer nur in wenigen Großstadtkinos oder bei zwei, drei Filmfestspielen zu sehen sein sollten. Filminteressierten Zuschauern in der Provinz, die über das neue Kino nur lesen konnten, blieben nur zwei Möglichkeiten: entweder in die Großstadt zu fahren, von Hof aus nach Nürnberg oder München, oder ganz darauf zu verzichten. So kamen dann die Filme nach Hof unter dem Motto: *Der junge Film soll in die Provinz.* Die *2. Internationalen Hofer Filmtage* fanden vom 24.–26. Mai 1968 statt, und alle, alle kamen.

Es wurde zwar vorher versucht, eine Art Programmfolge zu machen, doch viele Filmemacher kamen einfach unangemeldet. So liefen dann auch Filme, die gar nicht im Programm standen. Das Prinzip des offenen Festivals machte das möglich. Alle Filme wurden gezeigt; selbst als die Programme zu wahren Monsterveranstaltungen ausuferten, hatten alle ihren Spaß, die Filmemacher und vor allem das Publikum.

Im Programm: Eine Vlado-Kristl-Retrospektive, die Erstaufführung von Jean-Marie Straubs CHRONIK DER ANNA MAGDALENA BACH, die Uraufführung von George Moorses DER GRILLER, einige neue Kurzfilme von Karina Ehret (jetzt Karin Thome), Uwe Brandner, Marquard Bohms Erstling NA UND, Hellmuth Costards WARUM HAST DU MICH WACHGEKÜSST?, DAVID HOLZMAN'S DIARY von James McBride aus New York, der Hundertwasser-Film des Wieners Ferry Radax, Thomas Schamonis TV-Film EINE LUFTREISE und all die anderen Filme, die entweder in Oberhausen zurückgezogen oder im Rumpfprogramm dann doch gezeigt wurden, von Thomas Struck, Adolf Winkelmann, Dore O. und Werner Nekes, Winfried Parkinson, Martin Müller, Werner Herzog, Rudolf Thome und anderen. Als dann noch mit dem Pkw, mit Filmen im Kofferraum, Antonin Navratil und Jovan Kubicek von der FAMU, Film und Fernsehakademie aus dem nahen Prag, eintrafen (in der Dubcek-Ära war sowas noch möglich), konnte tatsächlich von einem Familientreffen der Filmemacher gesprochen werden. Es gab auch eine Brauereibesichtigung mit viel Bier und eine Party im Hause von Claus Henneberg, einem Förderer der Filmtage, wo die Filmemacher sich plötzlich einen Ball griffen und auf der zum Grundstück gehörenden großen Wiese anfingen zu spielen. Dies war der Beginn des traditionellen Hofer Fußballspiels zwischen der Mannschaft des »1. FC Hofer Filmtage«, bestehend aus Filmemachern, Kritikern und Schauspielern, und des Teams von Hof, in dem die einheimischen Besucher der Filmtage spielten.

Spektakulär wurde es 1968 noch einmal zum Schluß der Filmtage, als Hellmuth Costard die Besucher im Kino – zum Entsetzen des Kinobesitzers – zum Rauchen aufforderte und den anwesenden Teams des Fernsehens die Kameras abnehmen wollte, damit die Filmemacher sich die Berichte für das Fernsehen selbst drehen konnten; so sollte jede verfälschende Berichterstattung verhindert werden. Um die Kameras gab es ein kurzes Gerangel, dann packten die Fernsehleute ihre Geräte zusammen und verließen fluchtartig das Kino.

Ein Jahr später, bei den *3. Internationalen Hofer Filmtagen*, die in einem anderen Kino stattfanden (im Central-Theater, wo sie heute noch sind; dem Kinobesitzer vom Vorjahr war das doch nicht ganz geheuer, was in seinem Hause abgelaufen war!), wurde die Idee Costards weiter ausgebaut: Das Filmpublikum sollte sich seinen eigenen Festivalbeitrag selbst drehen. Zwei Arri-16 mm-Kameras, eine von Hannes Fuchs und eine geliehene, gingen im erhellten Central-Theater von Hand zu Hand und von Reihe zu Reihe. Jeder, der Lust hatte, konnte ein paar Meter Film drehen; manche schauten sich die Kamera nur an und gaben sie gleich weiter. Das Material wurde noch am Abend nach München gebracht und am Samstag im Fernsehen entwickelt, es war Umkehrmaterial. Am Sonntag war dann der entwickelte Film wieder in Hof und wurde am Ende der Filmtage vorgeführt. Das Ergebnis war sicher nicht berauschend, verwackelte Bilder, grimassenschneidende Menschen usw., aber die Demonstration, daß ein Film immer mit dem Blick durch die Kamera beginnt und immer mit Technik zu tun hat, war doch eindrucksvoll gelungen.

Hans C. Blumenberg, Rainer W. Fassbinder und Udo Kier in Hof

Im Programm waren sehr viel neue Filme zu sehen, darunter die Uraufführungen von Uwe Brandners BLINKER, SEKUNDENFILME von Vlado Kristl, CRASH THEO von Karina Ehret und Bernd Fiedler, DER FALL LENA CHRIST, Hans W. Geissendörfers erster Spielfilm, neue Arbeiten von Nekes, TARZANS KAMPF MIT DEM GORILLA und VIS-A-VIS. Dann gab es noch Peter Lilienthals HORROR, die MASSNAHMEN GEGEN FANATIKER AUF DER RENNBAHN von Werner Herzog, Thomas Strucks HANS IM GLÜCK, DIE DEUTSCHEN KLEINSTÄDTER von Theo Gallehr, FILM 68 von Hannes Fuchs, der wunderschöne LYDIA-Film von Reto Andrea Salvoldelli aus der Schweiz, von Frans Zwartjes A FAN, vier Filme der Prager Filmakademie, Werner Schroeters Doppelprojektion ARGILA, und zum ersten Mal war auch Wim Wenders mit Filmen vertreten: POLIZEIFILM, ALABAMA, SILVER CITY und SAME PLAYER SHOOTS AGAIN. Wichtigster Film jedoch war WHEEL OF ASHES von Peter Emanuel Goldman (mit Pierre Clementi in der Hauptrolle), der seitdem nicht mehr in Deutschland zu sehen war.
Vor den Filmtagen gab es noch ein großes Gerangel im Stadtrat, dem das Festival von 1968 zu politisch und zu avantgardistisch vorgekommen war. Damals war ein Zuschuß von DM 1000,– gewährt worden;

Gruppenbild beim Filmfußball

bei den *3. Internationalen Hofer Filmtagen* wurde vom erstmals veranstaltenden Cine-Center-Hof e. V. um einen Zuschuß von DM 2000,– nachgesucht; nach dreistündiger Stadtratsdebatte wurde schließlich ein Betrag von DM 1000,– gebilligt. Der Fraktionsvorsitzende der FDP hatte sogar jede Bezuschussung abgelehnt, weil er es nicht richtig fände, »Kunstrichtungen zu unterstützen, die sehr kritisiert werden können. Ich habe mir im vorigen Jahr zwei Veranstaltungen der Filmtage angesehen und war nicht begeistert. Alle diese Sachen tragen dazu bei, daß unsere Kultur absinkt, und dazu ist uns jede Mark zu viel.« In das gleiche Horn stieß ein Stadtrat von der NPD: »Wir sind am Ende! Wo sind wir hingeraten? Wenn diese Kultur auf uns zukommt, dann können wir einpacken!« Ein weiterer Stadtrat von der FDP, langjähriger Schriftleiter einer Kulturzeitschrift, stöhnte sogar: »Wir leben in einer kranken Zeit. Ich unterstütze keine Scheinkultur, sondern nur ein gesundes Kulturleben.«
Wie man weiß, hat in der Zwischenzeit die NPD eingepackt, und die damals angegriffenen Filmtage ruhen heute sicher auf dem Polster stadtväterlichen Wohlwollens und mitbürgerlicher Sympathie.
Als drei Jahre vorher einige Filmemacher zum ersten Mal nach Hof ge-

kommen waren, wollten sie Kontakte knüpfen zu einem Publikum, dem Film fast ausschließlich in seiner kommerziellen Variante bekannt war: Film, wie ihn eben die Verleiher in die Kinos bringen. 1970, bei den *4. Hofer Filmtagen*, ging es kaum noch um das Publikum und auch erst in zweiter Linie um Filme. Die nach Hof gekommenen deutschen Filmemacher aus Hamburg, Berlin, Bochum, Düsseldorf, Stuttgart, Nürnberg und München wollten vor allem untereinander wieder Kontakt bekommen. Der Plan eines überregionalen Dachverbandes hatte die beiden stärksten Vereinigungen von Filmemachern, die *Hamburger Coop* und die Stuttgarter *Südcoop* gegeneinander aufgebracht, und im Verlauf der monatelangen Debatten, die bald über das eigentliche Thema, die Notwendigkeit und die Form eines solchen Verbandes hinausgingen, waren tiefergehende Differenzen sichtbar geworden. Der drohende ideologische Krieg zwischen den beiden Gruppen blieb indes auf dem Papier: eine dritte Gruppe von Filmemachern, das kurz vorher in München gegründete *Syndikat der Film- und Fernsehregisseure*, trat in Hof zwischen die verfeindeten Parteien und beschwor sie, in Anlehnung an die Praktiken der vergangenen »Großen Koalition«, das Trennende, also die Ideologie, beiseite zu lassen und sich auf das ihnen allen Gemeinsame, auf die ökonomischen Interessen zu konzentrieren. Der Appell hatte Erfolg, und für kurze Zeit sah es sogar aus, als würde nicht zuletzt dank der bestechenden Interpretation, die Alexander Kluge als Sprecher des Syndikats beisteuerte, zumindest der Plan eines Zentral-Verleihs mit Sitz in Frankfurt allgemeine Zustimmung finden. Daß es dann doch nicht dazu kam, sondern nur zu dem Beschluß, einen gemeinsamen, alle Filme des »anderen Kinos« enthaltenden Katalog zu erarbeiten und herauszugeben, das bewirkte die Einsicht, die auch schon von der *Hamburger Filmcoop* formuliert war: »Die Filme der unabhängigen Filmemacher sind in der Mehrzahl Produkte für Minderheiten (Cinéasten, Künstler, Filmclubmitglieder, Journalisten, Subkulturanhänger) und können Kommunikation nur innerhalb dieses Kreises bewirken, einmal, weil die Mehrzahl der Filme keine Ansätze zu gesellschaftlicher Reflexion zeigt, zum andern, weil in ökonomischer Hinsicht keine gemeinsame Linie unter den Filmemachern erreicht werden kann; folglich sind und bleiben die ökonomischen Bedingungen für Produktion und Verleih mangelhaft.«

Auf Grund dieser Verhältnisse wollte dann doch niemand mehr einen Zentral-Verleih riskieren. Der Vorschlag, das Syndikat der Filmemacher als bereits funktionierenden Verband für eine mögliche Dachorganisation aller Filmemacher in Betracht zu ziehen, konnte keine Zustimmung finden. Zu offensichtlich war, daß dieses von einigen jüngeren prominenten Regisseuren gegründete und faktisch vorerst gewerkschaftlich orientierte Syndikat nicht auch noch die sehr anders gearteten Interessen des »anderen Kinos« wirklich würde vertreten können.

So konzentrierte man sich wieder auf das Hofer Programm, das sich wieder durchaus sehen lassen konnte. Unter den 43 kurzen und langen Filmen waren: Oimel Mais DIE BOMBARDIERER, Rainer Werner Fassbinders GÖTTER DER PEST in deutscher Erstaufführung, die beiden Filme von Klaus Wyborny DAS ABENTEUERLICHE ABER GLÜCKLOSE LEBEN DES WILLIAM PARMAGINO und PERCY MCPHEE, dann Vlado Kristls FILM ODER MACHT und, als Höhepunkt, Werner Herzogs AUCH ZWERGE HABEN KLEIN ANGEFANGEN.

Die Euphorie der ersten Jahre war jedoch verflogen. Die Filmemacher, die sonst in jedem Jahr ein paar Filme drehten, machten weniger oder gar keine mehr. Kurzfilme wurden nicht mehr so viele produziert, eine Durststrecke begann. Bei den *5. Filmtagen* 1971 schlug das voll durch. Die langen Spielfilme waren auf einmal wichtiger. Ein Film bestimmte damals das Programm: FATA MORGANA von Werner Herzog. Ferner fielen noch auf: DIE GÖTTER UND DIE TOTEN von Ruy Guerra aus Brasilien, STRAFEXPEDITION von Dezsö Magyar aus Ungarn, die kurzen Spielfilme von Hark und Marquard Bohm, und Fassbinder brachte selbst einen jungen Mann mit seinem ersten Spielfilm nach Hof: Daniel Schmid mit THUET ALLES IM FINSTERN UM EUEREM HERRN DAS LICHT ZU ERSPAREN. Auch Klaus Wyborny war mit einem neuen Film vertreten, mit DALLAS TEXAS – AFTER THE GOLDRUSH. Ansonsten litt das Festival unter kleinen ärgerlichen Pannen: ein 16-mm-Projektor ging kaputt, zwei Filme trafen nicht ein, und es gab sogar einen kleinen Skandal. Ich wollte einmal testen, wie lange sich das Publikum den Heimatfilm DER EDELWEISSKÖNIG anschauen würde, und wollte den Film solange laufen lassen, bis es dem Publikum zuviel wurde. Ohne Ankündigung lief dann als Eröffnungsfilm eben DER EDELWEISSKÖNIG. Die Verwirrung war vollkommen. Einige dachten, das könnte so ein Einfall eines Jungfilmers sein und ließen frohe Miene durch Lachen erkennen, andere wußten gar nicht, was los war. Der Film lief und lief, und plötzlich stand ein Mann vor der Leinwand, schimpfend und gestikulierend: Vlado Kristl versuchte mit seiner Jacke die Leinwand abzudecken, stürmte dann auf den Balkon und rief in den Saal: »Ich ziehe meinen Film zurück. Ich fordere die anderen auf, ihre Filme auch zurückzuziehen!« DER EDELWEISSKÖNIG war mittlerweile abgebrochen worden, doch Kristl ließ nicht mit sich reden, er verschwand mit seinem

Filmtage~
=BÜRO=

wunderschönen OBRIGKEITSFILM unterm Arm auf Nimmerwiedersehen. Die anderen Regisseure leisteten seinem Aufruf zum Boykott jedoch nicht Folge und zeigten weiter ihre Filme. Es war grotesk: DER EDELWEISSKÖNIG blieb der einzige Film auf diesem Festival, nach dem es richtig hoch herging, nach dem geschimpft und gestritten wurde.
Die *5. Hofer Filmtage* brachten den großen Wendepunkt. Bis dahin fanden sie Ende Mai oder Anfang Juni statt, zu einer Zeit, da das Festival von Cannes lief und die Berliner Filmfestspiele vorbereitet wurden. Das Programm war nicht gegliedert, es lief in fünf großen Blökken von je vier Stunden mit einer Pause ab. Es war unübersichtlich, und dem Publikum konnte man nicht mehr zumuten, zwischen all dem Wust nach guten Filmen Ausschau zu halten. Das offene Festival, bei dem jeder seinen Film zeigen durfte, konnte nicht mehr aufrechterhalten werden. Da auch in der Zwischenzeit Oberhausen und Mannheim ihre Auswahlprinzipien demokratisiert hatten (Oberhausen veranstaltete sogar ein nationales Festival mit allen eingereichten Filmen vor dem internationalen Programm), hatten die Hofer Filmtage alten Stils ihr Ziel erreicht. Neue Formen mußten gefunden werden. Zudem war nicht mehr einzusehen, daß die Filmtage, die hauptsächlich vom Publikum finanziert werden, alles spielen sollten, und jenes immer mehr vergrault wurde; das konnten dann Oberhausen und Mannheim mit ihrem 10- bis 20-fachen Budget besser tun. Der Zuschuß seitens der Stadt war in der Zwischenzeit auf DM 2000,– gestiegen, die Filmtage kosteten jedoch zwischen DM 10 000,– und DM 15 000,–. Die Zuschauer brachten ca. DM 6000,– bis DM 8000,– in die Kassen, der Rest wurde mit Anzeigen im Programmheft und mit Spenden abgedeckt. In etwa hat sich dieser Finanzierungs-Modus erhalten.
Die *6. Internationalen Hofer Filmtage* wurden vom Mai-Juni-Termin auf Oktober/November verlegt und von bis dahin drei auf vier Tage verlängert. Um eine bessere Übersicht zu gewähren, wurden die Filme auf elf Programm-Blöcke von je zwei Stunden verteilt. Nach jedem Programm bestand die Möglichkeit zur Diskussion mit den anwesenden Regisseuren. Die Presse lobte die Filmtage als interessant, durchdacht und konsequent. Nun standen die abendfüllenden Filme im Vordergrund. Die Hofer Filmtage waren auf dem Weg, als Festival echte Bedeutung zu gewinnen. Die Süddeutsche Zeitung schrieb: »Die Zukunft Hofs liegt in seiner absoluten Unabhängigkeit von anderen Festivals. Hof könnte zu einem wichtigen Treffpunkt des jungen deutschen Films werden.« Der Anfang dazu wurde diesmal ernsthaft unternommen. Werner Herzog, von Anfang an in Hof dabei, sagte in einem

Fernsehinterview: »Ich bin nach Hof gekommen, weil hier Filme laufen, die ich anderswo nicht sehen kann.« Die Zahl der Besucher lag jedoch um ein Drittel unter der des Vorjahrs, wahrscheinlich auch wegen des neuen Termins im kühleren Herbst, der jene Schlafsacknomaden abhielt, die in früheren Jahren weniger zu einem Filmfestival als zu einem Spektakel gekommen waren. Dies bedeutete für die Filmtage größere finanzielle Schwierigkeiten als je zuvor. Als Festival und Institution haben sie das Jahr 1972 dennoch bemerkenswert gut überstanden. Die wichtigsten Filme: LIEBE MUTTER, MIR GEHT ES GUT von Christian Ziewer, DIE WOLLANDS von Marianne Lüdcke und Ingo Kratisch, HEUTE NACHT ODER NIE von Daniel Schmid, MARIE von Hans W. Geissendörfer, WINTER SOLDIER aus den USA, ADELE SPITZEDER von Peer Raben, KEYHOLE von Rainer Diez, ZAHLTAG von Hans Noever, J. P. GETTY IN SUTTONS PLACE von Florian Furtwängler, WAS DIE RECHTE NICHT SIEHT von Rosa von Praunheim, DAS WEISSHAARIGE MÄDCHEN aus China, und die Filme Shuji Terayamas, EMPEROR TOMATO KETCHUP und WERFT DIE BÜCHER WEG UND GEHT AUF DIE STRASSE.

Diese Konzeption wurde seitdem beibehalten und ausgebaut. Bei den 7. *Internationalen Hofer Filmtagen*, vom 1.–4. November 1973, waren die Höhepunkte ADULT FUN von James Scott (England), MANNI von Gerd Haenel aus München, Claude Gorettas L'INVITATION in deutscher Erstaufführung, sowie TRIPLE ECHO von Michel Apted, Jean Eustaches DIE MAMA UND DIE HURE sowie INKI von George Moorse.

Nun war die Resonanz bereits bedeutend größer; selbst die letzten einheimischen Gegner der Filmtage, die noch im letzten Jahr in Leserbriefen den Stadtrat aufforderten, den Zuschuß von DM 2000,– besser zur Verschönerung von Häuserfassaden zu verwenden, als diese ortsfremden Spinner herzulocken, waren verstummt. Selbst der Hofer »Blasius«, ein kauziger Kommentator im *Hofer Anzeiger*, fand nun an den gar nicht mehr so Langhaarigen kein schlechtes Haar mehr: »Mittlerawaal sänns a (die Jungfilmer) ja längst nimmer so gfercht wie in die erschtn Johr, wo di Midder ihrn Gungern gedroht ham: Wennst net sofort dein Teller leer isst, nochert hol i di Jungfilmer!« (»Mittlerweile sind sie (die Jungfilmer) ja längst nicht mehr so gefürchtet wie in den ersten Jahren, wo die Mütter ihren Kindern gedroht haben: Wenn du nicht sofort deinen Teller leer ißt, dann hole ich die Jungfilmer!«)

Der Zuschuß der Stadt betrug DM 2500,–, vom Bezirkstag Oberfranken kamen ebenfalls DM 2500,–. Der Rest der Gesamtkosten von DM

15 391,58 wurde wie immer mit Eintrittskarten, Anzeigen und Spenden gedeckt.
1975 fanden die Filmtage zum letzten Mal im alten Central-Theater statt, das mit 1000 Plätzen einfach zu groß und mit seiner überholten Technik erneuerungsbedürftig geworden war. Peter Lilienthals ES HERRSCHT RUHE IM LAND (später mit dem Bundesfilmpreis ausgezeichnet) wurde uraufgeführt; ferner liefen Norbert Kückelmanns DIE ANGST IST EIN ZWEITER SCHATTEN, Hartmut Bitomskys AUF BIEGEN ODER BRECHEN, sowie ZWISCHEN LAND UND MEER, Maria Neoclous' Abschlußfilm an der Münchner Filmhochschule. Die bizarren Arbeiten aus den USA, Russ Meyers SUPERVIXENS, John Waters FEMALE TROUBLE und Paul Bartels science-fiction-Film DEATH RACE 2000 bildeten die ausgefallenen Gegenpole.
Das zehnjährige Jubiläum fand 1976 in den drei neuen Kinos, zentral in einem Haus gelegen, statt: im »City« (200 Plätze), im »Central« (335 Plätze) und im »Casino« (80 Plätze). Irgendwie war die gesamte Filmkritik der Bundesrepublik vertreten, ebenso vier Fernsehstationen. Rezensenten bezeichneten die Hofer Filmtage als das nach Berlin wichtigste Filmfestival in der Bundesrepublik. In einer Retrospektive liefen jene wichtigsten jungen deutschen Filme, die in Hof einst ihre Premiere hatten. Eine weitere Retrospektive galt Brian de Palma, der dazu sogar aus den USA angereist kam. Erstaufführungen waren Alain Tanners JONAS, Marco Bellocchios TRIUMPHMARSCH, Erwin Keuschs DAS BROT DES BÄCKERS und andere.
Für 1977 steht dem Festival durch den Einbau einer Kneipe praktisch ein Festivalzentrum zur Verfügung. Die Stadt hat endlich einen wirksamen Zuschuß zugesagt (DM 17 000,–), weitere Mittel (DM 5000,–) kommen vom Bezirkstag Oberfranken. Ohne diese Erhöhung wären die Filmtage ernsthaft gefährdet gewesen. Geplant ist in diesem Jahr eine Retrospektive mit Filmen von John Cassavetes, eine weitere mit den Arbeiten von Walter Bockmeyer, dazu natürlich neue Arbeiten aus dem In- und Ausland, auch die jüngsten Produktionen unserer Filmhochschulen. Die 11. Internationalen Hofer Kinotage finden vom 27.–30. Oktober statt.

Hans Günther Pflaum
Selbst eine Kompromißlösung kommt nur halb zustande

Die Zentrale Kinemathek in der Bundesrepublik bleibt weiter ein Wunschtraum

Wer heute in der Bundesrepublik eine Retrospektive veranstalten will mit den Arbeiten der »Großen« unserer Filmgeschichte, von Murnau oder Ophüls, Lang oder Lubitsch, der muß schon über beträchtliche Mittel und Beziehungen verfügen, wenn er ein halbwegs vollständiges Programm zusammenstellen möchte; Spürsinn oder gar Idealismus reichen dazu längst nicht mehr aus. Wer zum gleichen Thema gar ein Buch zu schreiben sich vorgenommen hat, muß sich (falls er keine organisatorische Rückendeckung erhält, wie etwa die Herausgeber und Autoren der Hanser-Monografien bei der Berliner Kinemathek) an die letztlich zufälligen Angebote der wenigen filmhistorisch arbeitenden Spielstellen halten; will er aber zu Studienzwecken auch noch mit einer Filmkopie an einen Schneidetisch gehen, so stößt er schnell auf kaum zu überwindende Hindernisse. Kein Wunder, daß es bis heute noch immer keine halbwegs zufriedenstellende Darstellung unserer Filmgeschichte in Buchform gibt.

Die Schwierigkeiten fangen aber nicht erst da, sondern bereits bei der Sammlung und Archivierung des deutschen Films selbst an und setzen sich fort bei der Komplettierung und Konservierung von teilweise nur mehr fragmentarisch erhaltenen Werken; manche Filme wären heute unwiederbringlich verloren – hätten nicht ausländische Filmarchive, vor allem in den sozialistischen Ländern, sich auf vorbildliche Weise um ihre Rettung verdient gemacht.

Als in der zweiten Hälfte der sechziger Jahre die Welle des »Jungen Deutschen Films« aufkam, erklärten dessen Vertreter zwar »Opas Kino« für tot, beklagten aber gleichzeitig die Unterbrechung einer einst großen Filmkultur und den Verlust ihrer Traditionen; die Konsequenz war, daß sich viele der jungen Regisseure weitaus stärker am Kino Hollywoods orientierten als es etwa die Wortführer der französischen *nouvelle vague* taten. Das Fehlen eines nationalen Filmarchivs und damit der Möglichkeit, beim eigenen Kino in die Schule zu gehen (wie eben in Paris), dürfte eine der Ursachen sein, warum sich bis heute trotz

vieler Regietalente in der Bundesrepublik nicht mehr so etwas wie »Filmkultur« (und nur die könnte dann auch für das Ausland von Interesse sein) entwickelt hat. Daß dabei auch mindestens ebenso schwerwiegende ökonomische Hindernisse eine Rolle spielten, bleibt unbestritten, aber ihre Auswirkungen wären wohl weitaus weniger wehrlos hingenommen worden.
An Bemühungen um die Errichtung einer zentralen Kinemathek, die in den USA oder in der UdSSR ebenso eine Selbstverständlichkeit ist wie in der DDR oder in Frankreich, hat es in der Bundesrepublik bis heute nicht gefehlt. Sie scheiterten bislang eigentlich immer an dem Grundproblem, eine nationale Aufgabe mit den Mitteln einer föderalistischen Kulturpolitik lösen zu müssen. Solange es darum geht, Ansprüche der eigenen Kulturhoheit etwa gegenüber dem Filmförderungsgesetz geltend zu machen, engagieren sich einige Bundesländer mit beträchtlichem Einsatz; gilt es jedoch, Engagement oder gar Geld aufzubringen für die vor dem fördernden Zugriff des Bundes eifrig geschützte Filmkultur innerhalb oder außerhalb der Landesgrenzen, dann kommt dieses Interesse – wenn nicht schon in den Kultusministerien – spätestens bei den Finanzministern schnell zum Erliegen. Zudem bestehen bereits einige Einrichtungen im Vorfeld einer zentralen Kinemathek, deren unterschiedliche Zielsetzungen nur schwer zu harmonisieren sind.

Das Bundesarchiv in Koblenz

Zum 1950 durch Kabinettsbeschluß entstandenen und dem Bundesministerium des Innern (BMI) unterstellten Bundesarchiv in Koblenz gehört seit 1952 auch eine Filmabteilung. Filme werden dort hauptsächlich nach der dem gesamten Archiv vorgegebenen Zielsetzung gesammelt: als Dokumente der Zeit-, aber nicht der Filmgeschichte. Im wesentlichen also archiviert man in Koblenz Dokumentarfilme einschließlich der zahlreichen Auftragsproduktionen staatlicher Stellen und der Wochenschauen sowie historische Kulturfilme; die Spielfilmbestände des ehemaligen, 1934 in Berlin eingerichteten Reichsfilmarchivs sind an das Staatliche Filmarchiv der DDR übergegangen. Erst seit einigen Jahren werden auch Kopien der mit Prämien oder Preisen des BMI geförderten Spielfilme in Koblenz aufbewahrt; insgesamt enthält das Archiv etwa 23 400 Titel, zudem verfügt es über ausgezeichnete technische Möglichkeiten des Umkopierens (vom feuergefährlichen Nitro-

auf das sichere Azetatmaterial), des Restaurierens, Konservierens und Lagerns von Filmen. Für diese Aufgabe steht dem Bundesarchiv jährlich rund eine Million DM zur Verfügung; diese Mittel und die rund 45 wissenschaftlichen und technischen Mitarbeiter sind »im internationalen Vergleich ... jedoch immer noch recht bescheiden. Das Gosfilmofond bei Moskau beschäftigt 400 Mitarbeiter, das Staatliche Filmarchiv der DDR und das British Film Institute je etwa 200«. (1)

Das Deutsche Institut für Filmkunde

Dezidiert mit der Sammlung von Spielfilmen befaßt sich dagegen das Deutsche Institut für Filmkunde (DIF) in Wiesbaden. Gegen Ende der vierziger Jahre durch die Privatinitiative von Hanns-Wilhelm Lavies entstanden und zunächst vor allem schriftliche Quellen und Dokumente sammelnd, wurde das Institut 1956 in einen eingetragenen Verein umgewandelt; 1962 erhielt es ein eigenes Filmarchiv. Begünstigt wurde die Einrichtung vor allem durch seine geografische Lage: Die Spitzenorganisation der Filmwirtschaft (SPIO), die Freiwillige Selbstkontrolle (FSK) und die Filmbewertungsstelle (FBW) haben ihren Sitz ebenfalls in Wiesbaden, auch das ZDF und die Filmredaktion der ARD (einschließlich ihrer Einkaufsfirma Degeto) befinden sich in räumlicher Nähe. Dies schafft Möglichkeiten der Zusammenarbeit und der Finanzierung, an der sich auch das Land Hessen und das Bundesministerium des Innern beteiligen. Das DIF hat inzwischen an die 2000 Filme archiviert und zusätzlich die nichtkommerzielle Auswertung der Filme der Friedrich-Wilhelm-Murnau-Stiftung – etwa 3000 Titel – übernommen. Doch nur sehr wenige von ihnen werden auch ausgeliehen, fachkundige Spielstellenleiter klagen nicht selten über mangelnde Rekonstruktionsarbeiten an den aus Wiesbaden gelieferten Kopien. »Das liegt zum einen am Geldmangel, zum anderen daran, daß die Restaurationsaufträge ausschließlich an kommerzielle Kopierwerke vergeben werden, deren technische Möglichkeiten das Umkopieren nicht mehr einwandfreien Nitromaterials oft übersteigt.« (2) Tatsächlich muß man beim Deutschen Institut für Filmkunde mit einem viel zu geringen Etat auskommen: Gegenwärtig rund DM 540 000,– jährlich.

Stiftung Deutsche Kinemathek

Ebenfalls mit einem an der Zielvorstellung gemessen viel zu geringen Budget arbeitet die Stiftung Deutsche Kinemathek in Westberlin. Ganze DM 550 000,– erhält sie jährlich vom Land Berlin; für Sonderausgaben können Mittel aus der Klassenlotterie erbeten werden. Gegründet wurde die Deutsche Kinemathek 1962, um die vom Land Berlin angekauften privaten Archive von Gerhard Lamprecht und Albert Fidelius zu übernehmen. 1971 wurde aus dem eingetragenen Verein eine ausbaufähige »Stiftung bürgerlichen Rechts«, und von da an konnte die Kinemathek Archivbestände des Landes Berlin in eigenen Besitz übernehmen. Ihre wesentliche Aufgabe sieht sie darin, die deutsche Filmgeschichte wissenschaftlich aufzuarbeiten; Filme und dazugehöriges Material werden gesammelt und konserviert. Zusammen mit der Deutschen Film- und Fernsehakademie in Westberlin (DFFB) betreibt die Kinemathek intensive Film-Bildungsarbeit. Für eine breitere Öffentlichkeitsarbeit erfolgte 1963 die Gründung der »Freunde der Deutschen Kinemathek e. V.«, die seit 1970 mit dem »Arsenal« auch ein eigenes Kino und einen Verleih betreiben. Die Stiftung selbst verfügt ebenfalls über einen (allerdings ähnlich verborgen wie der in Wiesbaden arbeitenden) Verleih, der auch die Arbeiten der Akademie-Studenten zugänglich macht. Die Zahl der archivierten Filme wird mit etwa 6000 angegeben, rund die Hälfte davon sind Kurzfilme.

Selbsthilfe in München und Frankfurt

Wie das Deutsche Institut für Filmkunde, so ist auch die Stiftung Deutsche Kinemathek Mitglied in der *Fédération Internationale des Archives du Film* (FIAF). Diese Mitgliedschaft ist von großem Vorteil, wenn es darum geht, Filme aus ausländischen Archiven zu bekommen. Eine zentrale Kinemathek in der Bundesrepublik könnte hier für die interessierten Spielstellen Vermittler-Dienste leisten, die vom DIF oder von der »Stiftung« bis heute nur in Ausnahmefällen übernommen werden. Auch dies mag einer der Gründe sein, warum Spielstellen wie das Kommunale Kino in Frankfurt oder das Filmmuseum im Münchner Stadtmuseum das Fehlen einer zentralen Kinemathek durch eigene Aktivitäten auszugleichen versuchen. Die Stadt Frankfurt hat im Frühjahr 1976 die mit rund 1000 Kopien wohl größte private Film-Sammlung in der Bundesrepublik und Bestände des Verleihs »Neue Filmkunst«

angekauft. Enno Patalas, der Leiter des Münchner Filmmuseums, soll in wenigen Jahren im Bereich der Sammlung und Komplettierung mehr geleistet haben als die Archive in Wiesbaden oder Westberlin, freilich wegen der geringen finanziellen Möglichkeiten nur in quantitativ kleinem Rahmen. Immerhin ist seiner Initiative eine weitgehend komplette Fassung der beiden Teile der NIBELUNGEN Fritz Langs oder die Wiederbeschaffung einiger Karl-Valentin-Filme (die er durch einen findigen Tauschhandel aus Moskau bekam!) zu verdanken. Zudem sammelt das Filmmuseum auch Arbeiten junger deutscher Regisseure, vor allem jene, die vom Kuratorium junger deutscher Film gefördert wurden. Mit einem Ankaufsetat von gegenwärtig DM 119 000,– (bei Patalas' Amtsantritt 1973 waren es sogar nur DM 25 000,–) hat das Münchner Filmmuseum inzwischen schon immerhin rund 300 Titel archiviert.

Bezeichnend für die Situation ist, daß sich unter den größeren Spielstellen mit filmhistorisch wichtigen Programmen eine Zusammenarbeit offensichtlich viel müheloser und selbstverständlicher ergibt als zwischen den größeren Archiven. So arbeiten etwa das Münchner Filmmuseum, das Frankfurter Kommunale Kino und die Freunde der Deutschen Kinemathek bei der Gestaltung von Filmreihen viel öfter und intensiver zusammen als die Einrichtungen in Wiesbaden, Koblenz und Westberlin. Je ergiebiger diese Kooperation wird, und je mehr Möglichkeiten jenseits der Bürokratie dabei genutzt werden, desto lauter werden jene Stimmen, die Skepsis gegen das Großprojekt »Zentrale Kinemathek« anmelden. So befürchtet man etwa im Münchner Filmmuseum eine Beschränkung der eigenen Kompetenzen zugunsten der Zentrale und das möglicherweise entstehende bürokratische Übergewicht einer zentralen Verwaltung. Doch es gibt einfach wichtige Aufgaben, die ohne zentrale Kinemathek wohl schwerlich zu lösen sind.

Im Haushalt des BMI steht seit 1975 ein Betrag von DM 500 000,– bereit, der für die Errichtung einer Kinemathek verwendet werden soll. Das Geld kann jedoch nicht ausgegeben werden, weil erst ein Verwaltungsabkommen zwischen Bund und Ländern getroffen werden muß.

Schon 1973 hatte sich die Kultusminister-Konferenz der Länder für den Ausbau der Stiftung deutsche Kinemathek und damit für Westberlin als Standort des zentralen Filmarchivs entschieden. Doch der Beschluß blieb in der Praxis ohne Folgen, obwohl sogar über den Finanzierungsmodus Einigkeit bestand: Bund, Länder und Berlin sollten sich mit je einem Drittel beteiligen. Im Dezember 1975 wurden die Vertreter der Länder vom BMI zu einer Sitzung nach Koblenz gebeten. Ein Antrag Bayerns, dem alle Länder zustimmten, machte dabei deutlich, daß die Länder gar keine zentrale Kinemathek (die auch die Auswertung besorgen würde), sondern »nur« ein zentrales Filmarchiv haben wollen, dessen Aufgabe in der Sammlung und Pflege und in der wissenschaftlichen Aufbereitung bestehen soll; die Auswertung hingegen sollte an verschiedenen Orten stattfinden, damit die kulturpolitischen Kompetenzen der Länder nicht eingeschränkt werden. So hatte sich dann der Bund bereit erklärt, für eine Übergangszeit die Anfangsfinanzierung zusammen mit Berlin allein zu übernehmen – aber er forderte eine verbindliche Zusage der Länder, daß sie von einem späteren Zeitpunkt an, etwa ab 1978, ihr Drittel der Kosten übernehmen würden. Dies wurde den Ländern in einem lange unbeantwortet gebliebenen Brief mitgeteilt, doch deren Zusage ist ausgeblieben. Die bereits zur Verfügung gestellten Mittel des Bundes konnten nicht ausgegeben werden, denn eine bilaterale Finanzierung mit Berlin stieß vor allem im Bundesfinanzministerium auf Widerstände, man wollte die Garantie der Länder wenigstens für eine spätere Beteiligung an dem Projekt bekommen. Zu groß, so glaubte man in Bonn, wäre die Gefahr, daß man von dieser Regelung dann nicht mehr loskommen würde, wenn durch eine provisorische Lösung der öffentliche Druck einmal nachlassen würde. Obwohl die Zweifel an der Zahlungsbereitschaft inzwischen weiter bestätigt wurden, herrscht zumindest bei der Stiftung deutsche Kinemathek Zuversicht: »Wir werden anfangen mit einer bilateralen Lösung Berlin/Bund, die aber von vornherein ein Verbundsystem von Kinematheken vorsieht. Und in diesem Verbundsystem werden zunächst einmal mit Sicherheit drin sein, neben der Kinemathek hier in Berlin, das Institut für Filmkunde in Wiesbaden und das Filmarchiv des Bundesarchivs. Wir hoffen, daß wir also noch in diesem Jahr zumindest zu der ersten vertraglichen Vereinbarung zwischen Bund und Berlin kommen und daß damit die Voraussetzung gegeben ist, daß der Bundesminister über das Geld verfügen kann. Wir sind auch mit dem Institut in Wiesbaden, mit dem Filmarchiv im Bundesarchiv in Verhandlungen, und ich denke doch, daß sich jetzt auf dieser Basis eine Lösung abzeichnet.« (3) Das bedeutet freilich, daß nicht einmal der ursprünglich angestrebte Kompromiß zustandekommt, weil die Länder zwar ein Verbundsystem fordern, um eine größere Lösung abzulehnen, aber dann nicht einmal bereit sind, sich an dem Verbund finanziell zu beteiligen.

Der dünne Kompromiß

Zwar zeigen diese Vorgänge, daß beim Bund, beim Berliner Senat und sogar bei den Ländern (durch das Votum der Kultusminister) die Frage des Standorts zugunsten Westberlins entschieden ist, doch bleibt weiterhin unklar, was überhaupt an diesem Standort eingerichtet werden wird. Keine zentrale Kinemathek, sondern ein zentrales Filmarchiv, so weit herrscht wohl Übereinstimmung unter den verbliebenen Partnern. Wer sich alles daran beteiligen wird, steht noch nicht fest. Denkbar wäre, daß, nach dem Vorbild kommerzieller Filmverleiher, in verschiedenen Städten eigene »Kopienlager« entstehen könnten, auf das gesamte Bundesgebiet verteilt, von Hamburg über Koblenz und Wiesbaden bis München. »Wir haben ein Interesse daran, jeden, der einen Beitrag leistet, hier einzubeziehen ..., es wäre unvernünftig, gegen potente Partner Lösungen zu finden, die maßgebliche Teile ausschließen«, erklärte Ministerialdirigent Hölder im Bundesministerium des Innern.
Wie weit bestehende Einrichtungen einmal an diesem Verbund beteiligt werden, sollte freilich erst als zweite Frage geklärt werden. Dringend erforderlich ist zunächst einmal eine arbeitsfähige Zentralstelle, die den Erhalt von Filmen sichert und vor allem das Ausgangsmaterial (Negative) vor Verlust und Verfall bewahrt. Sammeln und Erhalten wäre die vorrangige Aufgabe, denn da drohen Verluste, die nicht wiedergutzumachen sind. Aus der Stummfilmzeit, das bestätigen die Filmhistoriker, sind heute bei uns vermutlich kaum mehr als zehn Prozent der tatsächlich hergestellten Filme erhalten, weil man eine systematische Sammlung versäumt hat. Zumindest im Bereich des deutschen Films sollte man dabei so lückenlos wie möglich arbeiten. Gleichzeitig müßte endlich ein zentraler Katalog mit bio- und filmographischen, wissenschaftlich gesicherten Daten erstellt werden. Wie in der Literatur längst selbstverständlich, wäre eine Klärung der Authentizität und Urheberschaft erhaltener Filmfassungen und ihre wissenschaftlich-kritische Edition erforderlich. Alle Arbeiten in diesem Bereich könnte im erforderlichen Umfang eine zentrale Stelle organisieren, ohne gleich mit dem Konkurrenzdenken anderer Einrichtungen zu kollidieren – das auf dem Gebiet der Beschaffungspolitik weitaus mehr Konflikte brächte. Für die Lösung der technischen Aufgaben, bis hin zur Lagerung von Farbkopien, bietet sich natürlich nach wie vor das Filmarchiv in Koblenz an; im Moment freilich scheint es, als würden auch eine ganze Reihe anderer Institutionen einen herausragenden Platz im

Verbund beanspruchen wollen – doch je mehr bei dessen Konstruktion individuelle Interessen Berücksichtigung finden, desto komplizierter und schwerfälliger würde auch der bürokratische Apparat werden, der für die Verwaltung des Systems erforderlich ist.
Vorher freilich müßte erst einmal der dünne Kompromiß realisiert und ein Ausgangspunkt für den Verbund zwischen Bund und Berlin gefunden werden, der auch das Interesse anderer potentieller Partner zu fördern in der Lage wäre.

1 Helmut H. Diederichs: »Wir sind nicht in der Wüste«. Filmarchive und Filmbibliotheken in der BRD und das Problem einer zentralen Kinemathek. In: Medium 7/1977.

2 Helmut H. Diederichs, a. a. O.

3 Dr. Heinz Rathsack, Leiter der Stiftung deutsche Kinemathek, zitiert nach Helmut H. Diederichs, a. a. O.

Wim Wenders
Ins Kino vernarrt

Die Arbeit des Filmvorführers Ladwig

Wenn was nicht stimmt an einer Vorführung, heißt es immer gleich: Der Vorführer! Er zieht die Schärfe nicht sorgfältig, er stellt den Ton zu laut oder zu leise, er überblendet zu früh oder zu spät von einem Akt zum anderen, er hat ein falsches Bildfenster eingelegt, er läßt den Vorhang zu früh zugehen etc. Gerade einem Festivalpublikum kann man es nur schwer gut genug machen. Auch im *Zoo-Palast* gab es einige Kritik an der Vorführung. Als ich hörte, daß der Chefvorführer, Herr Ladwig, davon sehr betroffen sei, wollte ich ihn gerne kennenlernen, um ihm eine Möglichkeit zu geben, sich zu äußern. Oft genug ist nämlich der Vorführraum die falsche Adresse für eine Beanstandung, und die Schuld an einer schlechten Vorführung liegt beim Produzenten, beim Verleiher, beim Kameramann oder beim Regisseur.
Es war nicht so einfach, mit Herrn Ladwig zu reden. Das erste Mal, als ich zu ihm kam, hatte er keine Zeit, weil er in seiner einzigen Pause der ungarischen Delegation eine Proberolle vorführen wollte. Es schien Unstimmigkeiten über das Bildformat zu geben. Das zweite Mal war er dann erst lange damit beschäftigt, ein Bildfenster eigens für den Wicki-Film zurechtzufeilen, dessen Kopie er erst eine Stunde vor der ersten Vorführung bekommen hatte, mit der er dann auch prompt nicht zufrieden gewesen war: Um nämlich das Filmformat nach beiden Seiten hin optimal im Verhältnis 1 : 1,33 ausnützen zu können, hatte er bei dem vorhandenen genormten Bildfenster einen unangenehmen weißen Bildstrich unten auf der Leinwand in Kauf nehmen müssen, erklärte er mir. Für die Abendvorstellung wolle er sich damit nicht noch einmal zufriedengeben. Deshalb feile er jetzt ein Format 1 : 1,37 zurecht. Den weißen Bildstrich wollte ich ihm nicht glauben. Herr Ladwig holte die Kopie heraus und zeigte sie mir, zusammen mit dem Bildfenster der Nachmittags- und seinem neuen der Abendvorstellung. Ein winziger Unterschied nur, aber in der zweiten Vorführung würde das Bild jetzt auf allen Seiten genau auf den Millimeter genutzt. Das war deutlich zu sehen. Der störende weiße Bildstrich, wohl auf das Aufblasverfahren über ein Zwischenpositiv zurückzuführen, war jetzt abgedeckt.
Bei dem ungarischen Film habe man sich übrigens auf seinen Vorschlag

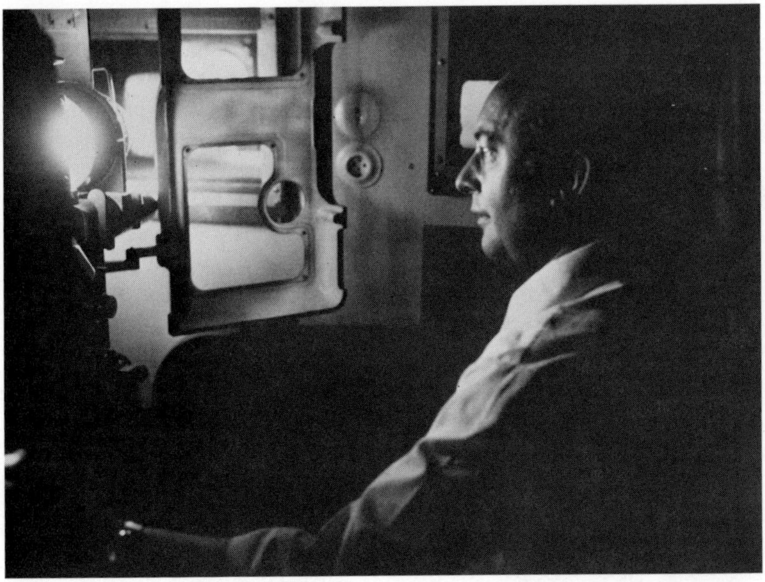

geeinigt, den Film so zu zeigen, wie er gedreht worden sei, im Normalformat nämlich, nicht, wie es der Produzent eigentlich gewollt habe, in Breitwand. Breitwand sei natürlich auf den ersten Blick attraktiver, aber was habe das für einen Sinn, wenn die Kopie mit Vollbild geliefert würde und dadurch in einer Breitwandvorführung die Abblendzeichen im rechten oberen Eck des Bildes nicht mehr sichtbar wären? Eine einwandfreie Aktüberblendung sei dann so gut wie unmöglich. Das wäre auch kein Einzelfall: immer mehr Filme würden als Fernsehcoproduktionen im Vollformat gedreht, aber die Produzenten, Verleiher oder Regisseure wollten dann lieber Vorführungen in Breitwand, damit der Film mehr nach Kino aussähe. Damit würde aber das Bild oben und unten stark beschnitten und oft genug willkürlich.
Zu dem Vorwurf, im *Berlinale-Tip* gedruckt, bei den Filmen von Bogdanovich und Truffaut den Vorhang zu früh, d. h. vor dem Ende der Schlußtitel zugezogen zu haben, entgegnete Ladwig, das sei beide Male auf ausdrücklichen Wunsch der Regisseure geschehen, so etwas mache er nur auf ausdrückliche Anweisung. Im Rahmen des Festivals käme das aber sehr oft vor, weil Regisseure oder Schauspieler Angst hätten, sich vor leerem Haus verbeugen zu müssen, wenn man die Schlußtitel wirklich bis zu Ende abwartete.

Auch ein anderer Vorwurf der letzten Tage habe sich von selbst erledigt. In Heidi Genée's GRETE MINDE seien in den Anfangssequenzen Rufe wegen Unschärfe aufgekommen, aber er habe mit Sicherheit alles an Schärfe herausgeholt, was drin gewesen sei. Die Regisseurin habe ihm später bestätigt, daß eine leichte Unschärfe in diesen Szenen im Material selbst läge. Ebenso wie die leichte Asynchronität von 4 Bildern Vorlauf den ganzen Film hindurch. Man hätte im Kopierwerk mit den besten Absichten eigens für die Vorführung im *Zoo-Palast* den Ton vorgezogen, aber 4 Bilder seien selbst für ein so großes Haus zuviel. Das wüßte er: im größten Haus in Amerika, in der *Radio City Music Hall* in New York, liefen Spezialkopien, wo der Ton sogar 6 Bilder vorgezogen sei. Das sei dort auch richtig und angemessen, wo der Saal über 100 Meter lang sei. Aber in seinem Haus sei der Abstand von Vorführung zur Leinwand 40 m, da reichten 2 Bilder Vorzug, wenn überhaupt. Aus unserem Gespräch über die konkreten Vorwürfe in bezug auf die Vorführungen der Festivalfilme wurde allmählich ein allgemeineres über seinen Beruf. Ich möchte Herrn Ladwig daraus wörtlich zitieren. »Essen und schlafen? Das mach' ich nach den Filmfestspielen wieder. Die Festspiele fangen schon 4 bis 6 Wochen vor ihrem eigentlichen Beginn für uns an. Da geht es oft rund um die Uhr. Alle Anlagen überprüfen und überholen, alle Maschinen justieren und Wartungszeiten machen. Jetzt haben wir kurz vorher noch neue Lampenhäuser gekriegt. Ich habe ein Bild da vorne und ein Licht auf der Leinwand wie noch nie. Selbst eingebaut, natürlich. Ich betrachte das nicht als Arbeit. Das ist eigentlich auch ein Hobby, da wird nicht lang gefragt. Ich stecke meine Zeit rein. Wir hier oben sind erst dann belohnt, wenn es heißt: ›Licht an, Vorhang zu, Mikro raus. Alles o. k.‹ Wir sind da vernarrt. Ich habe schon auf der Schule vorgeführt, mit 12 Jahren. Normal 8, 16 mm, stumm. Schon damals bin ich immer im Vorführhaus hängengeblieben, hab' zugeguckt, geholfen, umgerollt. Dann habe ich selbst nach Feierabend ›geflimmert‹. Hauptberuflich habe ich erst was anderes gemacht. Ich habe nie den Ehrgeiz gehabt, nach oben zu kommen, ich habe nie meine Ellenbogen eingesetzt. Das Flimmern hat mir Spaß gemacht, ich wollte einfach nur dabei sein.«
– Was ist da dran, am Flimmern? »Sie bekommen eine neue Kopie, von der sie sich viel versprechen. Sie bekommen einen neuen Meter Film in die Hand und kriegen Gänsehaut dabei. Das ist dann ein richtiges Zeichen. Ich kenne echt auch Lampenfieber hier oben, im Vorführraum. Auch nach der Vorführung brauche ich eine halbe Stunde, um die Spannung loszuwerden, um abzuschalten.

Wenn alle, angefangen also vom Kameramann, vom Produzenten, vom Regisseur, Kopierwerk nicht vergessen, Vorführer mit einbegriffen, wenn wir alle ein Stückchen mehr machen würden, sähe es schon besser aus mit dem Kino. Wir hier oben geben uns nicht zufrieden mit: ›Läuft ja schon, kann man noch verkaufen‹. Nein, es muß Klasse sein. Die da unten sollen wissen: Hier sind noch ein paar, die wirklich versuchen, ihre Arbeit gut zu machen.«

– Kommen Sie dazu, sich die Filme anzuschauen? – »Nein. Kaum. Szenenweise nur. Es muß erst mal laufen. Flimmern. Es gibt ja oft Filme aus dem Festival, die kommen später wieder ins Haus, im normalen Programm. Und dann erleben wir hier oben oft, nein meistens, eine große Enttäuschung: Der Film ist kaum wiederzuerkennen, anderes Material, flau, von irgendeinem Dup, grausam, unmöglich, das Billigste, eine einzige Enttäuschung.«

Wie ich rausgehe und Herr Ladwig die erste Maschine für die Abendvorstellung der EROBERUNG DER ZITADELLE anwirft, mit seinem Spezialbildfenster drin, meint einer seiner Kollegen zu mir, der Ladwig hätte auch schon im Vorführraum übernachtet, der sei ein Fanatiker.

Dafür halte ich ihn auch. So einem tut man leicht unrecht, wenn man sich über den Vorhang beschwert oder das Bildformat. Selten habe ich einen Kompetenteren in einem Vorführraum gesehen. Auch einen besser geführten Vorführraum muß man erst mal finden.

Während der ZITADELLE habe ich ein paarmal hochgeguckt und einen Kopf in einem Guckfenster gesehen. Da oben. Flimmern nennt er es.

Vinzenz B. Burg
Von der Begrenztheit der eigenen Welt

Zum 70. Geburtstag von Robert Bresson am 25. September 1977

Sein Œuvre ist so schmal wie das keines anderen Regisseurs von vergleichbarer Bedeutung: seit 1943 nur zwölf Filme (der letzte, DER TEUFEL MÖGLICHERWEISE, ist bei der diesjährigen Berlinale gelaufen); ein dreizehnter (LES AFFAIRES PUBLIQUES, 1934) ist angeblich verschollen. Er hat nie einer Gruppe oder »Welle« angehört; er hat sich nie durch programmatische Manifeste oder spektakuläre Auftritte ins Gespräch gebracht. Sein Stil ist von Anfang an persönlich und unverwechselbar; ein Wandel findet nicht statt, nur einige schon immer darin angelegte Tendenzen prägen sich im Lauf der Zeit stärker aus. Sein Beitrag zur Entwicklung der Filmsprache ist enorm. Darin liegt das Paradox eines Regisseurs, der seine Inspiration überwiegend aus der Literatur bezieht (sieben Filme beruhen auf literarischen Vorlagen). Sein künstlerischer Rang ist heute unumstritten. Dennoch versperren Mißverständnisse den Blick auf das Wesentliche. Zwei Schlagwörtern begegnet man am häufigsten: Determinismus und Askese.

Peter Harcourts *Six European Directors* (Harmondsworth 1974), eines der in England am leidenschaftlichsten diskutierten Filmbücher der letzten Jahre, enthält kein Kapitel über Bresson. Harcourt bemerkt im Vorwort, er verabscheue Bressons jansenistischen Determinismus. Bresson wähle die Ereignisse so aus, daß seine Personen von Anfang an unwiderruflich zum Scheitern verurteilt seien: »Deshalb bedarf es keiner ›Interpretation‹ in dem Sinn, den ich den verschiedenen Aufsätzen dieses Buchs zugrundelege. Bressons Werk läßt sich analysieren, aber nicht wirklich interpretieren; denn es gibt keine Diskrepanz zwischen dem, was er scheinbar zeigt, und dem, was tatsächlich vorhanden ist. Seine ethische Position ist so konsequent und absolut, daß sie der Phantasie des Kritikers kaum Spielraum läßt.«

Harcourts Zeilen verraten einen Hang zu akademischer Haarspalterei. Sogar wenn man zugesteht, daß die Diskrepanz zwischen Scheinbarem und Tatsächlichem bei Bresson nicht existiert, bleibt die Frage, wieso sie existieren sollte. Kann man einen Künstler tadeln, weil er sich klar und unmißverständlich ausdrückt? Ob Bressons ethische Haltung so rigoros ist, wie Harcourt behauptet, unterliegt ebenfalls begründetem

Zweifel. Immerhin enden – für einen gläubigen Katholiken erstaunlich – drei seiner Filme (Mouchette, Eine sanfte Frau, Der Teufel möglicherweise) mit einem Selbstmord, ein vierter (Vier Nächte eines Träumers) hat einen Selbstmordversuch zum Thema, ohne daß man den Eindruck gewinnt, Bresson verurteile die Tat aus moralischen Gründen. Am bedenklichsten ist jedoch Harcourts Determinismus-Vorwurf. Zum einen stellt er eine grobe Verallgemeinerung dar (wer scheitert denn z. B. in Ein zum Tode Verurteilter ist entflohen oder in Pickpocket?); zum anderen verwechselt er Schein und Sein. Jeder Romancier, Dramatiker oder Filmregisseur arrangiert Ereignisse so, daß sie in ein vorbestimmtes Muster passen. In diesem Sinn ist alle Kunst determiniert und deterministisch. Wenn indes Bressons Filme deterministischer als andere scheinen, dann liegt das nicht an Bressons Jansenismus, sondern an seiner Dramaturgie.

Traditionelle Filme legen ihre Geschichten nach dem Prinzip von Ursache und Wirkung an. Jede Episode ist die Folge aller vorausgegangenen Episoden. Die Personen verhalten sich »psychologisch«, d. h. sie agieren und reagieren entsprechend dem Verhaltensmuster, das ihnen der Drehbuchautor bzw. der Regisseur in der Exposition zuteilte. Indem die Filme Entscheidungsprozesse (vor allem durch den Dialog) miterleben lassen, suggerieren sie dem Zuschauer Entscheidungsfreiheit. Sie erwecken den Eindruck, als könne der Protagonist jeweils frei unter einer von mehreren Möglichkeiten wählen. Da der Ausgang der Geschichte jedoch, wie niemand bestreiten dürfte, von Anfang an feststeht, bedienen sich die Filme dieser Erzählstrategie nur dazu, ihr Gemachtsein zu verschleiern. Die Freiheit, die sie, bisweilen mit höchster Virtuosität, vorgaukeln, ist eine Illusion. In Wirklichkeit sind die Personen nicht freier als ein Stein, den man zu Boden fallen läßt.

Bresson mißtraut dieser Art von »Psychologie«. Er bereitet deshalb Entscheidungen oder Gefühlsumschwünge nicht von langer Hand vor, sondern legt sie gleichsam zwischen die Schnitte. So ist z. B. Marthe in Vier Nächte zunächst über den Untermieter ihrer Mutter verärgert; doch bereits in der folgenden Sequenz verliebt sie sich in ihn. Obwohl dadurch Bressons Figuren keineswegs weniger »psychologisch« stimmig sind als die anderer Regisseure, wecken sie durch ihre entpsychologisierte Präsentation den Eindruck, als würden sie von »oben« gesteuert. Bressons angeblicher Determinismus resultiert also nicht, wie Harcourt glaubt, aus einer besonders verabscheuungswürdigen Weltanschauung, sondern aus der radikalen Absage an traditionelle Erzählkonventionen. Bresson respektiert die Kausalität, ohne sie in den Rang

des obersten Gestaltungsprinzips zu erheben, getreu seiner Devise: »Der Film soll sich nicht durch einzelne Bilder ausdrücken, sondern durch die Beziehungen der Bilder zueinander, was keineswegs dasselbe ist. Auch ein Maler drückt sich nicht durch Farben aus, sondern durch die Beziehungen von Farben zueinander ... Man muß dahinkommen, daß ein Film mit den Beziehungen der Bilder spielt; hier ist ein Bild, daneben ein anderes, das Beziehungswerte hat, das heißt, das erste Bild allein ist neutral, und plötzlich, neben ein anderes gestellt, vibriert es und gewinnt plötzlich Leben, und *dieses Leben ist nicht so sehr das der Fabel, der Figuren, als das des Films«* (Hervorhebung vom Verf.).
Weil Bresson den idealen Film als Beziehungsgefüge aus einzelnen Bildern sieht, vermeidet er in sich abgerundete, breit ausgespielte Sequenzen ebenso wie nach den Regeln des klassischen Hollywood-Films konstruierte Geschichten. Seine Filme kennen weder die dramatischen Steigerungen noch die virtuosen Regie-Einlagen, die z. B. für das Kino Hitchcocks typisch sind. Wie der antike Vers statt betonter und unbetonter Silben nur lange und kurze unterscheidet, so unterscheidet Bresson statt »betonter« und »unbetonter« Einstellungen nur längere und kürzere. Außerdem bewahren Bressons Bilder trotz der Fabel, die sie transportieren, (ähnlich denen des Japaners Ozu) ihr Eigenleben. Bevor die Personen sie betreten oder nachdem die Personen sie verlassen haben, bleiben sie oft für einen Augenblick leer. Bresson reiht primär Bilder und erst sekundär Episoden einer Geschichte aneinander.
Die Vokabel, die im Zusammenhang mit Bresson regelmäßig fällt, ist Askese (bzw. asketisch). Gemeint ist offenbar, daß seine Filme »irgendwie anders« (weniger überladen, karger, leerer) aussehen als die gewohnten. Doch der Begriff »asketisch« ist irreführend, da er die Vorstellung suggeriert, Bresson setze weniger filmische Mittel bzw. setze die filmischen Mittel weniger ein als andere Regisseure. In Wahrheit verhält es sich jedoch so, daß Bresson seine Mittel nur funktionaler gebraucht. Ein Schwenk ist bei ihm eben kein brillanter Schnörkel, sondern ein Mittel, an einer bestimmten Stelle mit einem Minimum an Aufwand ein Maximum an Effekt zu erzielen. Würde man die Filme prominenter Regisseure auf überflüssige Kamerabewegungen oder Schnitte hin durchforschen, die wenigsten dürften so gut abschneiden wie Bresson. In DER PROZESS DER JEANNE D'ARC z. B. bleibt die Kamera völlig statisch. Die einzelnen Verhandlungsphasen werden dadurch voneinander abgehoben, daß die Kamera ihren Standort vor der Aufnahme ein winziges Stück nach rechts oder links verlegt. Nichts lenkt den Zuschauer von dem inneren Drama Jeannes ab; nichts könnte sub-

Robert Bresson: VIER NÄCHTE EINES TRÄUMERS

tiler und ökonomischer die Monotonie eines Prozesses verdeutlichen, bei dem das Urteil längst gesprochen ist. Außerdem war Bresson von jeher darauf bedacht, das Bild soweit wie möglich durch den Ton zu ersetzen. Diese Tendenz findet in LANCELOT, RITTER DER KÖNIGIN ihren vorläufigen Höhepunkt. Nie zuvor wurde die Erfindung Tonfilm so ernst genommen. Das Klappern der Rüstungen, das Splittern der Lanzen und das Wiehern der Pferde sind so wesentlich wie die Gesichter der Personen. Bresson schöpft hier alle Gestaltungsmittel bis zur Neige aus. Was könnte weniger »asketisch« sein?
Obwohl nahezu alle Bresson-Filme in der Gegenwart spielen, hat dieses Jetzt und Hier mit unserem Alltag nichts zu tun. Bresson vermittelt keine Erkenntnisse über die sozialen Probleme und politischen Konflikte im zweiten Drittel des 20. Jahrhunderts. Seine Realität ist nicht die äußere Wirklichkeit Kracauers oder Bazins, also das, was das Objektiv der Kamera einfängt: »Film – die Kunst –, mit Bildern nichts abzubilden.« Seine Realität ist das ordnende Bewußtsein hinter den Bildern. Dies soll nicht heißen, daß die Bilder symbolisch zu interpretie-

ren sind. VIER NÄCHTE EINES TRÄUMERS ist z. B. voll von Hinweisen, die vor einer symbolischen Deutung warnen. Das ordnende Bewußtsein hinter den Bildern tritt sozusagen ins Bild, indem Bresson, insbesondere in den letzten Jahren, die Konstruktionsprinzipien seiner Filme zu einem Thema erhebt, das gleichberechtigt neben dem narrativen Inhalt steht. DAS TAGEBUCH EINES LANDPFARRERS verherrlicht nicht nur die Kraft des Glaubens, sondern demonstriert auch, welche Effekte sich durch Überblendungen erzielen lassen. DER PROZESS DER JEANNE D'ARC handelt nicht nur vom Tod Johannas, sondern auch davon, wie man aus statischen Einstellungen eine streng rhythmisierte Bildabfolge komponiert. VIER NÄCHTE EINES TRÄUMERS ist nicht bloß die Geschichte einer enttäuschten Liebe, sondern auch ein Essay über Bressons Vorstellungen von Kino.

Bressons Filme zeigen nicht Realität, sie sind Realität. Zugleich sind sie Modelle dafür, wie wir tagtäglich Realität bewältigen, indem wir unsere vielfältigen Eindrücke selektiv in ein System einordnen. »Denn ›Welt‹ ist zuerst – und zuletzt – nichts anderes als die überschaubare und deutbare Anordnung von Zeichen, die einen etwas angehen, zu denen man erzogen worden ist oder sich im Laufe seines Lebens neu entschließt – nach einem Prozeß von immer wieder versuchten Aufbrüchen in die chaotische Vielfalt der ›Wirklichkeit‹. Sich ihr auszuliefern, auf ›Welt‹ zu verzichten zugunsten absoluter Offenheit, ist selbstmörderisch, unmenschlich. Menschlich ist es hingegen, von der Begrenztheit der eigenen ›Welt‹ zu wissen: daß sie Systemcharakter hat, daß alle Dinge, die darin vorkommen, nicht alle Dinge sind, daß diese Dinge ihre Bedeutung nur in diesem System haben und von woanders her etwas anderes bedeuten können, daß die Möglichkeit besteht, unter Mühen dieses System durch ein anderes zu ersetzen, daß jedoch die Kräfte eines Menschen nicht für viele Wechsel ausreichen« (G. Schiwy, *Strukturalismus und Zeichensysteme*, München 1973).

Den hier beschriebenen Prozeß vollziehen Bressons Filme genau nach. Als überschaubare und deutbare Anordnung von Zeichen konzipiert, tragen sie die Begrenztheit der eigenen Welt offen zur Schau. Darin liegt für Bresson die Freiheit: aus dem Ganzen (der Wirklichkeit) einen Teil (die Welt) zu wählen. Selbst oder gerade wenn dieser Teil nicht unser Teil ist, kann er die Augen für die Möglichkeiten öffnen, die draußen geblieben sind. *(Der Text erscheint auch in der FILM-Korrespondenz, Köln)*

»Le diable probablement« Gespräch mit Robert Bresson über seinen neuen Film

Ihr Film wurde nicht auf dem Canner Festival gezeigt. Die Auswahlkommission hatte ihn für den offiziellen Wettbewerb abgelehnt und Sie selbst haben ihn der ›Quinzaine des réalisateurs‹ verweigert. Hat diese Haltung der Auswählenden Ihre eigene bestimmt?

Ich wollte nicht am Wettbewerb teilnehmen. Ich hatte es jedoch wegen meines Produzenten Stéphane Tchalgatchieff akzeptiert. Ich war höchst erfreut, daß diese meine Geste ohne Folgen geblieben ist. Nie mehr Cannes im Monat Mai, mit Baden im Meer, heutzutage in verseuchtem Wasser ...

Genau diese Verseuchung der Umwelt ist eines der Themen Ihres Films, eine dieser Katastrophen, die die Welt sich selbst zerstören lassen und worin Sie die Hand des Teufels sehen. In welcher Beziehung stehen Sie zum Teufel?

Ich habe zweimal in meinem Leben die Gegenwart des Teufels verspürt und so ist es für mich ganz natürlich, daß ich hinter den Beschädigungen, die überall vorgenommen werden, den Teufel erblickt habe und daß mein Film so geworden ist, wie er ist.

Was nennen Sie Beschädigungen?

Erinnern Sie sich an die Äußerung, die Collins bei seiner Rückkehr vom Mond gemacht hat? »Zerstören Sie unseren Planeten nicht, er ist wunderschön«, etc? Man müßte auch über die verhängnisvolle Mechanisierung unseres Lebens sprechen, aber das Problem ist viel zu weitläufig ...

Ihr Film ist also ein Alarmschrei?

Ich hoffe aus vollem Herzen, daß die Jugendlichen sich mit der ganzen Kraft ihres Alters gegen das gigantische Zerstörungsunternehmen stemmen, das die Erde schändet und wofür sie die Rechnung einmal bezahlen müssen.

Sie glauben, daß ein Film eine Gewissensentscheidung, ein Aufflammen, bewirken kann?

Die Leute ertragen sehr leicht das Blut und die Foltern der anderen, im Kino (und auch anderswo). Doch hier handelt es sich um eine ganz fundamentale Sache, die uns auf die wesentliche Frage bringt: »Sein oder Nichtsein.«

Wollen Sie die Leute aufschrecken?

Von Zeit zu Zeit öffnen sich einem scharfsinnigen jungen Menschen die Augen, er übergießt sich mit Benzin und begeht im Hof seiner Schule Selbstverbrennung, wie es vor einigen Jahren in Tourcoing geschehen ist; niemand konnte ihn daran hindern, noch seinen Akt voraussehen. Der Tod dieser jungen Selbstmörder ist kein feiger, sondern ein heroischer, das Opfer ihrer selbst mit der klaren Überlegung, den anderen zu Bewußtsein zu bringen, was in der Welt vorgeht, die sie mit Ekel erfüllt.

Und was vorgeht, das ist der rote Industrie-Schlamm, die Niedermetzelung der jungen Seehunde, die Vernichtung der Wälder, die Bevölkerungsexplosion, die atomare Gefahr, die Abdankung von Kirche und Staat, die Drogensucht, die Psychoanalyse – all die Krankheitsherde, die Sie in Ihrem Film zeigen, um die intellektuelle Entwicklung und die abschließende Tat Ihres Helden zu begründen?

Die jungen Menschen müßten sich weigern, sich einem Lebensstil zu unterwerfen, der das vernichtet, was die Freude des Lebens ausmacht. Aber kann man die Uhr zurückdrehen?

Indem Sie nicht professionelle Schauspieler genommen haben, also sehr junge Leute in diesen apokalyptischen Zusammenhang gestellt haben, gingen Sie dadurch nicht das Risiko ein, sie zu traumatisieren?

Das hat mich mehrere Tage und Nächte mit Angst erfüllt, dann aber hatte ich begriffen, daß ihre Jugend triumphieren würde.

Es heißt aber doch, daß Sie Ihre Darsteller mit ›eiserner Hand‹ führen?

Vielleicht früher, bei meinen ersten Filmen. Heute führe ich sie kaum, weniger und weniger.

Sie haben Vertrauen zu denen, die Sie ausgesucht haben. Aber Sie wählen sehr sorgfältig aus.

Robert Bresson: DER TEUFEL MÖGLICHERWEISE

Manchmal irre ich mich. Für diesen Film habe ich mit etwa sechzig jungen Leuten Probeaufnahmen machen lassen und mit etwa zehn weniger jungen. Ich verlasse mich dabei hauptsächlich auf die Stimmen, das habe ich immer wieder gesagt.

Ihr Hauptdarsteller hat einen leichten Aussprachefehler, ebenso wie Sie auch.

Ich finde das wunderbar, aber nicht, weil es mir ähnelt!

Außerdem ähnelt er Ihnen auch vom Aussehen her. Er hat auch Ihre Art und Weise zu gehen. Sieht man ihn auf der Leinwand, so sagt man sich: »So muß Bresson gewesen sein.«

So? Meinen Sie?

Wie war der junge Bresson?

Wenn Sie glauben, daß ich das wüßte! Gewalttätig? Absolut? Maßlos? Nicht gerade wenig Alkohol und Tabak. Heute trinke und rauche ich nicht mehr.

Und Sie predigen der Jugend die Revolution?

Es ist nutzlos, auf die Straßen zu gehen. Die Polizei ist heute tausendmal mächtiger und zahlreicher als noch vor hundert Jahren. Mir will scheinen, daß die Jugendlichen mit wildentschlossener, aber passiver Opposition die Welt erneuern könnten.

Wer Kampf sagt, sagt auch Gegner?

Gegner – das ist frivoler Optimismus. Nur mit Geld sieht man das Leben in den schönsten Farben. Es herrscht ein Rummel um nichts. Es handelt sich um die Vorherrschaft der Gewalt.

Werden Sie sich Feinde zuziehen?

Wenn Aufschreie kommen, so beweist das nur, daß ich recht habe.

Erscheint Ihnen dieser Film als eine logische Konsequenz dessen, was Sie früher gemacht haben?

Ich glaube nicht, daß in dem, was ich mache, viel Logik liegt. Die Filme, die ich gedreht habe, scheinen mir auch nicht das zu bilden, was man ein ›Œuvre‹ nennen könnte. Ich taste herum. Ich suche, was man eine ›wunderbare Schreibweise‹ nennen könnte, eine Ausdrucksform von morgen, Bilder in Bewegung und Töne. Aber, je weiter ich vorankomme, um so mehr nimmt die Schreibweise, der ich mich verschrieben habe, Abstand und ich bekomme Zweifel über die Wichtigkeit, die Bedeutung meiner Filme.
Deshalb habe ich das Gefühl, daß ich jemanden brauchte, der mich unterstützt. Ich hätte gern das, was die Maler und Bildhauer in vergangenen Zeiten hatten: eine Werkstatt. Ich würde kein Lehrmeister sein. Ich würde mich nur ganz einfach mit denen unterhalten, die zu mir kämen. Ich sagte Ihnen, die Tatsache, bei einem Regisseur dreimal assistiert zu haben, brächte sie noch nicht dazu, Filme zu machen. Ich gäbe Ihnen die Begierde, zu sehen und zu hören. Vorsichtig zu sein. Technik ist nur wenig. Wenn man etwas zu sagen hat, selbst wenn man es ungeschickt sagt, so ist das gut. Nichts zu sagen zu haben, das ist immer schlecht. Ich gäbe ihnen kleine Teile in meinen Filmen zu realisieren, ganz nach ihrer eigenen Initiative. Ich habe aber meine Zweifel, ob ich mich ganz mit einer solchen Werkstatt verbinden könnte. Ich weiß nicht, ob ich mich dazu entschlösse. Ich weiß es nicht.

Das Interview erschien zuerst im französischen »Express« (Übersetzung: Peter H. Schröder)

Wim Wenders
Sein Tod ist keine Lösung

Der deutsche Filmregisseur Fritz Lang

»Der Tod ist keine Lösung«, sagt Fritz Lang in Jean-Luc Godards 1963 gedrehtem Film LE MEPRIS (Die Verachtung), in dem Fritz Lang einen alten Regisseur, sich selbst, spielt. Das heißt, ich lese in einem Gespräch mit Fritz Lang aus dem Jahr 1966, festgehalten in den *Cahiers du cinema*, wie ihm dieser Satz aus LE MEPRIS, den er selbst in den Dialog des Films eingefügt hat, einfällt, in einem ganz anderen Zusammenhang. Fieberhaft telefoniere ich daraufhin einen halben Tag lang in Deutschland herum, rufe Gott und die Welt an, ob es irgendwo eine Kopie dieses Filmes gibt. Ich will diesen Satz, an den ich mich nicht erinnere, gesprochen hören, den Zusammenhang wissen, indem er vorkommt. Aber es stellt sich heraus, daß es in Deutschland wohl jetzt keine Kopie dieses Films gibt. Vielleicht in England, mit Sicherheit in Frankreich, aber das dauert zu lange, bis das hier ist. Ich habe mir viel versprochen davon, Fritz Lang diesen Satz sagen zu hören, »la mort n'est pas une solution«. Jetzt muß ich sehen, wie ich so zurechtkomme mit meiner Ratlosigkeit. Ich war dabei gewesen, alles zu lesen, was ich mir von und über Fritz Lang hatte besorgen können, und je tiefer ich da hinein geraten war, um so größer wurde mein Zorn über diesen schizophrenen Zustand, daß da einer geachtet werden sollte, weil er nun tot war, der nicht geachtet worden war, während er gelebt hatte. Die Nachrufe im Fernsehen und in den Zeitungen kamen mir nicht recht vor. Ich kriegte das Gefühl nicht los, es stecke Erleichterung in ihnen, oder auch umgekehrt: Unbehagen. Und die durchaus richtigen Sätze über die Wichtigkeit Langs für die Entwicklung des Films und seiner Sprache gerannen irgendwie zu Beteuerungen. Jetzt, wo er tot ist, will man ihn schnellstens zum Mythos machen. Scheiße. Sein Tod ist keine Lösung. Wahr ist, daß Fritz Lang in Deutschland schlecht behandelt worden ist. »Aus Deutschland kommend, wo ich vor Goebbels davongelaufen war, der mir die Führung der deutschen Filmindustrie angeboten hatte, war ich sehr, sehr glücklich, hier leben zu dürfen und ein Amerikaner zu werden. Zu jener Zeit weigerte ich mich, auch nur ein Wort deutsch zu reden. Ich war schrecklich verletzt, nicht persönlich, von dem, was Deutschland passiert war, das ich sehr geliebt hatte – meine

Wurzeln sind dort – und von dem, was man der deutschen Sprache angetan hatte. Ich las nur noch englisch, ich las eine Menge Zeitungen, und ich las comic strips, von denen ich eine Menge lernte.« (1)
Fritz Lang hat nicht nur seine ersten, er hat auch seine letzten Filme hier gemacht, zwischen 1958 und 1960 (DER TIGER VON ESCHNAPUR, DAS INDISCHE GRABMAL und DIE TAUSEND AUGEN DES DR. MABUSE). Er hat sie unter falschen Voraussetzungen gemacht: »Ich habe diese Filme nicht gemacht, weil ich sie für wichtig hielt, sondern weil ich hoffte, daß ich, wenn ich jemandem einen großen finanziellen Erfolg machen würde, wieder die Chance haben würde, so wie bei M, ohne irgendwelche Einschränkungen zu arbeiten, das war ein Fehler.« (1)
In einem französischen Buch über Lang gibt es einen Beitrag von Volker Schlöndorff zu dieser Zeit. »Fritz Lang wohnt in Berlin im Hotel Windsor. Drei Jahre lang hat er in Berlin und München in Hotels gelebt. Er hat keine Freunde wiedergetroffen und auch nicht ein Publikum. Deutschland verzeiht den Emigranten nicht. Nur eine posthume Rückkehr ist ihnen erlaubt, vorzugsweise mit einem Nobelpreis ... Weil er nicht ausgehen kann, ohne sich fremd zu fühlen, schließt Lang sich in der internationalen Anonymität eines Hotelzimmers ein. Um dieses Land, das er immer noch liebt, wieder zu finden, muß er noch einmal ausreisen, sich zu den Emigranten in Frankreich und Amerika zurückgesellen.« (2)
Fritz Lang selbst: »Nach 14-monatiger Arbeit dort, zwei Jahre ist das jetzt her, habe ich schließlich definitiv die Idee aufgegeben, noch einmal einen Film in Deutschland zu machen. Die Leute, mit denen man da arbeiten muß, sind wirklich unerträglich. Nicht nur, daß sie keine Versprechen halten, schriftlich oder nicht, es ist auch noch so, daß die Filmindustrie (wenn es überhaupt noch möglich ist, den kümmerlichen Rest dessen, was das Land einmal in seiner Filmproduktion weltberühmt gemacht hat, so zu nennen) heute geleitet wird von ehemaligen Rechtsanwälten, SS-Männern, oder Exporteuren von Gott weiß was. Ihre Hauptarbeit besteht darin, Coproduktionen unter solchen Bedingungen zustande zu bringen, daß ihre Kassenbücher bereits Überschüsse aufweisen, bevor man den Film überhaupt angefangen hat.« (3)
Vielleicht gibt es hierzulande wirklich ein schlechtes Klima für diese Kunst, die halt auch eine Industrie ist, vielleicht ist eben dies gerade der Vorbehalt. Lang schrieb 1924: »Mit der dem Deutschen eigenen Fähigkeit, die einfachsten Dinge möglichst zu komplizieren, hat man nun versucht, dem Film gerade seine Allgemeinverständlichkeit zum Vorwurf zu machen, ihn speziell als ein Produkt für die Masse hingestellt. Diese

Einstellung erscheint mir als grobe Ungerechtigkeit, sowohl in bezug auf die Masse als auf den Film. Die seltsame Wesensmischung, die den Film, unbeschadet seiner künstlerischen Sendung, als ein Industrieprodukt erscheinen läßt, bringt es naturgemäß mit sich, daß er der Masse leicht und billig zugängig gemacht werden kann.« (4)

Wohl nur so ist es zu erklären, daß erst 1976, zehn Jahre mindestens zu spät, das erste deutschsprachige Buch über Fritz Lang erschienen ist. Trotzdem, oder gerade deswegen ist es ein gutes und genaues Buch, liebevoll, sachkundig, mit einer gründlichen Filmographie und Literaturangaben.

»Bei den Dreharbeiten zu Dr. Mabuse verlor Lang ein Auge. Am 27. 4. 1942 machte Brecht folgende Eintragung in sein Tagebuch: ›. . . ging er zum Augenarzt. Der verdeckte sein eines Auge und wollte ihn Ziffern ablesen lassen. Lang sagte: aber sie müssen die Lampe andrehen. Die Lampe brannte längst. Jetzt weiß oder ahnt er, daß auch sein anderes Auge von Blindheit bedroht ist, wie bei seinem Vater.‹ Das eine, das starre, das Kinoauge sieht mehr als das Paar, das auf jeden Reiz reagiert. Henry Fonda monierte, daß Lang bei Dreharbeiten mehr durch die Kamera aufs Geschehen schaut, als direkt. Einen eigenen Blick haben, seine eigene Perspektive, und Bilder machen können, die identifizierbar sind, von Vorgängen, die bis dahin der Darstellung sich entzogen. Er hätte in Interviews nie Auskunft gegeben über sein Privatleben, sagt Lang. Aber er schließt nicht aus, daß aufmerksame Blicke dessen Spuren in seinen Filmen finden können. Die Gründe für sein Filmemachen. Wenn man Fotos von Lang intensiv anschaut, wenn man sie weit genug abrückt vom Auge, sieht man schließlich nur noch ein funkelndes, gleißendes Monokel.« Frieda Grafe (5)

Fritz Lang hat sich das Buch vorlesen lassen müssen. Er habe es durchgeblättert und oft vor das Auge gehalten, um die Umrisse der Bilder sehen zu können. Das erinnert mich daran, daß er in einem Interview erzählt, daß in jedem seiner Filme seine Hände vorkämen. Wohl zumeist in Inserts, wenn eine Hand eine Zeitung oder ein Buch hält. Ich kann ihn mir seitdem besser vorstellen. Von seinen Filmen habe ich viele nicht gesehen. Die ersten, die ich überhaupt gesehen habe, habe ich in Paris gesehen, da waren sie mir sehr fremd. Zumindest fremder als das amerikanische Kino oder das französische und sogar das russische. Weil: diese Filme waren deutsche Filme, und die wollten nicht in meinen Kopf, der schon voll war von anderen Bildern und anderer Bewunderung.

Von anderen Vätern als diesem. Es sträubte sich alles in mir gegen diese kühlen und scharfen, sezierenden Bilder, diese sichtbar gewordenen Gedanken. Deutlicher als jemals in anderen Filmen wurde mir der Begriff der *Einstellung*. Jemand hatte eine Einstellung zu den Dingen, jemand hatte sich auf etwas eingestellt, etwas stellte sich ein, etwas wurde eingestellt, die Dinge und die Zeit. Oft ist einem etwas fremd, weil es einem zu nah ist.

In einer Anzeige des Filmverlages für einen neuen deutschen Film in einer Tageszeitung wurde ein Zitat aus dem *Spiegel* verwendet. In den Korrekturfahnen dieses: »einer der wichtigsten deutschen Filme seit *K*ubitsch, Lang und *Muranu*.« Diesem Satz hatten sich alle Buchstaben verweigert, vielleicht war es auch der Drucker gewesen, der diesen Bogen nicht hatte mitmachen wollen. Zu Recht, denn es gibt diese weite Verbindung nicht. Ich glaube nicht, daß es in Herzogs, Fassbinders, Schroeters, Miehes, oder in wessen unserer Filme auch immer eine Tradition gibt, die dort hinführt, in diese Zeit. Unsere Filme sind Neuerfindungen. Notgedrungen. Gott sei Dank. Ich denke, ich weiß, warum mir *Der Spiegel* angeboten hatte, über Lang zu schreiben: In IM LAUF DER ZEIT ist er anwesend, es wird von den NIBELUNGEN geredet, man sieht zwei Fotos von ihm, eines davon aus LE MEPRIS. Ich hatte das

Fritz Lang auf dem Foto aus LE MEPRIS in IM LAUF DER ZEIT

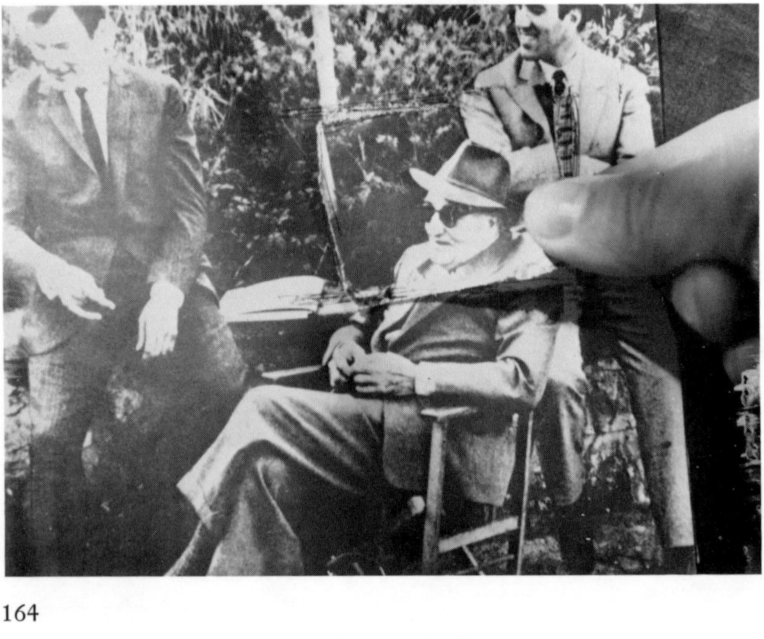

nicht im Sinn. In diesem Film über das Bewußtsein von Kino in Deutschland hat sich der verlorene, nein der verpaßte Vater von selbst eingestellt, hat sich eingeschlichen.
Was weiß ich schon über Fritz Lang? Einen Satz aus CLASH BY NIGHT (Vor dem neuen Tag), den Barbara Stanwyck sagt: »home is where you get, when you run out of places.« In meiner Ratlosigkeit rufe ich in Los Angeles an, bei Samuel Fuller, den ich einmal getroffen habe, und der mir sehr geholfen hat, in einer anderen Ratlosigkeit. Er wohnte nicht weit weg von Fritz Lang, ich wußte, daß er mit ihm befreundet war. Meine blödsinnigen Fragen nach Lang schneidet er mit einem lakonischen »I liked him« ab. Aber dann erzählt er mir, wie er die Nachricht von Fritz Langs Tod erfahren habe, kurz darauf, weil er auf der Straße Gene Fowler jr. begegnet sei, der Lang in seinen letzten Tagen viel Gesellschaft geleistet habe. Gene Fowler jr. habe sowohl viele von seinen als auch Langs Filmen geschnitten. »Was Gene also machen wird, weil es halt keine große Beerdigung gibt, er wird alle alten Freunde von Fritz Lang zusammenkriegen, und wir werden alle eine Menge trinken und eine Wache halten. (». . . have a wake.«) Auf meine Frage antwortet er: »wake ist ein alter irischer Ausdruck. When you talk and have fun and laugh and tell stories about the dead man. Das werden wir an einem der nächsten Tage machen«. Nach dem Gespräch bin ich erleichtert. Ein paar alte Männer an der Westküste würden alles richtigstellen, diese Nachrufe und den ganzen Scheiß. Sie würden sich betrinken und sich an eine Menge Geschichten erinnern. Death is no solution.

Anm.: Dieser Nachruf auf Fritz Lang, für den SPIEGEL geschrieben, erschien dort in einer stark gekürzten Fassung.

1 Aus einem Gespräch mit Peter Bogdanovich, Beverly Hills, 1965, Fritz Lang in America, Movie Paperbacks, Studio Vista.

2 Luc Moulett, Fritz Lang, Cinema d'aujourd'hui, editions seghers.

3 Aus einem Gespräch in New York, 1964 aufgezeichnet von Gretchen Weinberg, Cahiers du cinema, August 1965.

4 Filmbote, Wien 1924

5 Fritz Lang, Reihe Hanser, Frieda Grafe, Enno Patalas, Hans Helmut Prinzler, Peter Syr.

Christa Maerker
Der Duke auf seiner Ranch

Recherchen beim Superstar John Wayne

1

Die Gegend ist ein bißchen so wie in EL DORADO. Jedenfalls jenseits des Highway. Wüste, ab und zu ein Kaktus, Baumwollflöckchen, die der Wind wie Kunstschnee umherpustet, Sonne, am Horizont Berge. Und dann ab und zu eingezäunte Rinderherden, Futtersilos, Wassertanks, ein Elektrizitätswerk, ein knapp zweieinhalb Meter hohes Postgebäude, John's Garage. Montgomery Road, Misty Road – und schließlich der Wegweiser: vier Meilen nach rechts zur 26 Bar Ranch, einer der größten in Arizona, die einem der berühmtesten Bürger der Vereinigten Staaten gehört: John Wayne. Er teilt sie sich mit Louis Johnson.

Zwei Autos biegen nach rechts ab. Im ersten: Jürgen Hellwig, deutscher Brückenkopf der Janus-Film in Bel Air und hier Wegbereiter für die geplante Begegnung mit dem großen Rinderzüchter, und Howard Hawks, neben John Ford dessen bester Regisseur. Im zweiten: ein Team vom ZDF, das auszog, John Wayne kennenzulernen. Keinesfalls das Fürchten.

Er ist zwar einer von Amerikas größten Supermännern – fast zwei Meter groß – ein Superstar, der zu den beliebtesten Schauspielern der Nation gehört, seit fast vier Jahrzehnten ein Superkassenmagnet, der für die verschiedenen Studios mit über 200 Filmen über 400 Millionen Dollar eingespielt hat, ein Superpatriot, der Superwidersprüche auslöst: er ist immens beliebt bei den Leuten, obwohl er die Leute nicht sehr liebt. Im Detail: er mag Minderheiten nicht. In einem Interview, das er vor einigen Jahren dem *Playboy* gab, erklärte er: »Ich finde nicht, daß wir im Unrecht waren, als wir ihnen (den Indianern) das Land wegnahmen . . . Unser sogenanntes Stehlen dieses Landes war nur eine Frage des Überlebens. Es gab eine Riesenzahl von Menschen, die neues Land brauchten, und die Indianer waren einfach zu selbstsüchtig und wollten es für sich behalten.«

In bezug auf das Rassenproblem der Vereinigten Staaten fand er: »Aber wir können doch nicht plötzlich auf die Knie sinken und alles der Führung der Schwarzen überlassen. Ich glaube an die weiße Überlegen-

heit, bis die Schwarzen zu einem gewissen Verantwortungsbewußtsein erzogen sind. Ich glaube nicht daran, Autorität und Führungspositionen und Entscheidungen an verantwortungslose Leute abzugeben ...«.
Er ist ein engagierter Antikommunist, als braver Republikaner ausschließlich damit beschäftigt, nach dem Rechten zu sehen. Der Regisseur Nicholas Ray, der Wayne trotz allem bewundert, belegt dessen privaten kalten Krieg mit einer Anekdote: »Das war während der McCarthy-Zeit. Es gab einen Mann namens Larry Parks, der uns geschworen hatte, nicht der kommunistischen Partei anzugehören. Unter uns war eine ganze Reihe von Leuten, die sehr gegen McCarthy und seine Hexenjagd waren. Und wir alle fingen an, ›Duke‹ zu bearbeiten, weil wir wollten, daß er sich für den verfolgten Parks einsetze. Wayne hatte einen großen Namen. Er kam also zu uns und meinte: ›Ihr seid verdammt sicher, daß Parks kein Kommunist ist?‹ Er hatte der ganzen Gruppe geschworen, keiner zu sein ... Ja, und in der Zwischenzeit kam dann John Ford und sagte: ›Hey, Duke. Wir wissen ja, daß du nicht sehr klug bist, aber – warum zum Teufel machst du sowas?‹ Und da gab Parks dann zu, daß er doch Kommunist war. – Jetzt hatte Wayne Dreck am Stecken, in seinem Sinn. Und ich glaube, die Sache hat ihn so gedemütigt, daß er nur angespornt wurde, das Gegenteil zu tun.« Wayne wurde damals Präsident der Motion Picture Alliance, die sich eifrig darum bemühte, »verdächtige Leute« in Hollywood zu zerstören oder zumindest zu stören. Edward Dmytryk, Robert Rossen und Carl Foreman gehören zu denen, die dem auch von Wayne provozierten Berufsverbot gehorchen mußten.
Ganz deutlich formulierte Wayne seine Weltsicht, als er sich seinen großen Traum von der Regie erfüllte: er inszenierte DIE GRÜNEN TEUFEL und wurde gleichzeitig sein politisches Glaubensbekenntnis los (»... die Vietkong sind Verräter ... schmutzige Hurensöhne, vergewaltigende, quälende Gorillas.« So Wayne im *Playboy*. Zum Fürchten?)
In Los Angeles wohnt Jim, ein junger Amerikaner. Er sitzt in einem Rollstuhl, gehört zur großen Zahl der Kriegsveteranen, die den Alptraum nie vergessen werden. »Ich habe John Wayne damals geliebt, mich völlig mit ihm identifiziert. Er hat uns entsetzlich belogen.«
Wer hat recht? Der Supermann oder der supernaive Knabe? Es stimmt allerdings: Wayne hat – mindestens seit STAGECOACH, seinem 69. Film, den John Ford inszenierte und der Wayne zum Star machte – immer wieder dafür eintreten dürfen, daß Patriotismus, Kämpfe nach hehren Worten von Freiheit, Gerechtigkeit, Law and Order gleichzusetzen

waren mit Vokabeln, die von der Minderwertigkeit des roten Mannes und ähnlichem berichteten. Ganz selten nur war er zwiespältiger, weniger einseitig und zumindest etwas im Zweifel über die sonst so verbreitete frohe Botschaft von der fraglos herrlichen Dominanz seiner Heldenfiguren: in RED RIVER, EL DORADO, DER MARSHAL und auch in THE SHOOTIST war er differenzierter und damit menschlicher, glaubwürdiger, besser.
Nein, die Nation fürchtet sich nicht vor diesem starken Mann. Sie schätzt ihn, beweist ihm immer mal wieder die allumfassende Zuneigung, wählt ihn zum beliebtesten Entertainer, holt die Klassiker, die längst aus den Kinos verschwunden sind, in »late« oder »late late shows« nach und bleibt ihm treu. Nur beim letzten Film, den er selbst vorerst zum letzten erklärt, ließen sie in ihrer Liebe nach: Don Siegels THE SHOOTIST, der ihn als krebskranken Westerner zeigt, kam nicht an, obwohl er ein wunderbares Vermächtnis wäre und Wayne als tatsächlich begabten Schauspieler zeigt – das kam längst nicht in all seinen Filmen durch – dessen altes, verlebtes Gesicht die Qualitäten eines nahezu weisen Mannes offenbart.
Nach vier Meilen hört die Straße auf. Jetzt sieht alles aus wie ein Filmset für RED RIVER: Aufnahmewagen, rund dreißig Leute, die wichtig umherstehen, Kabel ziehen, Lampen schleppen, Silberfolien tragen, Kaffee in Pappbecher schütten, Coca-Büchsen öffnen. Hollywood auf der 26 Bar Ranch? Und dann John Wayne, verkleidet als John Wayne vom Stetson bis zu den brandneuen Cowboystiefeln, eingerieben bis an die Ohrwurzeln mit viel Sommerfarbe, Augen, Mund und Arme in Richtung Hawks geöffnet: »Howard!«
Die beiden alten großen Männer des Hollywoodkinos fallen sich gerührt in die Arme – eine Wiederbegegnung, die zwar ein bißchen kalkuliert ist, weil sie schöne Bilder ergibt, die ihnen aber wirklich Spaß macht. Bereitwillig beginnen beide, aus ihren gemeinsamen Erfahrungen und Erinnerungen Anekdoten zu machen, mit »weißt du noch, als« und »Erinnere dich mal« Pointen zu bauen, während die dreißig Leute – aus der anfänglichen Betriebsamkeit in spürbare Lethargie verfallen – verlegen und nun etwas nutzlos im Sand scharren. Wir drehen, sie nicht.
»Sie müssen die Deutschen sein. Das da sind widerliche Amateure, die zu spät gekommen sind«, erklärt der Star so laut, daß es auch der dreißigste hören kann. »Sie wollen einen Werbespot drehen, jetzt bauen sie schon seit Stunden auf. Ich hab das satt. Ich gehe Kartenspielen. Sie können ja zuschauen.« Wayne klettert in seinen Wohnwagen, der

wahrscheinlich nur zum Kartenspiel benutzt wird – auf der Ranch steht eine Mischung aus Hazienda und amerikanischem Kolonialstil mit Swimming-pool neben dem Wohnzimmer, das so groß wie eine Halle bei den Warner Brothers ist. Irgend jemand holt für Hawks einen Stuhl, etwas ähnliches wie die Stimmung einer Siesta legt sich über den großen Platz, weil niemand weiß, wie es weitergeht.

Und Wayne verliert gegen Don, den er als Top-Guerilla aus Jugoslawien eingeführt hat. »Ich habe ihn da rausgeholt.« Er spielt ein ungarisches Kartenspiel, buchstabiert: »K-a-b-a-i-s – aber das kann auch falsch sein.« Don wirft die Trümpfe auf den Tisch, Wayne eine seiner tellergroßen Hände. Es donnert. Aber draußen scheint die Sonne. Noch zwei Tage bis zum Thanksgiving-Day, und am Tag danach ist die große Bullen-Auktion, auf der die Wayne'schen Zuchterfolge an alle rinderreichen Staaten der Nation verkauft werden. »Sehen Sie dahinten die Fahnenmasten. Für jeden neuen Staat, aus dem Viehzüchter hierherkommen, errichte in einen neuen.« In rund sechzehn Staaten grasen also Preiskühe des Filmstars.

Die »Amateure« werden immer unruhiger. Sie kommen vom Werbefernsehen und wollen fürs Werbefernsehen und den »Agricultural Day« einen Spot mit Wayne drehen, der auf die Sorgen und Nöte der amerikanischen Bauern aufmerksam machen soll. An einen Zaun gelehnt steht der große Mime da, blinzelt oben und unten an der Kamera vorbei auf seinen Text, kommt nach anfänglichen Schwierigkeiten und 12 Klappen endlich in Fahrt und betont die Schönheiten der Natur: »Ist sie nicht wundervoll?« Nach jedem take bricht der Regisseur des Werbefernsehens in werbefernsehgemäße Superlative aus: »John« ruft er atemlos, »John! Du warst einfach wundervoll. Jungs, sagt es bitte auch. War er nicht einfach wundervoll?« – »Er war einfach wundervoll«, sagen die Jungs. John will gehen. »Bin ich also fertig.«

»Hm, John? Ich denke gerade nach«, sagt der Regisseur. »Ich hätte da eine Idee. Vielleicht sollten wir es noch einmal machen, aus einem anderen Winkel. Verstehst du? Du warst großartig. Man kann das gar nicht besser machen. Einfach wundervoll. Aber – verstehst du, nur so zur Sicherheit.«

John sagt: »Hm.« Und lehnt sich zurück – in die Natur. So geht das einen Nachmittag lang, bis die Kühe, die Staffage der Natur, ein bißchen unruhig werden und so muhen, daß der Tonmann des Werbefernsehens erschrocken den Kopfhörer abreißt. John ist auch unruhig, denn seine Tiere sind ihm sehr wichtig. »Zum Teufel, geht weg von ihnen. Ist das eine Red River Stampede?« Die Kühe rennen angstvoll im Kreis herum, weit aus dem Blickfeld des Werbefernsehens, das gerade der Kühe wegen hier ist. Wayne – mit einer Stimme, vor die ein unsichtbares Megaphon gehalten sein muß – ruft nach Cowboys, den einzigen, die mit den zarten Nerven der Rinderherde umzugehen vermögen. Und als die Sonne nur noch eine Handbreit über den Bergen hängt und Meilen von Film verdreht sind, bauen die »Amateure« ab. Die Requisiten zupfen Grasbüschel aus, Wayne stapft auf die Ranch zu – genau in die Arme des nächsten Fernsehteams, das ein TV-Special für Weihnachten vorbereitet.

Im Wohnsaal von Johnson/Waynes Anwesen brennen ein Kaminfeuer und mehrere Jupiterlampen. Waynes Make-up-Mann tupft hastig mit Kleenex in dem teuren Gesicht herum, ein Kind rennt in der Badehose an einem Zentner silbernen Weihnachtsschmucks vorbei, aber richtiger Christfest-Geist kommt noch nicht auf. Bevor wir freundlich und bestimmt vor die Tür gesetzt werden (»Who the f... are you. Would you mind, using the front door?«), läuft Wayne zu lange geradeaus. Plötzlich steht er mitsamt den neuen Stiefeln des Werbefernsehens Nr. 1 auf der ersten Stufe unter dem Wasserspiegel des Wohnzimmer-Pools. »Nie habe ich mich frischer gefühlt«, brüllt er auf, während alle mit angehaltenem Atem darauf warten, daß er doch noch explodiert. Man weiß, daß die Stimmungsschwankungen beim Star so faszinierend schnell sind wie die Koloraturen der Königin der Nacht. Aber er bleibt ruhig. Und alle warten auf Bob Hope, mit dem er Dialoge vor dem Kamin austauschen soll.

Wir warten auch, weil wir es für reizvoll halten, einen Kollegen über einen Kollegen reden zu lassen. Vielleicht kann er das Phänomen Wayne erklären, vielleicht ...

Quietschende Reifen, der Schlag fliegt auf: »Hallo, Jungs.«

Bob Hope, auch er ein feuriger Konservator amerikanischer Hoffnungen, vor allem dann, wenn er sie vor ausgereisten Truppen verbreiten durfte, steigt mit strahlendem Lachen aus dem Auto. Er schüttelt Hände.

Wir stellen uns unter die »Jungs« vom Fernsehteam Nr. II: »Mr. Hope, wir ...«

»Hallo there. Hi!« – »Mr. Hope?«

Er trägte eine Strickjacke, seine Hose ist zu kurz. Aber er hat einen jugendlichen Gang.

Jürgen Hellwig fährt Howard Hawks zum Flugplatz, wir fahren zurück nach Phoenix. Das sind siebzig Meilen durch diese unendlich schöne Kino-Landschaft.

2

»Wenn Sie mit Wayne ein Interview machen«, hat ein Kollege in Hollywood rechtzeitig erklärt, »fragen Sie nach seinem Verhältnis zu Frauen am besten erst fünf Minuten vor Schluß und nach seinen Ansichten über Politik danach. Dann ist es sowieso aus.«
Wir fahren am Wegweiser zur 26 Bar Ranch vorbei. Nach einer Meile steht an einem riesigen Silo: »Red River Land Company«.
Die Luft ist erfüllt von dem, was Kuhzucht produziert – mit einem Bayerischen Bergdorf hat sie jedoch nichts gemein, weil hier wahrscheinlich nur noch mit Chemikalien gezüchtet wird. Es stinkt ziemlich bestialisch.
Wir gehen in das Büro von Mr. Wayne, in dem er die einen fünfzig Prozent seines Daseins verwaltet. Das andere steht in Hollywood, beherbergt die Batjac-Productions, die von seinem ältesten Sohn Michael geleitet werden – und steht für die anderen Prozent, die neben der dritten Identität Waynes übrigbleiben: er ist dreifacher Ehemann, siebenfacher Vater und Opa von zwanzig Enkelkindern. Am liebsten hätte er alle immer bei sich – nur die Frauen nicht. Die will er alle nicht mehr wiedersehen; zahlen muß er genug für sie. Am liebsten ist ihm zur Zeit seine Sekretärin Pat, die ihren Kopf bequem an seinen untersten Rippenbogen legen kann.
»Sie wollen zu Duke? Er wird bald kommen.«
Wer immer das Gerücht aufbrachte, daß Wayne sich »Duke« nennen läßt, weil er vielleicht eine Affinität zum »Duce« verspürte, lügt. Er heißt schon so lange »Duke« wie sein Hund, den er vor rund 60 Jahren seinen besten Freund nannte. Damals entstand auch seine Liebe zum Film – der kleine »Duke« rannte, wann immer er kostenlos hineinkam, in sämtliche Vorstellungen des Kinos an der Ecke und träumte davon, auch einmal in einem Film aufzutauchen. Jahre später geschah es dann wirklich: als »Singing Sandy«, als singender Kuhhirt, bereicherte er Leinwandepen, aber erst 1939 – mit STAGECOACH – schaffte er einen Durchbruch, wie ihn niemand mehr für möglich gehalten hatte. Von da ab dann ging es nie wieder bergab, bergauf allerdings auch nicht, was Zustimmung aus den Reihen der Kritik betraf. Es ist merkwürdig: Wayne wurde nie Liebling der amerikanischen Kritiker, aber blieb immer Wonne seiner Fans.
Ein Auto fährt über den Kies vor dem Büro, eine merkwürdige Konstruktion aus Plymouth und Plexiglas. Unter der erhöhten Haube der teure Kopf des Übermannes, der selbst für amerikanische Autoriesen zu groß ist. »Hi there.« Der freundliche Klaps auf die Schulter hätte

auch von einem Pferdehuf sein können. »Leute, wir machen das am besten auf der Terrasse. Da sieht man wenigstens die Kühe gut.«
Wir klettern über die Füße von einigen Cowboys, die – Zahltag – fröhlich in den Ledersesseln des Büros sitzen, die Hüte auf den Knien. Sie sind so echt wie man es im Film nie sah: ihre Gesichter sind braun, die Stirnen schneeweiß. Kein Maskenbildner würde so etwas zugelassen haben.
Wayne ruft heiter: »Darf ich vier Nazis vorstellen? Sind hier Juden im Raum?« Die Cowboys wiehern vor Höflichkeit. Wir nicht. Auf der Terrasse betrachtet der Filmmann, der – das bestätigen fast alle, die ihn kennen – eigentlich immer selbst Regie führen möchte, mißtrauisch die Vorbereitungen zum Interview. Heute sind wir die Amateure, zu denen gestern die anderen herhalten mußten. »Wir stellen die Kameras hier und hier auf. Am besten ist also, wenn Sie sich dort hinstellen.«
»Ich stelle mich hierher. Die Kameras sollten da und da stehen.«
Wayne, in Zivil, mit ein paar zusätzlichen Haaren und makellosem Sommerteint, stellt sich da hin, wo er möchte. Das Interview beginnt. Nach acht Minuten ist es vorbei, weil Wayne – for Chrissake, I have had it! – keine Lust mehr verspürt: weder Fragen zu beantworten, die ihn, bevor man noch zu Ende gesprochen hat, stören, weil sie sein Vorurteil bestätigen (»Die besten Frauen liegen im Bett und stellen keine Fragen«), noch länger zu ertragen, daß die Kameramänner seine ausdrücklichen Regieanweisungen (»Schwenken Sie jetzt nicht! Sehen Sie sich das an, er will nicht schwenken!«) nicht spontan befolgen. Es liegt ein Fall unüberbrückbarer Zerrüttung vor, wir haben etwas über unsere Dummheit, in bezug auf Frauentypen etwas über den Wert guter Schauspielerei, in bezug auf seine veralteten Heldenrollen etwas über den »sogenannten Vietnamkrieg« erfahren, wir sind unzufrieden, er ist unzufrieden – und rauscht kieselschleudernd vom Hof. Getröstet nur von Pat, der Sekretärin, die fast schwarze Haare hat.
Als sie uns später noch einmal auf die Ranch bittet, reden wir über künstliche Befruchtung und das Bestgewicht bei Zuchtbullen, der »Duke« streichelt »Big Arthur«, der wie eine Lokomotive vor sich hinschnauft, und möchte, daß wir Großaufnahmen von Arthurs großem Kopf machen. Über Film und all diese »üblichen lächerlichen Fragen« möchte er nicht reden. »Dies hier«, Geste bis an den Horizont, »ist auch mein Leben.« Zur Zeit sicherlich das bevorzugte.
Und nie werden wir erfahren, wie er heute seine Heldenrollen einordnet.

3

Thanksgiving ist vorbei, in den Mülltonnen liegen abgenagte Gebeine von Truthähnen. Der Platz vor der Ranch sieht aus wie die Kulisse von DIE VIER SÖHNE DER KATIE ELDER, aber überflutet von Touristen und ein paar Ranchers, die sich nur für Vieh interessieren. Frauen und Kinder kommen zuerst, wenn es darum geht, eines der gedruckten Autogramme von Wayne zu holen, die Männer stehen vor den dampfenden Würstchen, dem farblosen Kohl und den Kartoffelchips, die Wayne an seine Fans ausgibt: das Ganze ist eine große Rinder-Ausverkaufsparty mit dem berühmtesten Gastgeber, den sich middle-America wünschen kann.

Sonne gibt es nicht, die Temperatur fiel um mindestens zwanzig Grad, Wayne ist blaß und blickt gespannt aus einem wollenen Dufflecoat, zum Stetson trägt man meist Regenmäntel und hohe Absätze. Die Frauen dieses Landstrichs scheinen Farbschattierungen zwischen rosa und lila zu bevorzugen, Spann-Garderobe, die immer mal wieder unter Stoffmangel leidet.

In der großen Auktionshalle wird es noch aufgeregter: auf einem hufeisenförmigen Stückchen Grün trotten numerierte Rinder, deren Leistungen laut und schnell mitgeteilt werden, die Leute beklatschen sie wie die Stars bei der Oscar-Preisverleihung. Und Wayne lächelt freundlich in die Runde, wenn die Preise nicht vor seinen Vorstellungen anhalten.

»Eine Legende schon zu Lebzeiten«, hatte der Auktionator verkündet. Das ist er ohne Zweifel. Und wie schwer muß ihm das oft gewesen sein, als John Wayne herumzutraben, den die Industrie erfunden hatte, während er, geboren als Marion Michael Morrison, oft nur Marion Michael Morrison sein wollte. Inzwischen ist es fast nicht mehr möglich, ihn von den unzähligen Rollen zu trennen – ein Stück von allen scheint für immer an ihm hängengeblieben zu sein. Das macht ihn spannend, unvorhersehbar in seinen Reaktionen, unberechenbar in seinem Verhalten. Aber: ihn kennen, heißt noch lange nicht, ihn lieben ...

4

Wir sitzen in Hollywood und warten auf Antworten. Knapp zwanzig Agenten haben zugesagt, knapp vierzig Schauspieler, Regisseure, Kameramänner, Produzenten zu fragen, ob sie sich über John Wayne äußern würden. In der Zwischenzeit suchen wir nach anderen Legenden: Gary Cooper, Clark Gable – Kinogötter des Olymp, deren Denkmäler vielleicht auf einem der Friedhöfe von Los Angeles stehen. Die

Academy of Motion Pictures, Arts and Science verspricht Information zum Thema – Gary Cooper ist auf dem Holy Cross Cemetary begraben, Clark Gable im Forest Lawn Memorial Park, und wie wäre es mit Spencer Tracy oder Tyrone Power und Robert Taylor?

Diese Friedhöfe: ausgedehnt wie große Botanische Gärten, auf denen kleine Vatikane zur Erinnerung an Tote stehen, Riesenengel, die so sehr wie Gips aussehen, daß man befürchtet, daß sie sich im nächsten Regen auflösen. But it never rains ...

Ein Mormormausoleum mit grünlichem Licht und unzähligen versiegelten Schubfächern, vor denen kleine Vasen hängen, die vereinzelt mit frischen, meist aber mit Plastikblüten vollgestopft sind. Wir dürfen eigentlich nicht drehen, aber das Team, das uns entgegenkommt, dreht auch: »Haben Sie vielleicht das Grab von Marylin Monroe gesehen?«

»Nein. Wissen Sie, wo Gary Cooper liegt?«

Es wird also nicht möglich sein, Wayne wie geplant in Relation zu den ganz Großen der Vergangenheit zu stellen – also zurück zu den Lebenden.

Dean Martin wird plötzlich von einem uralten Onkel vertreten. Dessen Vertreter schwärmt: »Denken Sie nur, er ist 93 Jahre alt und hart wie ein Knochen.« Der harte Knochen mit einem scharfkantigen Vogelkopf verlangt für das Interview mit seinem Neffen 50 000 Dollar.

Die Agentin von Rock Hudson fragt: »Was soll er machen?« Und dann glaubt sie freundlich: »Ach, sowas kann Rock nicht. Wayne beschreiben? Sein Verhalten analysieren? Lieber nicht. Rock ist ein sehr lieber Mensch, aber ...«

Richard Widmark dreht und mag keine deutschen Teams, Henry Fonda ist krank, Jane im Ausland.

Es wäre eine große Übertreibung, von einem »heißen Draht« zu sprechen. Die Angewohnheit von ganz Hollywood – diesmal bezeichnet der Begriff nicht die Geografie, sondern das eitle, neurotisierte, seelenlose, seelenvolle Volk, das ständig verkauft oder einkauft und die knallharten Vokabeln eines Marktes mit denen seiner merkwürdigen Menschlichkeit verflort – die Angewohnheit, sich mit einem »wir melden uns wieder« zu verabschieden, blockiert jede Aktivität und führt nur selten zu irgendeinem Erfolg. Aber schließlich steht fest: Don Siegel, Peter Bogdanovich, Michael Wayne, Waynes ältester Sohn, Andrew McLaglen, Nicholas Ray und Maureen O'Hara machen mit, Edward Dmytryck vertröstet auf später, »vielleicht so in einem Monat«.

Don Siegel ist der erste, sicher aus diesem Kreis auch der Bedeutendste, weil er die jüngste Wayne-Erfahrung hat – er drehte mit ihm The

SHOOTIST –, aber auch, weil er nicht jede Fernsehkamera gleich mit der einer Talk-Show verwechselt und eigentlich gar nicht erpicht ist, Wayne in freundlichen Sprechblasen zu einem reizenden Menschen aufzubauen. Er hat ihn kennengelernt, er mag ihn nicht mehr. Vor der Kamera teilt er mit, daß er nur im äußersten Fall – wenn seine Mutter stürbe oder er überhaupt nichts mehr verdienen könnte – mit Wayne drehen würde. Siegel, oxford-erzogen und so sanft und leise, daß sein DIRTY HARRY als Widerspruch erscheint, wird tückisch und boshaft, wenn er seine Rache an Wayne phantasiert, glücklich, wenn ihm eine Idee kommt und sachlich, wenn er seine Kritik an der lauten Legende formuliert: »Das könnte mich hier den Kopf kosten. An Wayne traut sich niemand heran; die meisten können ihn nicht leiden, aber sagen würde das niemand.«

Danach Bogdanovich: sein »Anwesen« in Bel Air ist diebstahlsicher. Man passiert elektronische Türschlösser und eisengeschmiedete Toreinfahrten, darf – soweit noch Platz ist – neben seinen Autoleidenschaften – Rolls Royce, Mercedes, Mercedes, Mercedes – parken, wird von einer Sekretärin begrüßt, die mit dem Arm ausholt: »Machen Sie sich's bequem.« Und dann tritt er auf: »Hallo. Ich bin Peter Bogdanovich. Aha. Arriflex.« Der Brunnen plätschert, gemeinsam suchen wir den Knopf, der das Geräusch vorübergehend abstellt. Der Swimmingpool liegt tonlos daneben.

Das Interview beginnt, mit ihm, weil er vor Jahren noch Filmkritiker war und in dieser Rolle hier auftreten soll. Wayne als Schauspieler, Waynes Filme als Beispiele eines Stückchens Americana, Wayne als ein Monument amerikanischer Hoffnungen, Träume, Erinnerungen, Sehnsüchte. Überraschenderweise bleibt er ziemlich unkritisch: Waynes Vergangenheit und sein blödsinniger Kampf gegen Hollywoods Linke sind ihm egal, er kennt Anekdoten – Hollywood, das ist sicher Teil des dort gängigen Gesellschaftsspiels, man klatscht gern mal, wenn die Türen geschlossen sind, wenn die Kreise intim und klein bleiben. Ansonsten sagt man nichts gegen die anderen, zumindest dann nicht, wenn nicht eine ganz persönliche Taktik damit verbunden sein könnte. Die hat Bogdanovich nicht. Also bleibt er bei Pointen und ist freundlich.

Danach dann Andrew McLaglen, Sohn von Victor McLaglen, der Wayne die Regie-Karriere zu verdanken hat, weil der dem Sohn eines seiner besten Freunde das Debüt produzierte: Michael Wayne, der sich nach einer »kurzen, schrecklichen Schauspieler-Laufbahn« entschlossen hat, Produzent zu werden und inzwischen längst ganz selbständig aus dem Konkurrenzkreis von Vater John und Bruder Patrick geglitten ist;

in New York Nicholas Ray, der bedauert, daß die wenigsten Waynes schauspielerische Begabung wirklich genutzt hätten und sich dann nach Fassbinder und Wenders erkundigt, von denen er im Village fasziniert Filme gesehen habe; und schließlich auf der JUNGFRAUEN-INSEL St. Croix die Irin Maureen O'Hara, für die John Wayne bis heute ein »großer, dicker Teddybär« geblieben ist.
Alle erinnern sich und alle erinnern sich gern. Wayne ist für sie natürlich kein Phänomen, sondern ein Freund oder ein Vorbild oder ein Kumpel, definiert viel eher über seine früher viel extensiveren Trinkgewohnheiten als seine Gedanken, über seinen Spaß am Spaß, wenn er bei Dreharbeiten mit der Souveränität des Profis kalauerte, verunsicherte, Spiel ins Schauspiel brachte, das die anderen verwirrte.
»Mich machte er einmal so rasend«, erzählt Maureen O'Hara, »daß ich mir vornahm, ihn in einer Szene wirklich zu schlagen. Wir drehten THE QUIET MAN, alle McLaglens und Wayne waren mit dabei, wir hatten jahrelang auf diesen Film gewartet, finanziell auf so ziemlich alles verzichtet, um ihn nur machen zu können, – und dann war der Wayne so ein Biest. Ich holte jedenfalls aus, um ihn zu treffen. Und er muß irgendwie erkannt haben, daß ich es ernst meine: er hob die Hand, ich prügelte dagegen. Stahl. Eisen. Ich sah Sterne, meine Knie wurden weich. Aber ich gab ihm nicht die Chance, das zu sehen. Ich versteckte meine Hand in den Falten meines Rockes und spielte die Szene zuende. Als wir fertig waren, sagte Duke mit einem gräßlichen Grinsen: ›Zeig mir mal deine Hand.‹ Fünf Würstchen. Und er schrie nur noch: ›Maureen muß sofort zum Arzt.‹ Und damit war die Sache erledigt.«
Phänomen und Legende ist er für die, die ihn dazu gemacht haben: für seine Fans, Bewunderer, Verehrer, die ihn vor sieben Jahren noch zu einem der beliebtesten Entertainer der Nation wählten und sich auch nicht verwirren lassen, wenn er an der Westküste den neuesten Präsidenten der Vereinigten Staaten unfreundlich diffamiert und kurze Zeit später an der Ostküste pointiert seinen Diener macht. Er hat Narrenfreiheit – die Widersprüche, die er provoziert, können noch so groß sein: Wayne wird geliebt und verehrt, vor allem als Held aus dem Westen, der mit der Landschaft, die ihn am häufigsten beherbergte, zu einer Einheit verschmolzen ist.
»John Wayne?« sagte der Liftboy eines Hotels, »das ist doch der Texaner, der mal Präsident werden wollte, nicht?«

Peter W. Jansen
Monster und Mythen oder Die Zeit des Unzeitgleichen

1.

Die Szene wechselt so schnell, wie die Kasse wechselt. Kaum hatte JAWS (Der weiße Hai) alle bisherigen Geldrekorde gebrochen, kaum hatte das, was noch übrig ist von Hollywood und meist nur eine Unterabteilung multiformer, ölgesalbter Konzerne, auf alle möglichen Katastrophen und den Horror gesetzt, nur nicht auf den hausgemachten des steuerbaren Energiedesasters und der Politikerpressung durch Energiemanipulation, da schlug die Stimmung, teilweise wenigstens, schon um, und neue Favoriten schlugen zu Buche: Polit-Thriller wie ALL THE PRESIDENT'S MEN (Die Unbestechlichen), die Erforschung der eigenen Vergangenheit in ROOTS, die Auseinandersetzung mit der Korrumpierung des Bewußtseins durch die Medien in NETWORK, eine geradezu krampfhaft zu jedem Selbstbetrug bereite Sehnsucht nach dem alten Glauben an Amerika in ROCKY. Gleichzeitig blieb ein Trend virulent, der das Kino wohl nicht mehr ganz verlassen wird, solange es noch Kino gibt: die nostalgische Rekonstruktion der Mythen und ihrer Produktionsstätten, am sichtbarsten in THE LAST TYCOON.

An der Kinoszene in den USA – und was davon auf den alten Kontinent schwappt – läßt sich die Gleichzeitigkeit ganz unterschiedlicher Wellen beobachten, Geschäftigkeit und Geschäft quer durch die Genres, auf einen Trend allein ist kein Verlaß. Was ein neues Management in den Big Companies organisiert, ist der Reflex einer dispersiven, desintegrierten Gesellschaft, in der viele Interessen nebeneinander existieren und die vielleicht noch einen formalen, aber keinen inhaltlichen Consensus mehr kennt. Die industrielle Antwort sind Flexibilität in der Umstellung des Produktionsapparates mit dem Ziel, durch stets neue oder neuartig erscheinende Produkte das Kaufinteresse zu stimulieren, Vielfalt des Angebots mit wechselnden Trendsettern, schnelle Reaktion auf allgemeine Stimmungen und Stimmungsveränderungen. ROCKY konnte einige Zeit lang ein unbeachtetes Projekt sein; der Film wurde realisiert (und zum Geschäftserfolg), als sich ein Wahlsieg Carters und damit die Hoffnung großer Bevölkerungsteile auf einen neuen amerikanischen Optimismus abzuzeichnen begann. Was lange als unmöglich galt und von der Legende nur den Tycoons und ihrer ani-

Elia Kazan: THE LAST TYCOON

malisch instinktsicheren Witterung für das Publikum zugebilligt wird, scheint eine Frage der richtigen Organisation geworden zu sein: Umschwünge, Tendenzwenden, Interessen, Bedürfnisse lassen sich einigermaßen vorausberechnen, sie lassen sich gelegentlich sogar planen.
In dem Augenblick, in dem wirtschaftliche Mißerfolge und finanzielle Einbrüche nicht mehr, wie lange Zeit, verhältnismäßig gut oder glimpflich verkraftet werden können, rekurriert die Kultur, Mode und Bewußtsein reproduzierende Industrie auf die Gleichzeitigkeit des Unzeitgleichen. Was das bedeutet, wird vielleicht erst vollends deutlich, wenn man die nordamerikanische Industrieszene mit dem Subventionskino etwa der Bundesrepublik Deutschland vergleicht: dessen Gleichzeitigkeit des Unzeitgleichen kann sich in einem bisher unbekannten Reichtum entfalten, die Differenzierung des Films und des filmsprachlichen Ausdrucks ist nie zuvor in vergleichbarer Fülle hervorgebracht worden, und zwar, paradox genug, aus der Armut des Kinos. Das will sagen: Unzeitgleiches erscheint gleichzeitig in dem Moment, in dem die kulturellen Produktivkräfte des Films nicht mehr unbedingt zur Selbstamortisation angehalten sind (BRD) oder auf ein weitgehend un-

geordnetes gesellschaftliches Bewußtsein antworten dürfen (USA). Dabei spielt es für das Ergebnis kaum eine Rolle, ob die in der Vielfalt aufscheinende »Freiheit« das Produkt weitgehender wirtschaftlicher Unabhängigkeit oder kalkulierter wirtschaftlicher Zwänge ist. Industrie, gerade sie, produziert ihren eigenen Widerspruch, sofern sich der Widerspruch wirtschaftlich auszahlt.

Die Zeit des Ungleichzeitigen, in die das Kino eingetreten ist, markiert womöglich den Ort in der Filmgeschichte, an dem das Kino endgültig und unabweisbar zu einem genuinen kulturellen Korpus wird, mit eigenem System und schon, als Reproduktionsmittel der selbstgeschaffenen Mythen, Vehikel der eigenen Geschichte und Geschichtlichkeit.

2.

Gleichzeitigkeit von ungleichzeitigen Genres bedeutet nicht nur, daß in sich geschlossene und gegeneinander abgedichtete Subsysteme unvermittelt nebeneinander existieren. Die Supertiere in GRIZZLY und KING KONG müssen ähnlich wie der Weiße Hai (JAWS), in dessen Kielwasser sie schwimmen, auf die Kinomythen des Horrorfilms setzen, also auch auf die Angst und ihre Ausbeutbarkeit, andererseits jedoch eine fast absurde Identifikation absichern: der Einsatz der subjektiven Kamera für den Fisch, den Bär und den Affen, eines Mittels also, das, semiotisch, Humanisierung und Individualisierung befördert und eine Erfindung des ästhetisch reflektierten Autorenfilms ist, läßt für kurze AugenBlicke eine Perspektive sehen, in der wir gesehen werden, diesmal freilich nicht aus einer Subjektivität, mit der wir uns bequem gleichsetzen können. Was an Beunruhigung und Verunsicherung ist in jenen Filmen, kommt nicht so sehr mit unserem Blick auf jene Monster, sondern vor allem aus jener monströsen Sicht auf uns selbst, in der wir eine Erfahrung aus Alpträumen wiederholen und selbst als die »wirklichen« Monster erscheinen, als Eindringlinge, Störenfriede, Weltverschmutzer, Naturfremde. In der Ungleichzeitigkeit von Tier und Mensch ist ein Moment von Wahrheit, das selbst im trivialsten Genre nicht vermieden werden kann.

Vermeidbar war auch nicht der Widerspruch, der in den Katastrophenfilmen hauste, von denen schließlich einer der letzten, THE HINDENBURG, fast unmerklich überleitete zu den Massenkatastrophen in den Kriegsfilmen, die sich als Fortsetzung des Geschäfts mit anderen Mitteln erwiesen. Die politische Verwicklung oder die geschichtliche Situation ist nur der Vorwand, den letzten Zeppelin in Lakehurst abstürzen und verbrennen oder die beiden Steiner – den Feldwebel in STEINER –

Das Eiserne Kreuz und den Oberstleutnant in The Eagle has Landed (Der Adler ist gelandet) – ihr Kriegshandwerk vorführen zu lassen. Der Begriff hinter den Katastrophenfilmen ist nicht die Lust an der Krise, sondern der Genuß des Geldes. Selten ist im Kino unverblümter das Geld gezeigt worden, das jene Filme und ihr exorbitanter technischer Aufwand gekostet haben. Deshalb geben die Kriegsfilme den Erdbeben- und Hochhausspektakeln erst den vollen Sinn, denn das Geld, das in pyrotechnischen Eruptionen verpulvert wird, entspricht durchaus dem Gegenstand: der Krieg ist eine Riesenkapitalanlage zur Vernichtung von Kapital sowie zur Herstellung von neuem Kapitalbedarf. Daß diese Filme den Regisseuren Sam Peckinpah und John Sturges anvertraut wurden, also Spezialisten von Indianerfilmen, Western, Materialschlachten aller Art, war schon Hinweis (und Garantie) genug, daß sich in den Filmen nichts anderes ereignen würde als eben jenes: ein blutiges Indianerspiel um die Entführung Winston Churchills bei Sturges, eine Übersetzung der Rothäute in Rotarmisten bei Peckinpah. Von einer Auseinandersetzung mit dem Phänomen des Krieges keine Spur – es wäre auch eine Auseinandersetzung mit dem eigenen Handwerk und den verkürzten Perspektiven des Genres gewesen.

John Guillerman: King Kong

3.

Eine solche Auseinandersetzung hat auch Alan J. Pakula nicht gesucht, als er den Bericht der Washington Post-Reporter Robert Woodward und Carl Bernstein verfilmte: ALL THE PRESIDENT's MEN (Die Unbestechlichen) riskiert es nicht, Politik oder wenigstens das involvierte politische System infrage zu stellen, sondern nur ein politisches Monster, das zudem von der Bühne abgetreten war. Für die Reporter, die man in unentwegt rasender Arbeit sieht, gilt zudem das gleiche Prinzip, gegen das Richard Nixon verstoßen hat: das Prinzip des Erfolgs. Nur so kann aus dem Fall Watergate der Watergate-Skandal werden, und zu dem Monster tritt der Mythos, ganz amerikanisch, in Hunderten von Filmen erprobt und reproduziert; denn immer wieder, auch hier, wird Amerika, wird seine Moral, sein Selbstgefühl und Selbstbewußtsein von Einzelnen gerettet. Zum Schock, den die Affäre den USA versetzte, verhält sich der Film geradezu komplimentär: der Skandal erschüttert keineswegs das System, sondern verschafft ihm seine Retter.

So weit ist der Watergate-Film nicht von ROCKY entfernt, wie man zunächst glauben möchte, auch NETWORK nicht, die Fernsehsatire, in der Paddy Chayefsky (Buch) und Sidney Lumet (Regie) den Fernsehstar Howard Beal live erschießen lassen, weil seine Zuschauerquote sinkt. Woodward, Bernstein (durch Robert Redford und Dustin Hoffman Kinofiguren geworden), Rocky und Beal – sie alle haben ihre Chance, und die des Boxers Rocky ist noch die geringste. Umso deutlicher muß an ihm die Unerschütterlichkeit des Glaubens an das amerikanische Prinzip demonstriert werden, ausdrücklich, während es sich in ALL THE PRESIDENT's MEN und NETWORK erst aus der Tatsache vermittelt, daß diese Filme überhaupt möglich waren. Der ihnen innewohnende Zynismus (daß sie demselben sozio-ökonomischen System dienen, das sie kritisieren, und zwar durch die Ware Kritik) wird folglich in ROCKY auch evident: die Chance des weniger als mittelmäßigen Boxers besteht darin, sich vom amtierenden Weltmeister öffentlich verprügeln zu lassen. Bemerkenswert an ROCKY ist nicht so sehr, daß der Film dennoch Optimismus verbreitet, sondern mit welchen Mitteln das gelingt: Sylvester Stallone, der Drehbuchautor, hat die Handlungspartikel aus allen Ecken und Enden der amerikanischen Filmgeschichte zusammengeklaubt, es gibt keine genuine Erfindung in dem Film. Das macht, daß Amerika sich, das heißt seine selbstgeschaffenen Mythen, restlos wiedererkennen kann – ohne diese Mythen reflektieren zu müssen.

4.

Das ist ein Ziel, das auch Peter Bogdanovich ansteuert mit NICKELODEON (Klapperschlangen beißen nicht), der Geschichte aus den Anfängen des industriellen Kinos in Amerika. Doch die angestrengte Naivität ist zu kurz dimensioniert, und der Versuch, die Geburt der Mythenfabrik aus dem unschuldigen Geist nie erlahmender Pioniere und der Ahnungslosigkeit (ironisch, mit Slapstick und Stunts) zu erklären, wirkt nicht nur lähmend, sondern erschöpft sich bald in leeren Bildern, die umso stereotyper sind, je heftiger ihnen ein zielloser Dynamismus appliziert ist: als Ziel der ganzen Anstrengung erscheint die Anstrengung selbst. Der Methode Bogdanovichs, seinen Filmen alle Reflexion und Intelligenz auszutreiben, was auch heißt: die Gleichzeitigkeit des Unzeitgleichen (der aktuelle Filmemacher hier, die ungeheure Masse alter Kinomythen dort) nicht produktiv zu machen – dieser Methode steht am fernsten Brian de Palma. Der Eklektizismus seiner Filme (SISTERS/Schwestern des Bösen; OBSESSION/Schwarzer Engel; CARRIE) ist radikal und offen eine Nachgeburt von Hitchcock und des Horrorfilms, stets exaltiert, stets den steilsten Ausdruck unter allen möglichen suchend. Mit Brian de Palma, dem Unzeitgleichen in Person, hat das amerikanische Kino sein Barockzeitalter erreicht, während gleichzeitig etwa Elia Kazan mit THE LAST TYCOON die klassische Epoche romantisiert. Sein Monroe Stahr, (fast) schrankenloser Herrscher über Studios, Regisseure, Autoren, Stars und Projekte, Hersteller von Träumen und Illusionen, wird selbst zur Kinofigur (in doppelter Dimension), indem seine Energie an einer Liebesgeschichte zerbricht, die er selbst als Film produziert haben könnte. Wie trivial auch immer das im Melodram enden mag: die Geschichte Hollywoods hat aus einer Synthese von Kinomythen eine neue mythische Gestalt gefiltert (und das Monster auf menschliches Maß reduziert).

5.

Nur wenn sie vollkommen synthetisch sind, entfalten die Produkte klassischer Hollywood-Genres, des Western und des Krimis, noch einen teils morbiden, teils komödiantischen Reiz. In ihrem Mittelpunkt stehen alternde, längst ausgepowerte Helden, die noch ein letztes Mal gegen den Untergang (des eigenen und des Genres) zum Show Down antreten. In MISSOURI BREAKS (Duell am Missouri) von Arthur Penn ist es ein feist und pervers gewordener, geckenhaft aufgeputzter Mar-

Peter Bogdanovich: NICKELODEON

lon Brando als bezahlter Menschenjäger im Dienst der Besitzenden, in THE SHOOTIST von Don Siegel der häßlich fette und sentimentale John Wayne, ein Revolverheld, der dem Krebstod nur dadurch entgeht, daß er sich dem Schußwechsel mit alten Rivalen stellt (und doch nur hinterrücks getötet werden kann). Was in diesen Spätwestern vorfällt, ist ikonografisches Bilanzieren: THE SHOOTIST beginnt mit einer Montage aus älteren, klassischen John-Wayne-Filmen, mit Szenen, in denen der letzte Held des Weste(r)ns seine Gegner, zweifellos alles Schurken, niederstreckt und die Erde von ihnen säubert. An dieser ungebrochenen Selbstgewißheit des klassischen Westerns nehmen THE SHOOTIST und, deutlicher noch, MISSOURI BREAKS sublime Rache durch die Häßlichkeit des Todes: Marlon Brando wacht auf in jenem Augenblick, in dem ihm der Pferdedieb und Bandenführer Jack Nicholson die Kehle durchschneidet.

Altgeworden und sozusagen außer Dienst (in der Schreibmaschine steckt das erste Blatt der soeben begonnenen Memoiren) ist auch der Privatdetektiv Ira Wells in THE LATE SHOW (Die Katze kennt den Mörder) von Robert Benton. Der erfahrene Drehbuchautor (BONNIE AND CLYDE) hat anthologisiert (ähnlich wie schon Roman Polanski in CHINATOWN), was immer die amerikanische Literatur von Hammett bis Spillane und was immer Hollywood an Detektivgeschichten hergeben mögen, unglaublich rasant, fehlerlos und raffiniert inszeniert. In einem überaus verwickelten Fall, in dem die Verbrechen sich gegenseitig zu verleugnen scheinen, behält der gehbehinderte und (angeblich?) magenkranke alte Schnüffler klarere Übersicht als irgend jemand sonst (auch als der Zuschauer) – doch nur dank der ebenso beiläufigen wie dilettantischen Hilfe einer Frau. Diese Mittdreißigerin Margo Sperling, das überhysterisierte Produkt amerikanischer Magazine mit ihren immer neuen Angeboten zur Selbstverwirklichung, ist die treibende Kraft des Films und zugleich der Sprengsatz gegen das Genre, das gleichwohl noch einmal erfüllt wird.

So unbekannt bisher der Typus war, in dem frauenfeindlichen amerikanischen Männerkino der letzten Jahre, so hat er schon eine zeitgleich geborene Anverwandte. Millie (Shelley Duvall), in THREE WOMEN (Drei Frauen) von Robert Altman (der Bentons LATE SHOW produzierte: die Verwandtschaft hat Gründe), ist vollkommen von außen gesteuert, eine Inkarnation der Werbung, des Fernsehens, der Illustrierten, deren zum Konsum anreizenden Idealen sie folgt, in Kleidung, Haltung, Lebensführung ebenso wie in der makellosen und völlig unpersönlichen Einrichtung ihres Appartements. Diese perfekte amerikanische Frau, von Altman aus den Accessoires instrumentiert, die ihr eignen, ist ein Typ, der sich selbst verfehlt und auf die vollständigste Niederlage angelegt ist. Sie ereignet sich in der Konfrontation mit Pinky (Sissy Spacek), einem zunächst harmlosen Provinzkind, das nach einem Selbstmordversuch mehr und mehr die Rolle Millies übernimmt, während die zur Abhängigkeit von ihrem ehemaligen Schützling regrediert, sowie mit Willie, einer Malerin mehr aus Not als Notwendigkeit. Ihre fremdartigen, mythischen Fresken mit Gestalten, die eine feindselige Mischung von Frauen und Schlangen darstellen, ist Millies einziger Ausdruck in ihrem stummen Dasein an der Seite Edgars, eines Trinkers, Angebers und Frauenhelden. Eine Fehlgeburt Willies (eines Knaben) ist der Beginn einer absoluten Entfernung der Männer – Edgar kommt auf ungeklärte Weise ums Leben – und des Aufbaus neuer Macht- und Abhängigkeitsverhältnisse unter den Frauen. Mit diesem mehr allegorischen als psychologischen Drama hat Altman nicht nur – wie die meisten anderen Autoren und Regisseure des amerikanischen Kinos, abgesehen sicher von John Cassavetes, der mit A WOMAN UNDER THE INFLUENCE (Eine Frau unter Einfluß) und THE KILLING OF A CHINESE BOOKIE sich jenseits aller Genres bewegt oder ihre Syntax auf-

Don Siegel: THE SHOOTIST

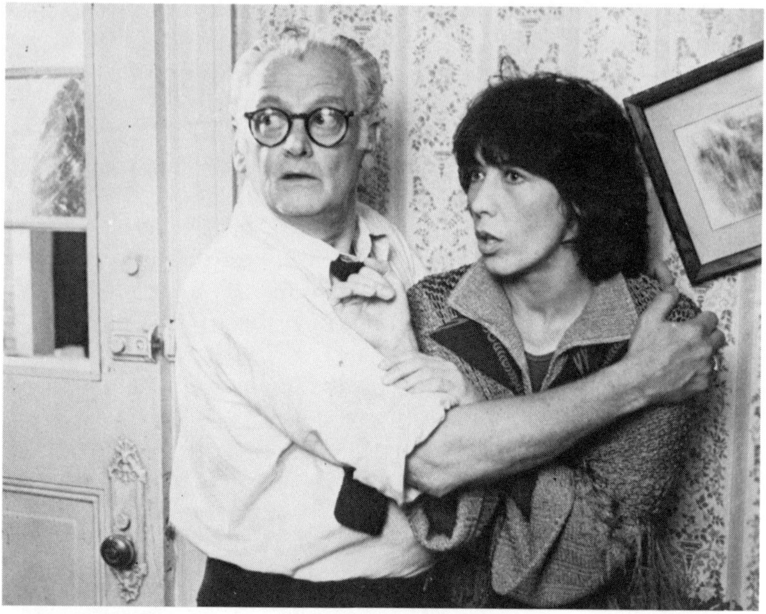

bricht – summiert und bilanziert, was die Mythen des Kinos noch durchlassen an Leben; er hat weiter nicht nur die Recherche nach anderen präformierenden kulturellen Institutionen jener Gesellschaft über NASHVILLE (die Country Music) und BUFFALO BILL AND THE INDIANS (die Show) fortgeführt: er hat vielmehr in einem von Mythen ummauerten Dasein das seltene Wagnis riskiert, eine eigene Ikonografie zu entwickeln und Monster (Schlangen) und Mythen (Frauen) zusammenzuführen und gegeneinander zu vertauschen.

6.
Die Gleichzeitigkeit des Unzeitgleichen, Signum und Stigma der amerikanischen Kinoszene dieser Epoche, konzentriert sich und kulminiert in BARRY LYNDON von Stanley Kubrick – ein Film, in dem amerikanisches Kino zugleich triumphiert und entmythologisiert wird. Alles in diesem Film, in dem fast willenlose Gestalten zu Elementarteilchen innerhalb des Makromoleküls ihrer Epoche geraten, ist Bestandteil eines Mediums, das aus Landschaften, Schlössern, Hallen, Musik, Gemälden, Kerzenlicht, zierlichen Gesten, Spitzenhemden und Perücken besteht. Das kulturelle Gepränge der Epoche, Musik von Vivaldi, Händel, Mozart, Bildvorstellungen von Gainsborough, Chardin und Chodowiecki – das alles beherrscht den Film so radikal, daß davor alles, was man Handlung nennen könnte, verblaßt. Mit ganz wenigen, bezeichnenden Ausnahmen, in denen ein expressiver Naturalismus die kulturelle Verschleierung der Epoche aufreißt und den Blick freigibt in Abgründe von Leidenschaft, Sinnlosigkeit und Angst, verhält sich der Film gegenüber allen Aktionen außerordentlich kühl. Seine wirkliche Faszination wird vermittelt durch eine unvergleichliche und bis zur Besessenheit vollkommene Genauigkeit in allen Details, vom Stuhl, Sessel und Zaumzeug bis in jede Falte der Kostüme, bis zur Haarlocke oder zum Hemdenknopf. BARRY LYNDON ist darüber hinaus der erste Film, der ganz materiell zeigt, was Interieur heißt: die künstlichen Lichtquellen, die Jupiterlampen des Kinos sind daraus verbannt; die Innenräume sind bei Nacht nur von Kerzen erleuchtet und mit Speziallinsen von überdimensionierter Lichtempfindlichkeit aufgenommen: das Licht ist das Material selbst, aus dem der Film ist und sich gleichzeitig die unzeitgleiche Epoche macht.

Nebenstehend oben: Robert Bentons THE LATE SHOW
Unten: Robert Altmans THREE WOMEN

Die üppig ins Bild gerückten Accessoires des Rokoko und die verschwenderisch ausgebreiteten Versatzstücke aller Art mögen darauf bedacht sein, dem Film eine bislang unbekannte Authentizität zu geben. Aber es ist eine Echtheit, die – da wir zweihundert Jahre von ihr entfernt leben – nur eine geliehene, eine Echtheit aus zweiter Hand sein kann. Zu diesem Widerspruch gehört, daß nur raffinierteste Machinationen, ein Heer von Beratern, Forschern und Ausstattern, daß erst die modernsten technischen und industriellen Anstrengungen aus dem letzten Drittel des 20. Jahrhunderts in der Lage sind, das vorindustrielle letzte Drittel des 18. Jahrhunderts zu rekonstruieren. Die Zeitalter berühren sich in ihren Gegensätzlichkeiten: deshalb nicht zuletzt erscheinen die Darsteller so seelenlos als ferngesteuerte Puppen, weil sie nicht

von dieser, aber auch nicht jener Zeit sind, sondern rein mediale Wesen, im Grunde schicksallos, weil ohne Selbstbestimmung. Nicht der Mensch macht die Zeit, sondern die Zeit und alles, was sie von der Gürtelschnalle bis zum Brokatvorhang, vom Dreispitz bis zum Gobelin ist, macht den Menschen.

BARRY LYNDON ist endlich das Drama des Materialismus gegen eine idealistisch verstandene und verklärte Epoche, ein Werk des absoluten, medialen Realismus der ausweglosen Vermitteltheit. Vor dieser radikalen Materialität des Geldes und industrieller Schönheit haben die Mythen keinen Bestand, deren die Industrie so dringend bedarf, um ihr wahres Interesse mit einer kulturellen Aura zu umgeben. Indem das Geld Kultur produziert, produziert es seine eigene Negation.

Hans Helmut Prinzler
Fernsehen und Film

Eine Übersicht

Als im November 1974 das sogenannte »Film/Fernsehen-Abkommen« (genau: »Abkommen zwischen der Filmförderungsanstalt und den in der ARD zusammengeschlossenen Rundfunkanstalten sowie dem ZDF vom 4. 11. 1974«) unterzeichnet wurde, begann damit aus der Perspektive der Intendanten Holzamer und Hess »ein neues Kapitel in der Zusammenarbeit zwischen der deutschen Filmwirtschaft und den beiden Fernsehsystemen«. Seit Ende 74 (bis Ende 78) investieren die Rundfunkanstalten insgesamt 34 Millionen DM in Gemeinschaftsproduktionen zwischen Film und Fernsehen. Partner bei diesen Produktionen sind auf der einen Seite privatwirtschaftlich orientierte Filmhersteller-firmen, auf der anderen Seite Fernsehspielabteilungen der öffentlich-rechtlichen Rundfunkanstalten. Mindestens 25 Prozent der Produktionskosten müssen dabei von der Herstellerfirma aufgebracht werden; dafür wird vor der Fernsehausstrahlung eine Kinoauswertung für 24 Monate gesichert.

Über die Gemeinschaftsproduktionen entscheidet die sogenannte »Achter-Kommission« (genau: »Gemeinsame Kommission Film/Fernsehen«). Für die Filmförderungsanstalt sitzen in dieser Kommission zur Zeit Alexander Grüter (1977: Vorsitz), Horst von Hartlieb, Alexander Kluge und Klaus Scepanik, für die ARD Hans-Otto Grünefeld und Hans Joachim Wack, für das ZDF Ernst Wolfgang Fuhr und Heinz Ungureit.

Seit der Unterzeichnung des Film/Fernsehen-Abkommens sind folgende Filme koproduziert worden (in Klammern die jeweils beteiligte Fernsehanstalt; Titel auf dem letzten Stand) oder als Koproduktionen in Vorbereitung/in Arbeit:

Emmerich: Hauptmann Kreutzer (BR)
Geissendörfer: Sternsteinhof (BR)
Noever: Die Frau gegenüber (BR) *
Purzer: Elixiere des Teufels (BR)
Richter: Umarmungen (BR)
Seitz: Die Jugendstreiche des Knaben Karl (BR, Familienprogramm)
Verhoeven: Gefundenes Fressen (BR)

Koller: Johnny West (HR)
Rohmer: Die Marquise von O. (HR)
Schlöndorff: Der Fangschuß (HR)

Brandner: Schwarz-Rot-Gold (NDR) *
Ehmck: Die Brandstifter (NDR/HR, Familienprogramm) *
Ehmck: Mein Onkel Theodor (NDR/HR, Familienprogramm)
Hädrich: Finsternis bedeckt die Erde (NDR) *
Runze: Die Standarte (NDR)

Stein: Sommergäste (SFB)

Bohm: Nordsee ist Mordsee (SDR, Familienprogramm)
Vogeler: Das Tal der tanzenden Witwen (SDR)

Kückelmann: Die Angst ist ein zweiter Schatten (SWF)

Jasny: Ansichten eines Clowns (WDR)
Sanders-Brahms: Heinrich (WDR)
Schlöndorff: Die verlorene Ehre der Katharina Blum (WDR)
Verhoeven: MitGift (WDR)
Wenders: Der amerikanische Freund (WDR)

Bergman: Das Schlangenei (ZDF)
Bohm: Ich bin von Kopf bis Fuß (ZDF) *
Fleischmann: Die Hamburger Krankheit (ZDF) *
Genée: Grete Minde (ZDF)
Goretta: Die Spitzenklöpplerin (ZDF)
Gremm: Tod oder Freiheit (ZDF) *
Herzog: Jeder für sich und Gott gegen alle (ZDF)
Herzog: Stroszek (ZDF)
Jasny: Der Ketzer von Soana (ZDF) *
Kluge: In Gefahr und größter Not bringt der Mittelweg den Tod (ZDF)
Kluge: Der starke Ferdinand (ZDF)
Lattuada: Hundeherz/Warum bellt Herr Bobikow? (ZDF)
Perakis: Bomber und Paganini (ZDF)
Petrovic: Gruppenbild mit Dame (ZDF)
Reitz: Der Schneider von Ulm (ZDF) *
Th. Schamoni: Wölfe (ZDF) *
Sinkel/Brustellin: Berlinger (ZDF)
K. Thomé: Also es war so ... (ZDF)
Weidenmann: Der Schimmelreiter (ZDF) *

Widerberg: Viktoria (ZDF) *
Zurlini: Die Tatarenwüste (ZDF)

(Stand: 1. 8. 77, * = Produktion noch nicht abgeschlossen, z. T. noch in Vorbereitung.)

Neben der Koproduktion zwischen Film und Fernsehen sieht das Abkommen für die Fernsehanstalten die Möglichkeit vor, bei qualitativ guten deutschen Filmen die Rechte zur Verwertung im Fernsehen im sogenannten »Vorabkauf« zu erwerben. Dafür stehen jährlich eine Million DM zur Verfügung, die an mindestens fünf förderungswürdige Filme als Mitfinanzierung vergeben werden können – das bedeutet: 200 000 DM pro Film. Über die Projekte entscheidet eine Vorabkauf-Kommission, der zur Zeit Klaus Brüne, Dieter Krusche, Hans Blank für das ZDF und Franz Everschor, Klaus Lackschéwitz, Günther Langhardt für die ARD angehören. Bisher sind folgende Filme von der ARD- bzw. ZDF-Filmredaktion im Vorabkauf erworben worden:

Fassbinder: Mutter Küsters' Fahrt zum Himmel (ARD)
Jasny: Fluchtversuch (ARD)
Runze: Das Messer im Rücken (ARD)
Runze: Verlorenes Leben (ARD)
Schilling: Rheingold (ARD) *
Schilling: Die Vertreibung aus dem Paradies (ARD)
Wenders: Im Lauf der Zeit (ARD)

Brechbühl/Meili: Kneuss (ZDF) *
Buchholz: Bockshorn (ZDF) * (unsicher)
Fengler: Eierdiebe (ZDF)
Gauer: Die Mucker (ZDF) *
Herzog: Herz aus Glas (ZDF)
Minow: Selbstversuch (ZDF) *
P. Schamoni: Potato-Fritz (ZDF)
Schönherr: Der Kaiser von Aschau (ZDF) *
Seitz: Unordnung und frühes Leid (ZDF)
Tessari: Das fünfte Gebot (ZDF)

Diesen Filmen wird vor ihrer Fernsehausstrahlung eine fünfjährige Kinoauswertung ermöglicht; in Ausnahmefällen kann diese Frist verkürzt werden.
Eine weitere Million DM stellen ARD und ZDF jährlich dem Projekt-

förderungsfond der Filmförderungsanstalt zur Verfügung, ohne dafür direkte Rechte zu erwerben. Erwartet wird, daß unter den von der Projektkommission geförderten Filmen Produktionen sind, die sich später für eine Verwertung im Fernsehen eignen.
Das Film/Fernsehen-Abkommen läuft – wie das Filmförderungsgesetz – zum 31. 12. 1978 aus. Die jährlichen Beiträge der Fernsehanstalten sind bis heute so wie 1974 geplant eingebracht und nach Meinung aller Beteiligten produktiv verwendet worden. Aus der Perspektive der Filmwirtschaft haben sich damit freilich die Forderungen gegenüber dem Fernsehen nach mehr Rücksichtnahme auf die Kinos (spielfilmfreies Wochenende im Fernsehen) und nach einer festen Abgabe an die FFA (z. B. 20 000 DM pro Spielfilmausstrahlung im Fernsehen) nicht erledigt. Bei der Novellierung des Filmförderungsgesetzes und dem Abschluß eines neuen Film/Fernsehen-Abkommens 1978 wird davon wohl noch die Rede sein.

Nicht nur im Zusammenhang mit dem Film/Fernsehen-Abkommen sind die Fernsehspielabteilungen unserer beiden Rundfunksysteme in Spielfilmproduktionen engagiert. So hat z. B. der WDR in den letzten Jahren Filme wie FALSCHE BEWEGUNG, LINA BRAAKE, DIE WILDENTE, FAMILIENGLÜCK, PAULE PAULÄNDER, DER AUFRECHTE GANG, DIE EROBERUNG DER ZITADELLE mitproduziert, der Hessische Rundfunk hat mit Schlöndorff und Straub zusammengearbeitet, der Südwestfunk hat mehrere Debütfilme (Kückelmann, Gallé) ermöglicht, und das ZDF kümmert sich mit seiner Redaktion »Das kleine Fernsehspiel« besonders um Nachwuchsregisseure.
Dies sind die Fernsehspielredaktionen von ARD und ZDF (Personen- und Zahlenangaben beziehen sich auf den Stand vom August 1977; durch die Änderungen der Programmschemata ab 1978 werden sich z. B. die Fernsehspieltermine durch Serientermine verschieben):

Bayerischer Rundfunk (BR)

Programmbereich Spiel. – Fernsehstudio München-Freimann, Tel.: 0 89 / 3 80 61. – Leiter: Franz Josef Wild (auch: Koordinator der Programmgruppe »Spiel und Unterhaltung« und außerdem als Regisseur tätig). – Schauspiel und Theater: Rainer Geis. – Unterhaltendes Fernsehspiel: Peter Hoheisel, Peter Pabst. – Dramaturgin: Ruth Horwitz. – Redakteur und Lektor: Jochen Löscher. – Stoffentwicklung: Dr. Horst Dallmayr.

Anteil des BR am ARD-Programm: 17 Prozent. Das sind für den Programmbereich Fernsehspiel ca. 18–20 Erstsendungen und 4–5 Wiederholungen pro Jahr. Dazu kommt die Betreuung des Fernsehspiels im Dritten Programm des BR (über 100 Termine, vor allem Wiederholungen und Übernahmen). – Regelmäßig für den Sender arbeitende »Hausregisseure« gibt es nach Auskunft der Redaktion nicht. – Bisherige Koproduktionen im Rahmen des Film/Fernsehen-Abkommens: 6 (eine weitere Produktion ist für das Familienprogramm reserviert).

Hessischer Rundfunk (HR)

Hauptabteilung Fernsehspiel und Oper. – Bertramstr. 8, 6000 Frankfurt am Main 1, Tel.: 06 11 / 15 51. – Leiter: Dr. Hans Prescher. – Leiter der Dramaturgie: Dr. Bernt Rhotert. – Lektorin: Ursula Krüger. – Redakteur: Peter van Buren. – Dramaturg: Dr. Dietmar Schings (gleichzeitig Redakteur für Spielfilmsendungen).
Anteil des HR am ARD-Programm: 8 Prozent. Das sind für die Hauptabteilung Fernsehspiel und Oper 8–9 Erstsendungen und 6 Wiederholungen pro Jahr. Die Termine des Fernsehspiels im Dritten Programm werden vor allem mit Ankäufen, Übernahmen und Wiederholungen bestritten. – Als »Hausregisseure« gelten Peter Beauvais, Volker Schlöndorff, Fritz Umgelter, Claus Peter Witt. – Bisherige Koproduktionen im Rahmen des Film/Fernseh-Abkommens: 3 (dazu kommen 2 Filme für das Familienprogramm, zusammen mit dem NDR).

Norddeutscher Rundfunk (NDR)

Hauptabteilung Fernsehspiel. – Fernsehstudio Wandsbek, Tonndorfer Hauptstraße 90, 2000 Hamburg 54, Tel.: 0 40 / 41 31. – Leiter: Dieter Meichsner (auch als Autor tätig). – Stellvertreter: Hans Brecht (Leiter der Film- und Fernsehspielredaktion von NDR III). – Oberspielleiter: Rolf Hädrich. – Dramaturgen: Rüdiger Humpert, Eberhard Scharfenberg. – Festangestellte Regisseure: Egon Monk (Leiter einer Projektgruppe), Klaus Wildenhahn (als Dokumentarfilmmacher tätig), Jürgen Roland.
Anteil des NDR am ARD-Programm: 20 Prozent. Das sind für die Hauptabteilung Fernsehspiel ca. 20 Erstsendungen und 8–10 Wiederholungen pro Jahr. Für die Nordkette (NDR III, RB III, SFB III) be-

treut der NDR den Bereich Fernsehspiel (verantwortlich: Hans Brecht). Es gibt keine festen Fernsehspieltermine und wenig Eigenproduktionen. Die Sendungen werden mit Ankäufen aus dem Ausland und Übernahmen aus anderen Programmen bestückt. – Als »Hausregisseure« des NDR-Fernsehspiels gelten außer den Festangestellten (Hädrich, Monk, Roland, Wildenhahn) Rolf Busch, Carlheinz Caspari, Eberhard Fechner, Wolfgang Petersen (Tatort), Peter Schulze-Rohr, Dieter Wedel. – Bisherige Koproduktionen im Rahmen des Film/Fernseh-Abkommens: 3 (dazu kommen 2 Filme für das Familienprogramm, zusammen mit dem HR).

Radio Bremen (RB)

Abteilung Fernsehspiel und Unterhaltung. – Heinrich-Hertz-Str. 13, 2800 Bremen 33, Tel.: 04 21 / 42 71. – Leiter: Jürgen Breest. – Redakteurin im Fernsehspiel: Dr. Jutta Boehe.
Anteil von RB am ARD-Programm: 3 Prozent. Das sind für die Abteilung Fernsehspiel 3 Erstsendungen und 2–3 Wiederholungen pro Jahr. Zum Dritten Programm der Nordkette wird vom Fernsehspiel nichts beigetragen. Als Hausregisseure gelten Peter Beauvais, Karl Fruchtmann, Rainer Wolffhardt. – Koproduktionen im Rahmen des Film/Fernseh-Abkommens: 0.

Saarländischer Rundfunk (SR)

Hauptabteilung Spiel und Unterhaltung (ab 1. 11. 1977). – Funkhaus Halberg, 6600 Saarbrücken, Tel.: 06 81 / 60 21. – Leiter: Rolf von Sydow (ab 1. 11. 1977). – Redakteur im Fernsehspiel: Ulrich Nagel.
Anteil des SR am ARD-Programm: 3 Prozent. Das sind für die Abteilung Fernsehspiel 3 Erstsendungen und 2–3 Wiederholungen pro Jahr. Für das Dritte Programm S 3 (SDR, SR, SWF) wird von SR nicht selbst produziert, sondern angekauft oder übernommen. – Als »Hausregisseure« gelten Günter Gräwert und Rolf von Sydow. – Koproduktionen im Rahmen des Film/Fernsehen-Abkommens: 0.

Sender Freies Berlin (SFB)

Hauptabteilung Fernsehspiel und Hörspiel/Feature Hörfunk. – Masurenallee 8–14, 1000 Berlin 19, Tel.: 0 30 / 30 81. – Leiter: Hans Kwiet. – Redakteure im Fernsehspiel: Jens-Peter Behrend, Dr. Christa Vogel. – Dramaturg: Dr. Heinz Schäfer.
Anteil des SFB am ARD-Programm: 8 Prozent. Das sind für die Abteilung Fernsehspiel 8–9 Erstsendungen und 5 Wiederholungen pro Jahr. Zum Dritten Programm der Nordkette wird für den Bereich des großen Fernsehspiels kein Beitrag geleistet. – Als »Hausregisseure« des SFB-Fernsehspiels gelten Peter Beauvais, Ludwig Cremer, Oswald Döpke, Günter Gräwert, Eberhard Itzenplitz, Willi Schmidt, Fritz Umgelter. – Bisherige Koproduktionen im Rahmen des Film/Fernsehen-Abkommens: 1.

Süddeutscher Rundfunk (SDR)

Hauptabteilung Fernsehspiel. – Postfach 837, 7000 Stuttgart 1, Tel.: 07 11 / 28 81. – Leiter: Dr. Reinhart Müller-Freienfels. – Dramaturgen: Ute Garbe, Werner Sommer.
Anteil des SDR am ARD-Programm: 8 Prozent. Das sind (1977) für die Abteilung Fernsehspiel 10 Erstsendungen und 6 Wiederholungen. Für S 3 gibt es keine Eigenproduktionen, die ca. 20 Fernsehspieltermine werden vor allem mit Ankäufen aus dem Ausland und Übernahmen bestritten. – Als »Hausregisseure« des SDR-Fernsehspiels gelten Theo Mezger (festangestellt), Peter Beauvais, Ludwig Cremer, Michael Kehlmann, Tom Toelle, Franz Peter Wirth und Samuel Beckett. – Bisherige Koproduktionen im Rahmen des Film/Fernsehen-Abkommens: 1 (eine weitere Produktion ist für das Familienprogramm reserviert).

Südwestfunk (SWF)

Hauptabteilung Fernsehspiel. – Hans-Bredow-Straße, 7570 Baden-Baden, Tel.: 0 72 71 / 27 61. – Leiter: Peter Schulze-Rohr (ab 15. 2. 1978). – Stellvertreter: Gig Malzacher. – Ressortleiter (Fernsehspiel III. Programm): Dr. Dieter Ehlers. – Redakteure: Horst Bohse, Friedrich Mertel, Susan Schulte.

Anteil des SWF am ARD-Programm: 8 Prozent. Das sind für die Abteilung Fernsehspiel 8–9 Erstsendungen und 6–7 Wiederholungen pro Jahr. Der Anteil der Eigenproduktionen ist besonders hoch. Auch für S 3 werden jährlich 2–3 Eigenproduktionen insbesondere mit jüngeren Regisseuren hergestellt (Reihe: »Wir stellen vor«). Im übrigen werden dort Wiederholungen aus dem 1. Programm oder Übernahmen ausgestrahlt. – Als »Hausregisseure« gelten Peter Beauvais, Rolf von Sydow, Michael Verhoeven. – Bisherige Koproduktionen im Rahmen des Film/Fernsehen-Abkommens: 1.

Westdeutscher Rundfunk (WDR)

Programmbereich Spiel und Unterhaltung (Fernsehspiel, Unterhaltung, Familie, Film und E-Musik). – Appellhofplatz 1, 5000 Köln 1, Tel.: 02 21 /22 01. – Programmchef: Dr. Günter Rohrbach. – Cheflektor des Fernsehspiels: Dr. Aivars Petritis. – Redaktionsgruppe I (Fernsehspiel): Leiter: Gunther Witte, Redakteure: Wolf-Dietrich Brücker, Dr. Volker Canaris, Joachim von Mengershausen. – Redaktionsgruppe II (Fernsehserien): Leiter: Peter Märthesheimer. Redakteure: Heidi Steinhaus, Alexander Wesemann, Martin Wiebel. – Zuständig für Koordination des Fernsehspiels im WDF (III. Programm des WDR) und Ankäufe: Hartwig Schmidt.
Anteil des WDR am ARD-Programm: 25 Prozent. Das sind für die Fernsehspielabteilung ca. 25 Erstsendungen und 10–12 Wiederholungen pro Jahr. Für das WDF werden auch Eigenproduktionen hergestellt. – Als »Hausregisseure« gelten Wilhelm Semmelroth (festangestellt) und Peter Beauvais, Rainer Werner Fassbinder, Hans W. Geissendörfer, Reinhard Hauff, Wolfgang Petersen, Wim Wenders, Peter Zadek, Christian Ziewer. – Bisherige Koproduktionen im Rahmen des Film/Fernsehen-Abkommens: 5.

ARD-Koordinator für Fernsehspiele ist Friedrich Wilhelm Räuker (NDR). Seit Januar 1977 erscheint vierteljährlich eine Programmbroschüre »ARD-Fernsehspiel« (Redaktion der ersten Hefte: Wolf-Dietrich Brücker/Joachim von Mengershausen).

Zweites Deutsches Fernsehen (ZDF)

Hauptredaktion Fernsehspiel und Film. – Große Bleiche, 6500 Mainz, Tel.: 0 61 31 / 7 01. – Leiter: Heinz Ungureit. – Fernsehspielredaktion A (Auftrags- und internationale Koproduktionen); Leiter: Dr. Wolfgang Patschke. – Redaktion Serien I; Leiter: Dr. Joachim Tettenborn. – Redaktion Serien II; Leiter: Hans Bobermin. – Kleines Fernsehspiel; Leiter: Eckart Stein. Redakteure: Maya Faber-Jansen, Christoph Holch, Sibylle Hubatschek-Rahn, Hans Gert Knebel, Dr. Hans Kutnewsky. Diese Redaktion hat einen hohen Stellenwert für jüngere Filmemacher. Sie bietet einige Experimentiermöglichkeiten in den beiden Reihen »Studioprogramm« und »Kamerafilm«. Sendetermine 1977: 47. – Fernsehspiel I; Leiter: Friedrich Karl Wittich. – Fernsehspiel II; Leiter: Heinz Bernhard Steffens. – Fernsehspiel III; Leiter: Heinrich Carle. – Spielfilm; Leiter: Klaus Brüne (siehe ZDF-Filmredaktion). – Lektorat: Michael Oehring. – Regie: Heinz B. Steffens.
Im Bereich der Hauptredaktion Fernsehspiel und Film werden jährlich ca. 150 Fernsehspiele ausgestrahlt, davon sind ca. 30 Prozent Wiederholungen. Dazu kommen 360 Serientermine.
Hauptredaktion Dokumentarspiel. – Leiter: Dr. Friedrich-A. Krummacher. – Redaktion I; Leiter: Wolfgang Hammerschmidt. – Redaktion II; Leiter: Dr. Rolf Ballmann. – Redaktion III; Leiter: N. N. – Redaktionsleiter z. b. V.: Werner Murwaski.
Die Hauptredaktion Dokumentarspiel sendet pro Jahr ca. 20 Dokumentarspiele oder dokumentarische Spielfilme; dazu kommen die Sendereihen »Aktenzeichen XY ... ungelöst«, »Vorsicht Falle«, »Ehen vor Gericht«, »Derrick«, »Der Alte«.
Seit Sommer 1973 erscheint vierteljährlich eine Programmbroschüre »Das Fernsehspiel im ZDF«.

Während die *Fernsehspielabteilungen* vor allem für die *Produktion* von Filmen Sorge tragen, liegt bei den verschiedenen *Filmredaktionen* die Verantwortung für den *Ankauf* von fertigen Spielfilmen.
Dies sind die Filmredaktionen der ARD und des ZDF (die Angaben beziehen sich auf das Jahr 1977/Stand: August 1977):
Die neun in der Arbeitsgemeinschaft der öffentlich-rechtlichen Rundfunkanstalten der Bundesrepublik Deutschland (ARD) zusammengeschlossenen Sender, die gemeinsam das I. Fernsehprogramm verantworten, haben die Auswahl des Spielfilmprogramms delegiert an die

ARD-Filmredaktion

Bertramstraße 8, 6000 Frankfurt am Main 1, Tel.: 06 11 / 1 50 93 77. – Leitung: Franz Everschor. – Redakteure: Klaus Lackschéwitz (Stellvertretender Leiter), Peter Steinhart, Henner Höhs, N. N. – Organisatorisch und ökonomisch wird das Spielfilmprogramm der ARD abgewikkelt über Degeto-Film GmbH (Adresse wie oben). Geschäftsführer: Hans Joachim Wack; Stellvertreter: Günther Langhardt. – 1977 werden voraussichtlich 144 Spielfilme ausgestrahlt, davon ca. 37 Erstaufführungen (d. h. Filme, die zuvor in der Bundesrepublik nicht im Kino gezeigt worden sind), 86 Erstausstrahlungen und 21 Wiederholungen; 12 Titel stammen aus der Produktion der Bundesrepublik. – Für den Erwerb eines Spielfilms (in der Regel zur dreimaligen Ausstrahlung in der ARD einschließlich Dritter Programme innerhalb von fünf Jahren) werden bis zu 125 000 DM bezahlt (darin sind enthalten die Kosten für die Lizenz, Mehrwertsteuer, Sendematerial und Synchronisation). – ARD-Koordinator für Spielfilm ist Dr. Helmut Oeller (Fernsehdirektor des Bayerischen Rundfunks).

Sendungen *über* Film werden von der ARD-Filmredaktion nicht hergestellt. Im I. Programm ist als informierende Filmsendung die Reihe »Schaukasten« eingerichtet, die an 6 Sonntagabenden im Jahr ausgestrahlt wird und in die Verantwortung von 6 ARD-Sendern fällt. Kritische Informationen enthält gelegentlich auch das Kulturmagazin »Titel, Thesen, Temperamente« (Hessischer Rundfunk). Als Unterhaltungssendung mit Werbemöglichkeiten für Kinofilme ist das Quiz »Kennen Sie Kino?« gedacht (Moderation: Helmuth Lange, Redaktion: Henri Regnier, Uta Fahrenholtz; 7 Sendetermine, jeweils Samstag nachmittags; ab 1978 wieder Dienstag, 20.15 Uhr, 6 Termine).

ZDF-Filmredaktion

Große Bleiche, 6500 Mainz, Tel.: 9 61 31 / 7 01. – Leitung: Klaus Brüne. – Redakteure: Martin Büttner, Eva Hoffmann, Siegfried Hofmann, Dieter Krusche, Jürgen Labenski, Alexander Marinoff, Gisela Naß, Dr. Brigitte Reiner. – Die ZDF-Filmredaktion gehört zur Hauptredaktion »Fernsehspiel und Film« (Leitung: Heinz Ungureit). – 1977 werden voraussichtlich 166 Spielfilme ausgestrahlt, davon 43 Erstaufführungen, 68 Erstausstrahlungen und 55 Wiederholungen; 27 Titel stammen aus der Produktion der Bundesrepublik. – Für den Erwerb eines Spielfilms werden bis zu 125 000 DM bezahlt (vgl. ARD-Spielfilmredaktion).

Die ZDF-Filmredaktion produziert auch Sendungen *über* Film. Als aktuelles, kritisches Magazin aus der Filmbranche versteht sich »Apropos Film« von Helmuth Dimko, Peter Hajek, Joe Hembus; es wird monatlich gesendet. Filmkundlichen Charakter hat die Reihe »Filmforum«, die u. a. Porträts von Regisseuren oder Darstellern bietet, deren Filme im Programm des ZDF gerade zu sehen sind; Redaktion: Eva Hoffmann, 1977: 6 Termine. In der Sendereihe »kurzfilm international« (1977: 8 Termine) stellt Eva Hoffmann seit vielen Jahren in- und ausländische Produktionen vor. Das Filmpublikum mobilisieren soll die Reihe »Ratschlag für Kinogänger« (Redaktion: Jürgen Labenski), in der die Kritiker Manfred Delling, Hanns Fischer, Hans Hellmut Kirst, Michael Lentz, Günther Pflaum und Elvira Reitze Kinofilme besprechen (1977: 24 Termine). Eine Konkurrenz dazu sind die Kino-Notizen von Peter W. Jansen im Kulturmagazin »aspekte« (Redaktion: Dieter Schwarzenau), die 14tägig erfolgen.

III. Programme

Bayerischer Rundfunk (BR III)

Das Spielfilmprogramm von BR III fällt in erster Linie in die Verantwortung des Programmbereichs Film und Teleclub in der Programmgruppe Bayern, Kultur und Film. – Leitung: Hellmut Haffner. – Spielfilmredakteure: Silvia Koller, Elisabeth Henrich. – 1977 werden voraussichtlich 169 Spielfilme ausgestrahlt, davon 52 Wiederholungen aus dem I. Programm oder dem eigenen Repertoire. – Hinzu kommen Spielfilme, die von zwei anderen Programmbereichen terminiert werden: 26 Spielfilme in der Reihe »Unter unserem Himmel« (Programmbereich »Bayern«, Redaktion: Heinz Böhmler) und 16 Spielfilme aus der Reihe »Am Beispiel Film« (Programmbereich »Politik und Zeitgeschehen«; diese Reihe läuft Ende 77 aus). Filmkundliche Sendungen werden zum Teil von anderen III. Programmen übernommen (z. B. 1977 die WDR-Reihe »Filmemigration aus Nazi-Deutschland«) oder gelegentlich auch selbst produziert (z. B. 1977 eine Sendung über Walther Ruttmann). Die Redaktion der filmkundlichen Sendungen liegt bei der Abteilung »Unterhaltende Dokumentation« (Redakteur: Axel von Hahn).

Hessischer Rundfunk (HR III)

Redakteur für Spielfilmsendungen: Dr. Dietmar Schings. – Spielfilme pro Jahr: 100-120; der größte Teil sind Übernahmen aus anderen III. Programmen oder Wiederholungen aus dem I. Programm. Dokumentarfilme werden häufig in der Reihe »Sonderangebot« (dienstags 22 Uhr, Redaktion: Jörg Peter Feurich) gezeigt. – Sendereihen *über* Film sind: »Filmmagazin« (Redaktion: Jürgen Kritz; 9mal jährlich), »Kinowerkstatt (zusammen mit SFB III, Redaktion: Kritz und Michael Strauven, 3–4mal jährlich). Hinzu kommt die gelegentlich (etwa 5mal jährlich) von Hansgeorg Dickmann zusammengestellte Sendereihe »Der aktuelle Kurzfilm«.

Nordkette (NDR III, RB III, SFB III)

Verantwortlich für Spielfilmsendungen (und auch für längere Dokumentarfilme) ist der NDR III. Leiter der Redaktion: Hans Brecht. Redakteur: Horst Goetzmann. – Spielfilme pro Jahr: 80–90 (+ Termine in den Sonderprogrammen Ostern/Pfingsten/Sommer/Weihnachten); mehr als die Hälfte sind Übernahmen oder Wiederholungen aus dem I. Programm. Der Dokumentarfilm wird seit vielen Jahren von dieser Redaktion besonders gepflegt. Spiel- und Dokumentarfilme werden in der Regel zu thematischen Reihen oder unter dem Gesichtspunkt eines Genres zusammengestellt und sollen dadurch auch eine filmkundliche Dimension bekommen. Sendungen *über* Film werden vom NDR III gelegentlich mitproduziert oder von anderen III. Programmen übernommen. SFB III produziert (zusammen mit HR III) die Reihe »Kinowerkstatt« (Redaktion: Michael Strauven, Jürgen Kritz), die vor allem dem Filmnachwuchs gewidmet sein soll.

S 3 (SDR III, SR III, SWF III)

Für S 3, das gemeinsame III. Programm des Süddeutschen Rundfunks, des Saarländischen Rundfunks und des Südwestfunks, liegt die Verantwortung für Spielfilme beim Saarländischen Rundfunk. Redakteur: Hans Peter Kochenrath. Jährlich werden ca. 70 Spielfilme ausgestrahlt, vorwiegend eigene Ankäufe, teilweise Übernahmen von der ARD oder anderen III. Programmen. Der SR macht jährlich 1–2 »Schaukasten«-Sendungen für die ARD, und in der Regel werden 2 filmkundliche Sendungen pro Jahr für S 3 produziert; 1977: »Frauen führen Regie« und »Der Zuschauer als Komplize« (über Claude Chabrol).

Westdeutsches Fernsehen (WDR III)

Redaktion: Georg Alexander (Leitung), Werner Dütsch, Wilfried Reichard. – Die Redaktion gehört in den Programmbereich »Spiel und Unterhaltung« (Programmchef: Günter Rohrbach). – Spielfilmtermine pro Jahr: 150; ca. 40 Titel pro Jahr sind Wiederholungen aus dem I. Programm, weitere 40 Titel Wiederholungen aus dem eigenen Repertoire; seit Anfang 77 gibt es zehn feste Dokumentarfilmtermine im Jahr, dazu kommen rund 10 Dokumentarfilme zu anderen Terminen. – Jährlich einmal produziert die Redaktion den »Schaukasten« im I. Programm. Das Filmmagazin »Kino 77« (im nächsten Jahr: Kino 78) wird 6–7mal ausgestrahlt. Schließlich gibt es noch zehn filmkundliche Features pro Jahr, die in der Redaktion hergestellt werden.

Aus der Perspektive der Filmwirtschaft – soweit bei der unterschiedlichen Strategie der Branchenbereiche Produktion, Verleih und Filmtheater gegenüber dem Fernsehen überhaupt von einer Perspektive zu reden ist – wird die Beziehung zum Fernsehen natürlich nur ökonomisch eingeschätzt, als Kampf um die Gunst der Zuschauer. Diese Gunst hat der Kinofilm seit 1960 tatsächlich kontinuierlich verloren (Kinobesucher: 320,4 Mio [1964], 172,2 Mio [1969], 115,3 Mio [1976] und die parallel steigende Zahl der Fernsehteilnehmer (1. 1. 64: 8,5 Mio; 1. 1. 69: 14,9 Mio; 1. 1. 76: 17,8 Mio) läßt auf ursächliche Zusammenhänge schließen. Andererseits ist bei den verschiedensten Verlautbarungen der Filmverbandsprecher nie die Rede davon, in welchem Ausmaß die Filmwirtschaft vom Fernsehen auch ökonomisch profitiert. Nach einer Veröffentlichung der Zeitschrift »Media-Perspektiven« (Nr. 6/1977) haben privatwirtschaftliche Filmunternehmen für den Bedarf des Fernsehens (Filmankäufe, Auftragsproduktionen, sonstige Leistungen) von 1960 bis 1976 Umsätze von insgesamt 3,66 Milliarden DM getätigt. Dieser Betrag setzt sich zusammen aus Aufwendungen für

Filmankäufe	834,8 Mio DM = 22,8 Prozent
Auftragsproduktionen	2464,6 Mio DM = 67,4 Prozent
Sonstige Leistungen	357,7 Mio DM = 9,8 Prozent

(Bei den Filmankäufen sind teilweise Synchronisationskosten einberechnet; bei den sonstigen Leistungen handelt es sich um den Rest der Synchronisationen, um Kopierarbeiten, Ateliervermietungen etc.)
Die Filmankäufe (Erwerb von Lizenzrechten an Spielfilmen) haben sich bezogen auf drei Stichjahre so entwickelt:

1964 (ARD und erstes vollständiges Programmjahr des ZDF)
25,6 Mio

1969 (ARD, ZDF und erstes vollständiges Programmjahr der III.)
47,1 Mio

1976 (ARD, ZDF, III. Progr.). 121,4 Mio

Bei den Auftragsproduktionen liegt der Schwerpunkt der Beziehungen zwischen Filmwirtschaft und Rundfunkanstalten:

1964	106,0 Mio
1969	146,3 Mio
1976	289,1 Mio

(Die Auftragsproduktionen werden – das sollte man ausdrücklich sagen – nur zu einem geringen Teil von Firmen realisiert, an denen die Rundfunkanstalten beteiligt sind – und auch diese Firmen sind ja privatwirtschaftlich organisiert.)

Bei den »Sonstigen Leistungen« zeigt sich folgende Entwicklung:

1964	14,9 Mio
1969	27,6 Mio
1976	34,1 Mio

*

Die Filmwirtschaft ein Opfer des Fernsehens? Das Fernsehen ein Mäzen der Filmindustrie? Die Novellierung des Filmförderungsgesetzes 1978 wird diese Fragen wieder aufwerfen, ohne daß Antworten erwartet werden dürfen.

Anhang

Periodika

Filmbeobachter. 14tägiger Informationsdienst mit Besprechungen neuer Filme. Herausgeber: Gemeinschaftswerk der Evangelischen Publizistik, Friedrichstraße 2-6, 6000 Frankfurt 17. Redaktion: Dr. Vera Sommer und Thomas Engel, Birkerstraße 22, 8000 München 19.

film-dienst. 14tägiger Informationsdienst mit Besprechungen neuer Filme. Herausgeber: Katholisches Institut für Medieninformation in Zusammenarbeit mit der Katholischen Filmkommission für Deutschland, beide Am Hof 28, Postfach 101088, 5000 Köln 1. Chefredakteur und Geschäftsführer: Herbert Janssen. Redaktion: Elisabeth Uhländer.

film-echo/FILMWOCHE. Fachzeitschrift der Filmwirtschaft, Offizielles Organ des Hauptverbandes Deutscher Filmtheater. Erscheint 18mal im Vierteljahr. Herausgeber: Horst Axtmann. Chefredakteur: Norbert Wiesner. Verlag Horst Axtmann, Wilhelmstraße 42, Postfach 5749, 6200 Wiesbaden.

filmfaust. Zweimonatliche Zeitschrift für den internationalen Film, mit besonderer Aufmerksamkeit für die Probleme des Nachwuchses. Herausgeber: filmfaust Verlag, Schumannstraße 64, 6000 Frankfurt 1. Redaktion: Bion Steinborn, Alexandra Kluge, Peter Krieg.

Filmkorrespondenz. Monatlicher Pressedienst mit Aufsätzen über Filme und Film-Politik. Verlag, Vertrieb, Redaktion: Katholisches Institut für Medieninformation, Am Hof 28, Postfach 101088, 5000 Köln 1. Chefredakteur und Geschäftsführer: Herbert Janssen. Redaktion: Peter F. Gallasch.

Filmkritik. Monats-Zeitschrift mit Kritiken und mit Aufsätzen zu vorwiegend filmhistorischen und filmästhetischen Themen. Verlag und Herausgeber: Filmkritiker-Kooperative, Kreitmayrstraße 3, 8000 München 2. Ständige Redaktion: W. E. Bühler, R. Gansera, W. Gollus, E. Ludwig, G. Theuring.

Filmreport. 14tägiger Pressedienst mit besonderer Aufmerksamkeit für filmpolitische und filmwirtschaftliche Fragen. Redaktion: Florian Hopf. Moment-Verlag, Keplerstraße 2, 8000 München 80.

Frauen und Film. Vierteljährliche Zeitschrift mit Kommentaren, Kritiken und Aufsätzen zum Film. Herausgeber: Helke Sander. Redaktion: Eva Hiller, Claudia Lenssen, Helke Sander, Gesine Strempel. Rotbuch Verlag, Potsdamer Straße 98, 1000 Berlin 30.

Kirche und Film. Monatlicher Informationsdienst mit Aufsätzen über Filme und Film-Politik. Herausgeber: Gemeinschaftswerk der Evangelischen Publizistik, Friedrichstraße 2-6, 6000 Frankfurt 17. Chefredakteur: Hans Wolfgang Heßler. Verantwortlich für die Redaktion: Dietmar Schmidt.

Medien + Erziehung. Vierteljährliche Zeitschrift mit Film-Analysen vorwiegend aus pädagogischer Sicht. Herausgeber: Institut Jugend Film Fernsehen, Waltherstraße 23, 8000 München 2. Redaktion: Erwin Schaar. Leske Verlag, Rennbaumstraße 25, 5090 Leverkusen 3.

medienPRAKTISCH. Vierteljährliche Zeitschrift mit Film-Analysen und Arbeitshilfen zum Thema Film. Herausgeber: Gemeinschaftswerk der Evangelischen Publizistik, Friedrichstraße 2-6, 6000 Frankfurt 17. Redaktion: Rainer Bunz (verantwortlich), Dieter Eichhorn.

medium. Monatliche Zeitschrift für Hörfunk, Fernsehen, Film, Bild, Ton; vorwiegend mit Filmkritiken. Herausgeber: Gemeinschaftswerk der Evangelischen Publizistik, Friedrichstraße 2-6, 6000 Frankfurt 17. Redaktion: Josef Rölz (verantwortlich), Antje Goldau.

Von Herbert Linder herausgegeben und redigiert, erscheint in New York in deutscher Sprache die Vierteljahres-Zeitschrift *Filmhefte.* Herbert Linder, 140 East 28th Street, New York, N. Y. 10016. – Das Institut Jugend Film Fernsehen (Waltherstraße 23, 8000 München 2) und das Gemeinschaftswerk der Evangelischen Publizistik (Friedrichstraße 2-6, 6000 Frankfurt 17) geben jährlich die *Spielfilmliste* mit empfehlenswerten Spiel- und Dokumentarfilmen für Kinder, Jugendliche und Erwachsene, und die *Kurzfilmliste* mit empfehlenswerten Kurzfilmen heraus.
(Zusammengestellt von Klaus Eder)

Institutionen

Bundesministerium des Innern. Anschrift: Rheindorfer Str. 198, 53 Bonn. Tel. (0 22 21) 7 81. Vergibt Prämien, Preise und Stipendien zur Förderung des deutschen Films (s. a. S. 90).
Anträge auf Förderung von Filmvorhaben und Drehbuchentwürfen sind beim Bundesarchiv, Am Wöllershof 12, 54 Koblenz, einzureichen, jeweils zum 1. März oder zum 1. September eines Jahres. Anträge auf Förderung von programmfüllenden Filmvorhaben ohne Spielhandlung und Kurzfilmvorhaben jeweils zum 1. Oktober.
Anträge für die Auszeichnung von Filmprogrammen des abgelaufenen Kalenderjahres sind bis zum 31. 3. des folgenden Jahres direkt ans Ministerium zu richten.
Die Richtlinien liegen beim Ministerium auch als Broschüre vor.

Filmförderungsanstalt. Anschrift: Budapester Str. 41, 1 Berlin 30. Tel. (0 30) 2 61 60 06. Zu den einzelnen Förderungsarten s. Seite 86 ff.
Antragstermine für Projektförderung (Spielfilmvorhaben): 15. 10. 1977, 15. 1. 1978, 31.3. 1978. Weitere Termine stehen nicht fest.
Antragstermine für die anderen Formen der Projektförderung (Kino, Verleih, Nachwuchs): Keine festen Termine.
Filmförderungsgesetz und Richtlinien sind über die Filmförderungsanstalt zu beziehen.

Kuratorium Junger Deutscher Film e. V., Anschrift: Nonnenwaldweg 5, 6229 Schlangenbad. Tel. (0 61 29) 20 80. Zu den Förderungszielen s. Seite 92 ff. Antragstermine: Es erfolgt eine Ausschreibung, Einreichfristen werden durch Ausschreibung bekanntgegeben, der nächste Termin voraussichtlich Juli 1978.

Filmbewertungsstelle (FBW). Anschrift: Schloß Biebrich, Postfach 129226, 62 Wiesbaden. Tel. (0 61 21) 6 64 76 oder 6 67 80. Prüft Filme zwecks Verleihung des Prädikats »wertvoll« oder »besonders wertvoll« (Gebühr: DM 1,20 pro Meter); das Prädikat erbringt Vorteile bei der Steuer und bei der Filmförderung. Die FBW beruht auf einer Verwaltungsvereinbarung der Länder.

Freiwillige Selbstkontrolle (FSK). Anschrift: Langenbeckstr. 9, 62 Wiesbaden. Tel. (0 61 21) 6 90 71. Prüft für die öffentliche Vorführung vorgesehene Filme auf ihre Eignung für Erwachsene etc. Altersfreigabe, Feiertagsfreigabe. Prüfgebühr: DM 1,40 pro Meter. Die FSK ist eine Einrichtung der Filmwirtschaft.

Anm.: Ein sehr vollständiges »Handbuch der Medieninstitute« mit Anschriften, Organisationsformen etc. ist erschienen im Wilhelm Fink Verlag, München 1975. Herausgegeben vom Arbeitszentrum Jugend Film Fernsehen.

Festivals: Termine und Anschriften

Berlinale:
A-Festival (Wettbewerb): 22. 2.–5. 3. 1978
Leitung: Dr. Wolf Donner
Anschrift: Berliner Festspiel GmbH
Bundesallee 1–12, 1 Berlin 15
Tel. (0 30) 8 82 20 81
Internationales Forum des jungen Films: 26. 2.–5. 3. 1978
Leitung: Ulrich Gregor
Anschrift: Welserstr. 25, 1 Berlin 30
Tel. (0 30) 2 13 60 30

Mannheim:
Internationale Filmwoche: 10.–15. Oktober 1977
Leitung: Fee Vaillant, Hanns Maier
Anschrift: Stadt Mannheim, Filmwochenbüro
Rathaus E 5, 68 Mannheim 1
Tel. (06 21) 2 93–27 45 und 2 93–37 99

Oberhausen:
Sportfilmtage: 24.–28. Oktober 1977
Kurzfilmtage, national: 21.–23. April 1978
Kurzfilmtage, international: 24.–29. April 1978
Leitung: Wolfgang Ruf
Anschrift: Grillostr. 34, 42 Oberhausen 1
Tel. (02 08) 8 25 26 52

Hof:
Internationale Filmtage: 27.–30. Oktober 1977
Leitung: Heinz Badewitz
Anschrift: Heinz Badewitz, Bismarckstr. 14, 8 München 12
Tel. (0 89) 34 25 72

Lübeck:
Nordische Filmtage: 4.–6. November 1977
Leitung: Otto E. Kress
Anschrift: Postfach 1889, 24 Lübeck (Rathaus)
Tel. (04 51) 7 77 16

Duisburg:

Duisburger Filmwoche: Bei Drucklegung stand der Termin für 1978 noch nicht fest; wegen der Verlegung der Berlinale erwägt man für diese nationale Filmschau eine Verschiebung auf den Herbst. Möglicherweise: 6.–12. November 1978.

Leitung: Der bisherige Leiter Horst Schäfer ist ausgeschieden, noch kein Nachfolger. Eventuell Schäfer mit Werkvertrag.

Anschrift: Filmforum der Volkshochschule
Am König Heinrich Platz 1, 41 Duisburg
Tel. (02 03) 28 13 – 22 05

Filmförderungsanstalt

Gesamt-Titelübersicht der Filmprojekte mit *Projektförderungs*mitteln und/*oder* Genehmigung nach dem FFA-ARD-ZDF-*Film/Fernseh-Abkommen* bezüglich Gemeinschaftsproduktion oder *Vorabkauf* der Fernsehnutzungsrechte
(Stand: 15. August 1977)

Lfd. Nr.	Projekttitel	Hersteller	Projektförderungsmittel TDM	Projektkommissionsbeschluß vom	Beteiligung einer Rundfunkanstalt	Beteiligungshöhe TDM	8er-Kommissionsbeschluß vom	Vorabkauf der Fernsehrechte durch	Beschluß der Vorabkaufkommission vom
1	Berlinger	Independent	300	28. 10. 74	ZDF	700	17. 12. 74	– –	– –
2	Wölfe	Th. Schamoni	– –	– –	ZDF	450	17. 12. 74	– –	– –
3	Umarmungen ...	J. Richter	300	28. 1. 75	BR	350	28. 4. 75	– –	– –
4	Sommergäste	R. Ziegler	300	28. 1. 75	SFB	450	28. 4. 75	– –	– –
5	Nordsee ist Mordsee	Hamb. Kino Komp.	170	28. 1. 75	SDR	280	14. 10. 75	– –	– –
6	Die verlorene Ehre d. K. Blum	Bioskop/ Param. Orion	300	28. 1. 75	WDR	500	17. 12. 74	– –	– –
						10,6	14. 10. 75	– –	– –
7	Potato-Fritz	P. Schamoni/ Eucent	600	3. 3. 75	– –	– –	– –	ZDF	25. 3. 75
8	Mitgift	Sentana	300	28. 4. 75	WDR	400	7. 2. 75	– –	– –
9	Das Netz	Roxy	600	28. 4. 75	– –	– –	– –	– –	– –
10	Der Sternsteinhof	Roxy	400	28. 4. 75	BR	350	9. 6. 75	– –	– –
						200	5. 3. 76	– –	– –

Lfd. Nr.	Projekttitel	Hersteller	Projekt-förderungsmittel TDM	Projektkommissionsbeschluß vom	Beteiligung einer Rundfunkanstalt	Beteiligungshöhe TDM	8er-Kommissionsbeschluß vom	Vorabkauf der Fernsehrechte durch	Beschluß der Vorabkaufkommission vom
11	Unordnung und frühes Leid	Seitz	300	28. 4.75	– –	– –	– –	ZDF	18. 8.75
12	Ansichten eines Clowns	Independent	250	28. 4.75	WDR	750	17.12.74	– –	– –
13	Die Marquise von O	Janus/ Artemis	100	3. 7.75	HR	400	9. 6.75	– –	– –
14	Bis zur bitteren Neige	Roxy	300	3. 7.75	– –	– –	– –	– –	– –
15	Der amerikanische Freund	W. Wenders	500	3. 7.75	WDR	500	14.10.75	– –	– –
						100	28. 1.77	– –	– –
16	Steiner – das Eiserne Kreuz	Rapid	500	8. 9.75	– –	– –	– –	– –	– –
17	Der Fangschuss	Bioskop	230	8. 9.75	HR	300	17. 1.76	– –	– –
18	Angst ist ein zweiter Schatten	FFAT	– –	– –	SWF	350	17.12.74	– –	– –
19	Tal der Witwen	Albatros	– –	– –	SDR	200	17.12.74	– –	– –
20	Jeder für sich und Gott gegen alle	Herzog	– –	– –	ZDF	490	17.12.74	– –	– –
						54	9. 6.75	– –	– –
21	Warum bellt H. Bobikow? (Hundeherz)	Corona	– –	– –	ZDF	400	7. 2.75	– –	– –
						15	17. 1.76	– –	– –
22	In Gefahr und grosser Not . . .	Kairos	– –	– –	ZDF	200	7. 2.75	– –	– –
23	Bomber und Paganini	Perakis	300	28. 5.76	ZDF	360	28. 4.75	– –	– –
						180	17. 1.76	– –	– –

Lfd. Nr.	Projekttitel	Hersteller	Projekt-förde-rungs-mittel TDM	Projekt-kommis-sions-beschluß vom	Beteiligung einer Rundfunk-anstalt	Beteili-gungs-höhe TDM	8er-Kommis-sionsbeschluß vom	Vorabkauf der Fernseh-rechte durch	Beschluß der Vorabkauf-kommission vom
24	ALSO ES WAR SO ...	Thomé	– –	– –	ZDF	350	28. 4. 75	– –	– –
						118,5	2. 8. 76		
25	DER STARKE FERDINAND	Kairos	– –	– –	ZDF	530	9. 6. 75	– –	– –
						120	14. 10. 75	– –	– –
26	MEIN ONKEL THEODOR	Ehmck	– –	– –	NDR/HR	723	9. 6. 75	– –	– –
27	IM LAUF DER ZEIT	W. Wenders	– –	– –	– –	– –	– –	ARD	25. 3. 75
28	EIERDIEBE (SONNE VON MEXIKO)	Albatros	– –	– –	– –	– –	– –	ZDF	25. 3. 75
29	DAS MESSER IM RÜCKEN	Runze	– –	– –	– –	– –	– –	ARD	25. 3. 75
30	MUTTER KÜSTER'S FAHRT ZUM HIMMEL	Tango	– –	– –	– –	– –	– –	ARD	25. 3. 75
31	VERLORENES LEBEN	Runze	– –	– –	– –	– –	– –	ARD	18. 8. 75
32	HERZ AUS GLAS	Herzog	300	7. 11. 75	– –	– –	– –	ZDF	15. 12. 75
33	DIE STANDARTE	Runze	400	28. 5. 76	NDR	1000	14. 10. 75	– –	– –
34	GEFUNDENES FRESSEN	Sentana	300	7. 11. 75	BR	400	14. 10. 75	– –	– –
35	FLUCHTVERSUCH		– –	– –	– –	– –	– –	ARD	15. 12. 75
36	LADY FRANKENSTEIN		– –	– –	– –	– –	– –	ARD	15. 12. 75
37	BOCKSHORN	Durniok	– –	– –	– –	– –	– –	ZDF	15. 12. 75
38	DER KETZER V. SOANA	Euro-Film	– –	30. 1. 76	ZDF	650	17. 1. 76	– –	– –
39	KREUTZER	Sunny Point	350	– –	BR	580	5. 3. 76	– –	– –
						121,5	27. 9. 76		
40	GRUPPENBILD MIT DAME	Geissler	– –	– –	ZDF	700	5. 3. 76	– –	– –

Lfd. Nr.	Projekttitel	Hersteller	Projektförderungsmittel TDM	Projektkommissionsbeschluß vom	Beteiligung einer Rundfunkanstalt	Beteiligungshöhe TDM	8er-Kommissionsbeschluß vom	Vorabkauf der Fernsehrechte durch	Beschluß der Vorabkaufkommission vom
41	Die Vertreibung a. d. Paradies	N. Schilling	– –	– –	– –	– –	– –	ARD	30. 3. 76
42	Das Schweigen im Walde	CTV 72	300	28. 5. 76	– –	– –	– –	– –	– –
43	Heinrich	R. Ziegler	300	28. 5. 76	WDR	333	2. 8. 76	– –	– –
						100	28. 1. 77	– –	– –
44	Elixiere des Teufels	Roxy	– –	– –	BR	900	15. 6. 76	– –	– –
45	Grete Minde	Solaris	400	7. 9. 76	ZDF	800	15. 6. 76	– –	– –
46	Tatarenwüste	Corona	– –	– –	ZDF	570	15. 6. 76	– –	– –
47	Das Schlangenei	Rialto	700	29. 6. 76	ZDF	1100	2. 8. 76	– –	– –
48	Der Mädchenkrieg	Independent ABS	600	29. 6. 76	– –	– –	– –	– –	– –
49	Die Mucker	Gauer	– –	– –	– –	– –	– –	ZDF	17. 8. 76
50	Rheingold	Visual/Schilling	200	28. 4. 77	– –	– –	– –	ARD	17. 8. 76
51	Das fünfte Gebot	Case	450	7. 9. 76	– –	– –	– –	– –	– –
52	Stroszek	Herzog	– –	– –	ZDF	650	27. 9. 76	– –	– –
53	Der Schneider von Ulm	Reitz	400	15. 3. 77	ZDF	900	27. 9. 76	– –	– –
54	Die Spitzenklöpplerin	Janus	– –	– –	ZDF	400	27. 9. 76	– –	– –
55	Der Schimmelreiter	Albis/Studio	– –	– –	ZDF	700	27. 9. 76	– –	– –
56	Ich bin von Kopf bis Fuss	Hamb. Kino Komp.	300	29. 10. 76	ZDF	600	28. 1. 77	– –	– –

Lfd. Nr.	Projekttitel	Hersteller	Projektförderungsmittel TDM	Projektkommissionsbeschluß vom	Beteiligung einer Rundfunkanstalt	Beteiligungshöhe TDM	8er-Kommissionsbeschluß vom	Vorabkauf der Fernsehrechte durch	Beschluß der Vorabkaufkommission vom
57	Der Kaiser von Aschau	Nordhoff/ Schönherr	– –	– –	– –	– –	– –	ZDF	23. 12. 76
58	Viktoria	Corona	200	30. 6. 77	ZDF	500	28. 1. 77	– –	– –
59	General v. Steuben	Durniok	– –	– –	SWF	600	28. 1. 77	– –	– –
60	Zum ersten Mal: Johnny West	Sunny Point	300	2. 2. 77	HR	400	28. 1. 77	– –	– –
61	Wildlaufen	ABS	350	2. 2. 77	– –	– –	– –	– –	– –
62	Waldrausch	CTV 72	300	2. 2. 77	– –	– –	– –	– –	– –
63	Die Hamburger Krankheit	Hallelujah	500	2. 2. 77	– –	– –	– –	– –	– –
64	Kneuss	Brechbühl/ Meili	– –	– –	– –	– –	– –	ZDF	15. 4. 77
65	Tod oder Freiheit	R. Ziegler/	300	28. 4. 77	ZDF	700	8. 6. 77	– –	– –
		Param./Orion	195	7. 6. 77	– –	– –	– –	– –	– –
66	Finsternis bedeckt die Erde	Independent	– –	– –	NDR	1200	11. 5. 77	– –	– –
67	Der Mann im Schilf	Roxy	300	28. 4. 77	– –	– –	– –	– –	– –
			200	7. 6. 77	– –	– –	– –	– –	– –
68	Die Jugendstreiche des Knaben Karl	Roxy/Seitz	– –	– –	BR	650	11. 5. 77	– –	– –
69	Winterspelt	Ullstein AV	300	30. 6. 77	– –	– –	– –	– –	– –
70	Geschichten aus dem Wiener Wald	MFG-Film	400	30. 6. 77	– –	– –	– –	– –	– –

Stand per 15. August 1977:

1. *70* Film*projekten* sind *97* Förderungs*zusagen* im Gesamt*volumen* von rund *DM 41 480 030,–* gegeben worden.

2. *Im einzelnen* handelt es sich um:

   a) *39* Zuerkennungen der *Projektkommission* in Höhe von *DM 14,095 Mio.*

   b) *42* Zusagen betreffend *Co-Produktionen* Film/Fernsehen in Höhe von *DM 24 385 030,–* (ARD 12 148 173,–/ ZDF 12 236 857,–)

   c) *16 Vorabkäufe* der Fernsehnutzungsrechte (8 ARD/8 ZDF)

3. Von den *70 Projekten* sind:

   a) 12 ausschließlich projektgefördert

   b) 19 ausschließlich Co-Produktionen Film/Fernsehen

   c) 23 projektgefördert *und* co-produziert Film/Fernsehen

   d) 12 Vorabkauf der Fernsehrechte

   e) 4 projektgefördert *und* Fernsehrechte vorab angekauft

4. Bei 27 der genannten 70 Projekte ist eine *doppelte Förderung* erfolgt.

5. *41* der genannten 70 Titel sind *uraufgeführt*

Die Autoren

Herbert Achternbusch (1938, München). Schriftsteller und Filmemacher. Veröffentlichungen: Hülle (1969), Das Kamel (1970), Die Macht des Löwengebrülls (1970), L'Etat c'est moi (1972), Der Tag wird kommen (1973), Die Stunde des Todes (1975) u. a. Drehbuch: Herz aus Glas (1976). Filme (alle nach eigenen Drehbüchern): Das Andechser Gefühl (1974), Die Atlantikschwimmer (1975), Bierkampf (1976). Servus Bayern (Drehbeginn Sommer 1977). Lebt bei München.

Heinz Badewitz (1941, Hof). Lehre als technischer Zeichner. Volontariat Bavaria Atelier, Kameraassistent, Kameramann. Sechs eigene Kurzfilme, u. a. »Träume von Attenham« (1968). Aufnahmeleiter, Regie-Assistent bei diversen Spielfilmen, u. a. bei »Matthias Kneißl«, »Cabaret« und »Rollerball«, »Der amerikanische Freund«. Gründer der Hofer Filmtage. Lebt in München.

Hans C. Blumenberg (1947, Lychen). Studium Geschichte und Germanistik. Filmpublizist, u. a. in »Kölner Stadt-Anzeiger«, seit Herbst 1976 Filmredakteur »Die Zeit«. Autor und Regisseur vieler Fernsehdokumentationen. Buchveröffentlichung u. a. »Film positiv« (1968). Lebt in Hamburg.

Hark Bohm (1939, Hamburg). Jura-Studium, seit 1970 Filmemacher. Diverse Kurzfilme, Langfilme für Kino und Fernsehen, »Tschetan, der Indianerjunge« (1972), »Ich will auch 'ne Arche baun« (1973), »Geschichten vom Gurkenkönig« (1974), »Nordsee ist Mordsee« (1975), »Wölfe« (1976). Projekt: »Von Kopf bis Fuß« (Drehbeginn Sommer 1977).

Peter Buchka (1943, Lichtenfels). Studium Germanistik und Philosophie. Dr. phil. Buchveröffentlichung »Die Schreibweise des Schweigens« (1974). Seit 1973 Redakteur im Feuilleton »Süddeutsche Zeitung«.

Vinzenz B. Burg (1943, München). Studium Anglistik, Amerikanistik, Klassische Philologie. Oberstudienrat. Mitarbeit: FILM-Korrespondenz, Filmdienst u. a. Lebt in Niederbayern.

Wolfgang Gersch (1935, Neurode/Schlesien). Dramaturgiestudium an der Babelsberger Filmhochschule und an der Theaterwissenschaftlichen Fakultät der Humboldt-Universität Berlin. Redakteur der »Deutschen Filmkunst«, später der »Filmwissenschaftlichen Mitteilungen«. Seit 1968 Leiter einer filmgeschichtlichen Arbeitsgruppe an der Hochschule für Film und Fernsehen der DDR. Seit 1960 Theaterkritiker in Berlin. 1973 Promotion. Im Carl Hanser Verlag erschien: »Film bei Brecht« (1976). Lebt in Berlin (DDR).

Klaus Eder (1939, bei Augsburg). Studium der Germanistik und der Elektrotechnik. Filmkritiker und Lehrbeauftragter für Filmtheorie und Filmgeschichte. Bücher u. a. über »Antike Komödie« und über »Corneille/Racine«. Lebt in München.

Werner Herzog (1942, München). Studium der Geschichte und Literatur. Filme seit 1963, u. a. »Lebenszeichen« (1967), »Fata Morgana« (1968–70), »Auch Zwerge haben klein angefangen« (1969/70), »Land des Schweigens und der Dunkelheit» (1971), »Aguirre, der Zorn Gottes« (1971/72), »Jeder für sich und Gott gegen alle« (1974), »Herz aus Glas« (1976), »Stroszek« (1977). Lebt in München.

Florian Hopf (1939, Nürnberg). Studium Germanistik und Geschichte. Redakteur bei den Nürnberger Nachrichten 1962–63. Ab 1966 freier Journalist. Seit 1970 Herausgeber des »Filmreport«. Buchveröffentlichungen u. a. »Filmwirtschaft in der BRD und in Europa« (1973). Verschiedene Synchronisationen von Spielfilmen, zusammen mit Christine de Loup. Lebt in München.

Peter W. Jansen (1930, Elsdorf/Köln). Verlagsbuchhändler, Studium Germanistik, Geschichte, Soziologie. Dr. phil. Politischer Redakteur »Der Mittag«, WDR, Kulturredakteur bei »Frankfurter Allgemeine Zeitung«, SWF. Mitherausgeber der »Reihe Film« im Hanser Verlag. Lebt in Gernsbach/Baden.

Christa Maerker (1942, Berlin). In den 60er Jahren Feuilleton-Redakteurin »Spandauer Volksblatt«, seit 1970 freie Journalistin. Fernsehdokumentationen für ZDF und SFB, Mitarbeit u. a. bei »Weltwoche«. Lebt in West-Berlin.

Hans Helmut Prinzler (1938, Berlin). Studium Publizistik und Theaterwissenschaft. Studienleiter an der Deutschen Film- und Fernseh-Akademie Berlin. Buchveröffentlichung »Über das Kinomachen« (1972), »Kinobuch 74/75« (1975). Lebt in West-Berlin.

Günter Rohrbach (1928, Neunkirchen). Studium Germanistik, Theaterwissenschaft, Philosophie, Psychologie. Dr. phil. Seit 1961 beim WDR, 1965–1971 Leiter der Hauptabteilung Fernsehspiel, seit 1972 Leiter des Programmbereichs Spiel und Unterhaltung. Lebt in Köln.

Wilhelm Roth (1937, Regensburg). Studium Germanistik, Geschichte. 1968–1972 Redakteur der Zeitschrift »Filmkritik«; seit 1973 Mitarbeiter der »Freunde der Deutschen Kinemathek«, Kritiker bei verschiedenen Tageszeitungen und Rundfunkanstalten. Lebt in West-Berlin.

Niklaus Schilling (1944, Basel). Lehre als Grafiker, Kameraassistent. Kameramann u. a. »48 Stunden bis Acapulco«, »Detektive«, »Der Bräutigam, die Komödiantin und der Zuhälter«. Diverse eigene Kurzfilme. Spielfilme: »Nachtschatten« (1971), »Die Vertreibung aus dem Paradies« (1976), »Rheingold« (Drehbeginn Sommer 1977). Lebt in München.

Wim Wenders (1945, Düsseldorf). Studium Medizin, Philosophie, dann an der Hochschule für Film und Fernsehen in München. Filmkritiker bei der »Filmkritik« und in »Süddeutsche Zeitung«. Diverse Kurzfilme. Spielfilme: »Summer in the City« (1970), »Die Angst des Tormanns beim Elfmeter« (1971), »Alice in den Städten« (1973), »Falsche Bewegung« (1974), »Im Lauf der Zeit« (1975), »Der amerikanische Freund« (1977) u. a. Lebt in München.

Regina Ziegler (1944, Berlin). Studium der Volkswirtschaft abgebrochen, Wirtschaftsdolmetscher für Englisch. Vier Jahre Redaktions- und fünf Jahre Produktionstätigkeit beim SFB. Produktionsleiterin, Produzentin. U. a. »Die Berliner Bettwurst«, »Axel von Auersperg« (Regie: Rosa von Praunheim), »Chapeau Claque« (Regie: Ulrich Schamoni), bei den Filmen von Wolfgang Gremm »Ich dachte, ich wäre tot«, »Meine Sorgen möcht' ich haben«, »Die Brüder«, »Tod oder Freiheit« u. a. Lebt in Westberlin.

Gerhard Zwerenz (1925, Gablenz). Kam 1957 aus der DDR in die BRD. Letzte Veröffentlichungen »Die Erde ist unbewohnbar wie der Mond«, Roman (1973), »Die Westdeutschen« (1977), »Wozu das ganze Theater«, Roman (1977). Lebt in Offenbach am Main.

Hans Günther Pflaum, geb. 1941 in München. Studium der Germanistik, Zeitungswissenschaft, Theatergeschichte. Filmkritiker. 1972–1976 Redakteur der FILM-Korrespondenz. Mitglied der Projektkommission der Filmförderungsanstalt. Mitarbeiter der »Süddeutschen Zeitung«, bei verschiedenen Rundfunk- und Fernsehanstalten u. a. Bei Hanser ist von ihm erschienen: Pflaum/Fassbinder, »Das bißchen Realität, das ich brauche. Wie Filme entstehen« (1976). Lebt in München.

Anzeigen

BIOSKOP-FILM

E. Junkersdorf – R. Hauff – V. Schlöndorff
8 München 40, Türkenstraße 95

1974	Franz Blum	R. Hauff
1975	Katharina Blum	V. Schlöndorff
1975	Andechser Gefühl	H. Achternbusch
1976	Paule Pauländer	R. Hauff
1976	Fangschuß	V. Schlöndorff
1977	Hauptdarsteller	R. Hauff
1977	Das zweite Erwachen	M. v. Trotta

HALLELUJAH-FILM

P. Fleischmann – V. Schlöndorff
8 München 22, Christophstraße 10

1969	BAAL	V. Schlöndorff
1969	Herbst der Gammler	P. Fleischmann
1970	Unheil	P. Fleischmann
1970	Kombach	V. Schlöndorff
1972	Ruth Halbfaß	V. Schlöndorff
1973	Strohfeuer	V. Schlöndorff
1975	Der Fehler	P. Fleischmann

Co-Produktion

1974	Lacombe Lucien	Louis Malle
1975	Black Moon	Louis Malle

Filmliteratur bei Hanser

Rudolf Arnheim: Film als Kunst. 1975. 352 Seiten. Ppb. 24.80 DM. ISBN

Rudolf Arnheim, Kritiken und Aufsätze zum Film
Hrsg. von H. H. Diederichs. 364 S. Ppb. 36.– DM.

André Bazin, Jean Renoir
Vorwort von François Truffaut. Aus dem Französischen von Udo Feldbusch. Etwa 200 Seiten. Paperback ca. 22.– DM.

Bergman über Bergman
Interviews mit Ingmar Bergman über das Filmemachen 336 Seiten. Ppb. 36.– DM.

Ingmar Bergman, Wilde Erdbeeren und andere Filmerzählungen
Aus dem Schwedischen von Anne Storm. Etwa 504 Seiten. Leinen ca. 29.80 DM.

Francis Courtade/Pierre Cadars, Geschichte des Films im Dritten Reich
Aus dem Französischen von Florian Hopf. 456 S. m. 120 S. Abb. Ppb. 38.- DM.

Marlene Dietrich
Dokumente, Essays, Filme. I. Teil. Zusammengestellt von Werner Sudendorf. 224 Seiten. Paperback 24.80 DM.

Frieda Grafe/Enno Patalas Im Off
Filmartikel. 304 S. Ppb. 9.80 DM.

Joe Hembus, Western-Lexikon
1272 Filme von 1894–1975. Vorwort von Sergeo Leone. 1976. 784 Seiten mit 134 Abb. Leinen 48.– DM.

Demnächst erscheint
Joe Hembus, Western-Geschichte
Der Westen und der Western.

Asta Nielsen, Die schweigende Muse
Mit einem Epilog von Allan O. Hagedorff. Aus dem Dänischen von H. Georg Kemlein. Mit einer Filmographie sämtlicher Asta Nielsen-Filme. Etwa 430 Seiten mit ca. 220 Fotos. Leinen ca. 38.– DM.

Hans Günther Pflaum/ Rainer Werner Fassbinder, Das bißchen Realität, das ich brauche
Wie Filme entstehen. 168 S. mit 85 Abb. Ppb. 24.– DM.

François Truffaut, Die Filme meines Lebens
Aufsätze und Kritiken. Aus dem Französischen von Frieda Grafe und Enno Patalas. 288 S., 27 Abb., Ppb. 34.- DM.

François Truffaut, Taschengeld
Roman. Aus dem Französischen von Eckhart Koch. 136 Seiten mit 30 Fotos von Hélèn Jeanbrau. Pappband 19.80 DM.